政治学始于国家，终于国家。

——〔美〕詹姆斯·威尔福德·迦纳

INTRODUCTION TO POLITICAL SCIENCE

A TREATISE ON THE ORIGIN, NATURE,
FUNCTIONS, AND ORGANIZATION
OF THE STATE

BY

JAMES WILFORD GARNER, Ph.D.

PROFESSOR OF POLITICAL SCIENCE, UNIVERSITY OF ILLINOIS

NEW YORK ∴ CINCINNATI ∴ CHICAGO
AMERICAN BOOK COMPANY

James Wilford Garner, *Introduction to Political Science*, 1910

国家研究

第 1 辑
2022年

俞可平 | 主编

北京出版集团
北京出版社

国家研究

编辑委员会

主　　　编	俞可平	北京大学讲席教授
		北京大学中国政治学研究中心主任
编委会主任	何增科	北京大学中国政治学研究中心教授
编　　　委	杨雪冬	清华大学社会科学学院长聘教授
	王续添	中国人民大学国际关系学院教授
	包刚升	复旦大学国际关系与公共事务学院教授
	朱仁显	厦门大学公共事务学院教授
	王海洲	南京大学政府管理学院教授
	殷冬水	吉林大学行政学院政治学系教授
	郭台辉	云南大学民族政治研究院教授

发刊词

　　国家问题一直是政治学研究的基本内容。西方政治学如此，中国政治学也如此。美国著名政治学家 J. W. 迦纳在他那本风靡一时的《政治科学与政府》中曾这样定义政治学："政治学始于国家，终于国家。"中国现代政治学的主要奠基者之一张慰慈，在其出版于 1923 年的《政治学大纲》中也同样以国家研究来界定政治学。在他看来，"所谓政治学就是科学的国家知识"。20 世纪六七十年代后，西方政治学界发生了所谓的"行为主义革命"，首次冲击了国家研究在政治学中的核心地位。政治行为主义的实质，是试图用现代科学的方法研究人类的政治行为，使政治研究科学化、定量化。虽有后来旨在复兴包括国家理论在内的传统政治学的"后行为主义"努力，但此后国家研究在政治学中的昔日景象不再重现。

　　令人瞩目的是，最近这些年来，国内外政治学界又开始重新呼吁"回归国家"或"找回国家"。政治学是与现实政治联系最为紧密的社会科学，政治学研究议题的变迁，其深刻原因也应当到现实政治中去寻找。国家研究重新受到关注的主要原因，在于全球化从根本上冲击了传统的国家主权，动摇了民族国家在人们政治想象中的地位，但却并没有带来人们所期待的那种理想全球秩序。在遇到类似新冠疫情这样的人类危机时，国家依然是保护公民切身利益的最强大力量。在面临国内和国际的政治经济危机时，甚至还有不少人怀念并试图恢复过去的帝国体系。

　　国内政治学界关注国家问题还有另一个更为现实的原因：国家治理现

代化成为中国共产党推行全面深化改革的总目标。自从中共十八届三中全会将推进国家治理体系和治理能力现代化确定为全面深化改革的总目标后，国家治理成为中国政治学最热门的话语和最受重视的研究议题。不少大学还纷纷成立了"国家治理研究院"，大量的研究经费也投向国家治理研究，众多以"国家治理"为主题的论著井喷式地发表和出版。然而，就其性质而言，国家治理研究总体上是一种应用研究，旨在推进国家治理的现代化进程。

中国政治学的发展，既需要应用对策研究，也需要基础理论研究。正是为了回应国际政治学界再度关注国家理论的最新发展，也是为了弥补国内政治学界在国家研究中轻基础理论而重应用对策的缺憾，北京大学中国政治学研究中心会同清华大学、中国人民大学、复旦大学、厦门大学、南京大学、吉林大学、云南大学等政治学同仁，发起了"国家+"论坛。论坛每年选择国家研究中的一个重大议题，进行集中研讨和交流。为了让这些关于国家理论的基础研究成果为更多的海内外同行所分享，我们决定创办《国家研究》辑刊。

《国家研究》将围绕"国家+"论坛的年度主题，以及关于国家的概念、性质、起源、演变、类型、制度、结构、职能、权力和利益等基本问题，发表国内外学者的最新研究成果，以期推进国家基础理论的研究。首届"国家+"论坛的主题是"帝国"，相应地，《国家研究》的创刊号也以"帝国"为主要内容。我们热忱欢迎对国家理论感兴趣的海内外同行，能够以投稿、商讨、建议、批评等方式参与《国家研究》的编辑与发行。

俞可平

2022 年 12 月 1 日

于九直园

目 录

● 帝国研究

世界历史上的著名帝国 …………………………………… 俞可平（3）
帝国兴起的政治逻辑：国家组织理论的视角 …………… 包刚升（37）
从"尚武"到"崇文"：中华帝国治国文化的转换 … 朱仁显　唐吉意（63）
帝国主义及其批评者 ……………………………………… 段德敏
　　　　　　　　　　　　　　　　　〔英〕霍华德·威廉姆斯（86）
帝国认同的建构及其限度 ………………………………… 李　剑（109）

● 国家理论

酋邦与前国家政治系统的变迁 …………………………… 何增科（129）
国家视野下的苏联—俄罗斯政治转型 …………………… 费海汀（168）

● 海外专稿

专制：近代早期欧洲政治分析的基本概念 ……〔澳〕约翰·基恩
　　　　　　　　　　　　　　　　　　　　　　　李　健 译（193）
社会中的国家2.0：迈向第四代国家理论 ………………… 王裕华
　　　　　　　　　　　　　　　　　　　　　　　刘燚飞 译（212）

《国家研究》约稿函 ……………………………………………（243）

Contents

• Empire Studies •

The Famous Great Empires in the World History ················· Yu Keping (3)

Why Did Empires Rise? A Perspective of the
Organizational Theory of State ················· Bao Gangsheng (37)

From "Military Worship" to "Bureaucratic Canonization": The Transformation of
    Governing Culture in Ancient Chinese Empire ············ Zhu Renxian　Tang Jiyi (63)

Imperialism and Its Critics ················· Duan Demin
                                        Howard Williams (86)

The Construction and Limitation of Imperial Identity ················· Li Jian (109)

• State Theory •

Chiefdom and the Change of Pre-state Political System ················· He Zengke (129)

Political Transition of Soviet-Russia in Perspective of Theory of State ··· Fei Haiting (168)

• Overseas Extracts •

Despotism: A Basic Concept of Political Analysis in Early Modern
    Europe ················· John Keane
                                        trans. by Li Jian (193)

State-in-Society 2.0: Toward Fourth-Generation Theories of the State ··· Wang Yuhua
                                        trans. by Liu Yifei (212)

Invitation of Articles to *State Studies* ················· (243)

帝国研究

世界历史上的著名帝国

俞可平

北京大学讲席教授，北京大学中国政治学研究中心主任

摘要 迄今为止，人类绝大部分时间的主要国家统治形式是帝国。帝国是人类历史中延续时间最长的一种特殊国家权力结构，也曾经是国家或地区间超稳定的等级权力体系。在相当程度上可以说，我们如今所处的当代世界也是由历史上的帝国所缔造的。帝国给人类创造了无比的辉煌，也带来过深重的灾难。在漫长的人类政治发展过程中，世界各地曾经出现过成百上千个大大小小的帝国，本文仅选择影响深远且最具代表性的8个古代和近代帝国加以简要评介，并从政治学的角度，努力揭示这些帝国的主要特征。这8个世界历史上的著名帝国分别是：亚述、波斯、亚历山大、罗马、蒙古、奥斯曼、西班牙和大英帝国。第二次世界大战后，随着民族国家的独立，帝国体系存在的现实基础已经不复存在。在全球化时代，人类需要一种全新的国际秩序结构，但不再是历史上盛极一时的帝国体系。

关键词 帝国；亚述；波斯；亚历山大；罗马；蒙古；奥斯曼；西班牙；大英帝国

历史学家常说，世界史就是帝国史。确实，迄今为止，在有文字记载

的文明历史中，人类绝大部分时间的主要国家统治形式是帝国①。帝国是人类历史中延续时间最长的一种特殊国家权力结构，也曾经是国家或地区间超稳定的等级权力体系。人类文明的众多辉煌成果，是在帝国框架中造就的；迄今仍为人类自身叹为观止的许多奇迹，是在帝国统治下产生的；甚至梦寐以求的世界和平，也是在帝国体系中最为持久。不仅如此，在相当程度上可以说，我们如今所处的当代世界也是由历史上的帝国所缔造的。"事实上，无论是殖民地还是在曾经的殖民地，非洲、亚洲、欧洲还是美洲，这些帝国的遗迹在现代世界随处可见。"② 帝国给人类创造了无比的辉煌，也给人类带来过深重的灾难。无论是辉煌还是灾难，帝国都是人类记忆中不可磨灭的历史。在漫长的人类政治发展过程中，世界各地曾经出现过成百上千个大大小小的帝国，在这里我们仅选择影响深远且最具代表性的 8 个古代和近代帝国加以简要评介，并从政治学的角度，努力揭示这些帝国的主要特征。这 8 个世界历史上的著名帝国分别是：亚述、波斯、亚历山大、罗马、蒙古、奥斯曼、西班牙和大英帝国。③

一、亚述帝国（Assyria Empire，BC1300—BC612）

亚述帝国的本土位于今伊拉克境内的幼发拉底河和底格里斯河两河流域的美索不达米亚北部，古亚述的历史可以追溯到公元前 2500 年的阿淑尔城邦时期，是两河流域古文明时期活动时间最长久和影响最深远的早期国家。古亚述的主体民族是两河流域的闪族人，主要语言为阿拉米语和阿卡德语。公元前 2000 年初的古亚述，已经以其对外殖民贸易而闻名，成为两河流域商业和贸易最为发达的城邦。"在公元前 19—前 14 世纪中，亚述先后受到埃什嫩那、马瑞、古巴比伦和米坦尼的统治。公元前 14 世

---

① 关于帝国的概念和特征，可参阅俞可平：《帝国新论》，载《清华大学学报》（哲学社会科学版），2022 年第 2 期。
② 〔英〕约翰·达尔文：《未终结的帝国：大英帝国，一个不愿消逝的扩张梦》，冯宇、任思思、李昕译，中信出版集团 2015 年版，第 3 页和第 7 页。
③ 在关于世界历史上重要帝国的介绍中，西方学者的著作大多数都把秦至清的历代中国王朝统称为"中华帝国"（Chinese Empire）。考虑到本文的主要对象是国内读者，加上对西方学者的"中华帝国"概念笔者有不同的看法，故在此未将"中华帝国"列入其内。

纪，亚述在阿淑尔乌巴里特（公元前1363—前1328）统治时期，借米坦尼衰落之机独立。"①"至少在公元前1350年，亚述就已经是一个由单一王朝统治的帝国。"② 公元前8世纪末，亚述逐步强大，先后征服了小亚细亚东部、叙利亚、腓尼基、巴勒斯坦、巴比伦尼亚和埃及等地，定都于尼尼微城（Nineveh，今伊拉克摩苏尔附近）。"公元前824年—前671年是亚述对外大扩张的时期。这一时期共出现过19位国王，大都热衷于发动对外战争。亚述向西彻底灭掉了已经衰落的赫梯王国，向东征服了以巴比伦为中心的埃兰王国，接着还进入非洲，征服了埃及第25王朝。这时的亚述成为一个地跨亚洲、非洲，人口近700万的庞大帝国，估计总人口升至当时的世界第一位。"③ 在萨尔贡王朝，包括萨尔贡二世、辛那赫里布、阿萨尔哈东及阿述尔巴尼拔4位君王，亚述帝国进入全盛时期。特别是在萨尔贡二世统治时期（公元前722—前705），亚述帝国达到了辉煌的顶点，成为人类历史上第一个横跨西亚北非并将两河流域南部及埃及两大文明均置于统治之下的超级帝国。

亚述帝国实行君主制，王朝是帝国权力的核心，国王则是整个帝国权力金字塔的顶尖。国王作为帝国的元首，既是最高行政长官，更是最高军事统帅。国王之下的宦官总管与大将军、宫廷传令官（nagir ekalli）、司仪长（rab šaqê）、（宫廷）总管（masennu）、大法官（sartinnu）和相国（sukkallu）等6位朝廷重臣组成了"亚述的内阁"④，成为亚述帝国的权力中枢。亚述帝国发展起了一整套统治附属国和被征服地区的制度和机制，主要有以下三种方式："第一种形式是把被征服地区作为臣属国。亚述帝国允许其保持国家的独立地位，但在政治上要服从于亚述帝国，在经济上每年向亚述帝国纳贡，统治者保持着独立的统治地位。第二种形式是傀儡国。傀儡国在政治和经济地位上都与臣属国一样，但统治者的地位发生了变化，傀儡国的统治者由亚述帝国的国王任命，以便其对亚述帝国更

---

① 参阅曲天夫：《略论亚述帝国军制》，载《东北师范大学学报》（哲学社会科学版），2009年第5期。
② Gojko Barjamovic, "Empires of Western Asia and the Assyrian World Empire", in Peter Fibiger Bang, C. A. Bayly, Walter Scheidel (eds.), *The Oxford World History of Empire, Volume Two: The History of Empires*, Oxford: Oxford University Press, 2020, p. 84.
③ 徐焰：《暴力的艺术——亚述帝国的兴亡》，载《纵横》，2017年第10期。
④ 参阅国洪更：《亚述帝国宦官的地位与作用》，载《古代文明》，2015年第9卷第2期。

加忠心。人选也来自当地人,这个人通常与亚述有着很深的渊源,甚至从小就在亚述的宫廷里长大。第三种形式是行省制。亚述帝国把被征服地区纳入自己的行政版图,成为亚述帝国的一个行省。其统治者成为行省总督,直接听命于亚述国王。"[1]

亚述帝国的最显著特征,就是军国主义体制。亚述帝国被公认是世界上最早的军事帝国,是军国主义的鼻祖。穷兵黩武,无休止的连年征战,不断进行军事扩张和民族征服,这是亚述的基本国策,也是历代亚述国王的首要任务。"民族征服政策是新亚述帝国重要的军事目的,并以此恐吓企图独立的民族、维持帝国的霸权。亚述军队兵锋所至都给被征服民族带来了无尽的苦难,上演了无数的人间悲剧。由好战精神培育出来的令人胆战心惊的军队不停地运转,帝国就如开启的战车无法停息狂奔的脚步。"[2] 亚述帝国的军国主义,建立在先进而强大的军事力量之上。提格拉特-帕拉萨尔三世时期(公元前744—前727)实行了军制改革,建立了常备军,军队直接向国王负责,由国王亲自指挥。这个起源于两河流域的军事帝国,在世界军事史上拥有许多重要的首创性贡献。亚述帝国不仅拥有多兵种协同作战的体制和技术,而且拥有当时世界上最先进的武器装备和作战体制。骑兵和战车兵是亚述的传统兵种,步兵在新亚述帝国时期也得到迅速发展。骑兵是在马匹引入美索不达米亚后才大规模发展起来的兵种,由于亚述临近山区有条件得到大批的良种马和接触较高水平骑术的山区民族,所以有人认为"这个起源于两河流域的军事帝国,在世界军事史上的最大贡献就是首创了骑兵"[3]。其实,亚述帝国不仅创立了强大的骑兵,也革新了战车兵和步兵。战车兵是美索不达米亚古老的兵种之一,而亚述是公元前3000年末马匹引入美索不达米亚之后,最早使用马拉战车的民族之一。与平时运输或仪仗用车不同,亚述的战车多为两轮两马。亚述步兵分轻装步兵和重装步兵两种,轻装步兵包括:弓箭兵、飞石兵、短剑兵;重装步兵主要是长矛兵。轻装步兵、重装步兵都能通过战袍、头盔和

---

[1] 于殿利:《古代美索不达米亚的国家治理结构》,载《学术研究》,2014年第1期。
[2] 霍文勇、吴宇虹:《新亚述帝国时期民族政策研究》,载《中央民族大学学报》(哲学社会科学版),2006年第2期。
[3] 徐焰:《暴力的艺术——亚述帝国的兴亡》,载《纵横》,2017年第10期。

武器的式样清楚地区分开来。公元前8世纪提格拉特-帕拉萨尔三世改革以后新增加了工兵和辎重兵,这也是世界军事史上的创举。[①]

亚述的军事帝国主义和军国主义建立在赤裸裸的暴力征服之上,具有极端的残忍性和野蛮性。亚述国王的王室铭文就是:"我围困,我征服,我掠走,我烧掉,我洗劫。"屠城、杀戮、抢劫、掠夺、焚烧、奴役等血腥手段,是亚述帝国征服其他民族的主要方式。因此,亚述帝国的首都尼尼微被犹太人形容为"血腥的狮穴"。据记载,仅在亚述帝国第4任国王辛那赫里布的年代(公元前704—前681),亚述军队就攻占并焚烧了75座城市,人和财物洗劫一空。史载,在第4次攻占巴比伦时,辛那赫里布歇斯底里咆哮道:"他们的居民,无论老幼,一个都不留,我要用他们的尸体填平城市的街道。""亚述对外征服时表现得十分残酷,如公元前689年利用埃兰国(起源于伊朗高原)内乱攻下巴比伦时,就进行了彻底的屠城,所有神殿化作灰烬。亚述军杀死埃兰国王后,将他的头挂在了高竿上,抓到的将帅则活剥后像宰羊一样放血,或砍头分尸后剁成肉酱。据发现的古籍记载,在攻灭埃兰一役中亚述人掠到7200匹马、11.1万头驴子、8万头牛、80万头羊以及20.8万俘虏。这些俘虏被带回了亚述首都尼尼微后,作为奴隶投入建造运河、灌溉田地的苦役。"[②] 把帝国发展的动力建立在暴力的征服和奴役之上,注定了亚述帝国的不可持续,也必定会激起被征服民族的激烈反抗。公元前626年,亚述派去驻守巴比伦的迦勒底贵族那波勃来萨自立为王,建立新巴比伦王国,并与伊朗高原西北、同受亚述统治的米底人结成同盟,于公元前612年攻陷亚述首都尼尼微,不可一世的亚述帝国宣告覆亡。公元前605年,最后一支亚述军队被巴比伦军队战败。从此以后,亚述作为一个国家不复存在。[③]

二、波斯帝国 (Persian Empire, BC550—BC330)

波斯帝国又称阿契美尼德王朝,主要语言是古波斯语,波斯帝国的首

[①] 参阅曲天夫:《略论亚述帝国军制》,载《东北师范大学学报》(哲学社会科学版),2009年第5期。
[②] 参阅徐焰:《暴力的艺术——亚述帝国的兴亡》,载《纵横》,2017年第10期。
[③] 参阅戴可来、楚汉:《亚述帝国》,商务印书馆1987年版,第49—58页。

都最初在帕萨尔加德，后增设埃克巴坦那、苏萨和巴比伦，公元前522年，大流士一世执政后，新建波斯波利斯为首都。波斯帝国的本土位于今伊朗高原的西南部，自从公元前600年开始，希腊人把这一地区叫作"波斯"。在公元前3000年左右，当地居民埃兰人就在今伊朗的胡泽斯坦地区建立了国家。公元前8世纪当地的雅利安人建立了米底王国。公元前7世纪，波斯人被亚述帝国统治。公元前7世纪末，米底王国、吕底亚王国、新巴比伦王国灭掉亚述帝国，瓜分了其全部领土，米底王国获得了波斯高原。公元前559年，居鲁士成为波斯人的首领，统一了波斯的10个部落。公元前550年，波斯人在居鲁士二世领导下推翻米底王国，正式建立波斯帝国，居鲁士二世被称为"居鲁士大帝"（Cyrus the Great）。波斯帝国继承并发展了亚述帝国的军事技术和武器装备，建立了当时世界上最强大的军事力量，包括成百万的陆军和拥有千余只战舰的海军。凭借其强大的军队和先进的武器，波斯帝国在居鲁士大帝及其后继者冈比西斯二世和大流士一世的率领下，所向披靡地进行对外扩张和征服，公元前546年攻占小亚消灭了吕底亚王国，公元前538年挥师南下灭掉了巴比伦王国，公元前525年征服埃及王国，公元前513年渡过博斯普鲁斯海峡攻占色雷斯，建立了世界历史上第一个横跨亚洲、非洲和欧洲的庞大帝国。至大流士一世（Darius I）时，波斯帝国的辉煌达到极点，以至于大流士大帝在石壁铭文上刻下了："我，大流士，乃波斯之王，诸省之王，伟大的王，万邦之王，万国之王。"波斯帝国也确实是当时世界上幅员最辽阔、军事实力最强大的国家，公元前480年的鼎盛时期帝国人口达到2000万之众，帝国面积达到700万平方公里。其征服并统治的领土范围之广，东到印度河流域和帕米尔高原，西到色雷斯半岛和小亚细亚，南达印度洋和埃及，北及里海、黑海和高加索山脉，"几乎囊括了两河流域、印度河流域、尼罗河流域三大古文明中心"①。

正如其他帝国一样，波斯帝国也采用君主专制，国王拥有神圣的和不可挑战的权威，行使帝国的最高统治。但是，波斯帝国的君主政治先后有

---

① 于卫青：《波斯帝国》，中国国际广播出版社2014年版，第2页。关于波斯帝国的详细历史，可参阅〔美〕A. T. 奥姆斯特德：《波斯帝国史》，李铁匠、顾国梅译，上海三联书店2010年版。

过很大的变革，在居鲁士时代和大流士时代有明显的不同。居鲁士大帝继承了米底王国一些开明的政治传统，例如，对职业化的行政官僚机构的尊重、重大决策与大臣商议的"集体决定"做法、实行一定程度的民族自治和对其他宗教的宽容，直至还宣布"奴隶制非法"。因而，有些学者甚至不适当地认为居鲁士时代的君主政治带有"民主政治"的色彩："居鲁士建立的君主制，实际上是一种基于不同宗教、社团、种族和肤色的民主政治。"① 大流士一世成为国王后对波斯帝国的政治体制进行了重大的改革，大大加强了中央集权，特别是国王的权力，完成了从开明君主制向绝对君主制的转变。最终实现了他在著名的《贝希斯敦铭文》所描述的所有征服之地无条件听命于他的绝对专制状态："靠阿胡拉马兹达之佑，他们成了我的臣民。他们向我交纳贡赋。凡我给他们的命令，不论是白天还是黑夜，他们都遵行不误。""对于上述地区的居民，凡忠信之士，我赐予恩典；凡不义之人，我严惩不贷。靠阿胡拉马兹达之佑，上述地区遵守我的法律。凡我给他们的一切命令，他们都遵行不误。"②

在政治体制上，与其他帝国政治相比，大流士一世改革的最大特点，是推行了比较成熟的行省制和总督制。公元前522—前485年，大流士为克服波斯帝国的危机，巩固专制王权，进行了包括调整行政区划、改革赋税制度、统一货币、设立五大军区等在内的一系列重大的政治、经济和军事改革，史称"大流士一世改革"。首先是将波斯王朝统治的广阔地区，从伊奥尼亚和色雷斯半岛，到埃及、巴比伦和叙利亚，直到印度和巴基斯坦，划分20多个行省，每个行省都配之以固定的赋税。③ 每个行省置一位总督（Satrap，中文版的希罗多德《历史》又译"太守"），掌握当地的行政、治安和经济大权，直接对国王负责。总督制在居鲁士时代就开始实行，但行省总督在大流士改革前，并非全部由波斯人担任，而在改革之后

---

① 亓佩成：《波斯帝国政治体制的流变》，载《洛阳师范学院学报》，2015年第12期。
② 参见李铁匠编译：《古代伊朗史料选辑》，商务印书馆1992年版，第35—36页。
③ 大流士一世究竟划分了多少个行省，尚有不同争议。据希罗多德的《历史》一书记载，大流士一世总共划分了20个行省，但不包括波斯本土在内。但不少研究者认为，行省的数目在波斯帝国不同时期有所变化。参见周启迪：《试论波斯帝国的行省与总督》，载《北京师范大学学报》（哲学社会科学版），1995年第3期。

则全部由波斯王室成员和波斯贵族担任。正如有学者所说,"经过大流士改造的波斯帝国,成了一个真正的波斯人而非代表所有被征服地区的帝国"。"大流士的帝国不仅是波斯人的帝国,且是以王室为核心的波斯人的帝国。"① 大流士一方面将总督权力收归波斯贵族,另一方面通过将财税权、军事权和行政权分立,来制衡行省总督的权力。"总督、将军、司税收的大员三权分立,各自对国王负责,使他们之间相互监督和牵制,以便于国王的控制。此外,大流士还在总督身旁置秘书一人,作为中央与总督的联络员,实际上是国王的亲信,负责监视总督的一切行动。国王还经常派出钦差大臣到各地巡行,视察情况,直接向国王汇报,被希腊人称为'王的耳朵'。如果发现哪个总督或大员不忠于国王,钦差大臣就会采取严厉的惩罚,甚至把他的皮剥下来,铺在总督的座椅上,使继任者有所忌惮,不敢再反对国王。"② 尽管大流士一世的改革,极大地强化了国王的专制权力和波斯帝国的中央集权,但另一方面,行省制和总督制的改革和完善也适当地保留了地方的自治权力,从而使得波斯帝国的中央集权与地方自治出现了一定程度的平衡:"虽然法律上国王和总督拥有无限权力,其命运有时会被国王与总督左右,但在日常管理中,它们大体自治,由此造成了波斯帝国统治中国王的专制与地方自治合作的特征,两者的结合,是帝国得以长期维持的基本原因。"③

比起亚述帝国来,波斯帝国的行政官僚体制更加专业化,民族和宗教政策更加具有包容性,尤其是行省制和总督制较好地维护了中央专制集权与地方分权自治的平衡。"但波斯帝国的行省制度毕竟是初创,还很不完善,直到波斯帝国崩溃时为止,各个地区、部落的孤立性和分离主义倾向依然存在,每个行省仍然拥有自己的一套度、量、衡制度和货币体系,在社会经济上仍可独立存在。因为波斯帝国仍是一个军事行政联合体。"④ 换言之,从本质上说,波斯帝国的强大依靠的仍然是绝对的君主专制体制

---

① 晏绍祥:《米利都与波斯:专制帝国中地方共同体的地位》,载《世界历史》,2015年第3期。
② 谢玉珊、徐虎:《大流士一世的改革与波斯帝国的全盛》,载《天中学刊》,1995年第5期。
③ 晏绍祥:《波斯帝国的"专制"与"集权"》,载《古代文明》,2014年第3期。
④ 周启迪:《试论波斯帝国的行省与总督》,载《北京师范大学学报》(哲学社会科学版),1995年第3期。

和军国主义体制。高度集权的国家机器和无可匹敌的军事实力,是波斯称霸世界的根本保障。一旦这两根支柱发生动摇,帝国的末日也就随之来临。公元前546年,波斯帝国消灭了吕底亚王国,统治了包括米利都在内的希腊城邦。公元前500年,米利都爆发了反抗波斯残暴统治的大规模武装起义,并获得了强大的雅典城邦的支持。公元前494年,波斯国王大流士一世亲自镇压了米利都起义。随后,大流士一世及其后继者以雅典支持米利都起义为名正式向雅典发动进攻,意图征服整个希腊城邦,希波战争(公元前500—前449)随之爆发。历经半个世纪的希波战争,是波斯帝国命运的决定性转折点。波斯王朝最多时曾号称集结百万大军进攻希腊城邦,但波斯帝国最终不敌希腊,从此波斯帝国的衰落日甚一日。"希波战争历时半个世纪,貌似强大的波斯帝国被英勇捍卫自己独立的希腊城邦所击败。在战争期间,埃及、巴比伦等地被征服地区爆发了大规模的反抗波斯统治的起义,进一步削弱了波斯帝国的军事力量。波斯帝国的统治,主要依靠军事力量的强大,军事优势的动摇和丧失,帝国的集权统治就难以维持了。"① 公元前330年,马其顿在亚历山大大帝的领导下取得波斯波利斯战役的胜利,攻入波斯波利斯。阿契美尼德末代国王大流士三世被部下所杀,盛极一时的波斯帝国正式覆灭。

三、亚历山大帝国(Alexander Empire,公元前336—前323)

亚历山大帝国又称马其顿帝国,其首都先后为马其顿的佩拉和美索不达米亚的巴比伦,帝国的通行语言是希腊语,在帝国的全盛时期人口达到2050万,面积超过500万平方公里。亚历山大帝国源起于希腊东北部边缘的马其顿王国,帝国的存续与亚历山大个人的命运几乎完全关联,因而是世界帝国史上绝无仅有的后人以统治者名字命名的帝国之一。马其顿王国(公元前808—前168)原是希腊的一个城邦小国,在腓力二世(Philip

---

① 谢玉珊、徐虎:《大流士一世的改革与波斯帝国的全盛》,载《天中学刊》,1995年第5期。

Ⅱ of Macedon，公元前359—前336）国王统治时期，国力开始变得强大，尤其是军事实力迅速崛起，创立了在世界军事史上有重要地位的著名"马其顿方阵"、重装骑兵和马其顿海军。腓力二世凭借其强大的军事实力，于公元前338年征服雅典等希腊城邦，公元前337年建立"科林斯同盟"，成为希腊城邦国家联盟的新盟主。公元前336年，腓力二世被刺死在其女儿的婚礼上，年仅20岁的亚历山大继承王位，成为马其顿新国王和希腊的新盟主。这位被拿破仑称为西方四大军事奇才之首的马其顿新国王，开始了奇迹般的军事征服之旅。公元前334年，亚历山大率马其顿军队远征波斯帝国，于公元前333年在叙利亚击败大流士三世的10万大军，占领大流士的宫殿，随之又挥师南进叙利亚、腓尼基和大马士革。公元前332年进入埃及，并建造"亚历山大城"；公元前331年在两河流域北部的高加米拉与波斯的百万大军进行战略决战，给予波斯军队以毁灭性的打击。公元前330年，占领波斯帝国都城苏萨、巴比伦和波斯波利斯，导致波斯帝国彻底覆灭。消灭波斯帝国之后，亚历山大仍继续征战，企图征服整个世界。他于公元前327年率部队进入印度，并在印度西北部建立了两座亚历山大城。至此，亚历山大帝国的版图达到极点，成为继波斯帝国之后世界历史上第二个横跨欧洲、亚洲和非洲的帝国，也是当时世界上版图最大的帝国。"这个帝国几乎囊括了当时人类的主要文明——波斯文明、埃及文明、犹太文明，甚至印度文明。"[①]

亚历山大帝国的建立主要得益于马其顿王国在腓力二世时期开始形成的强大的军事力量，在统治被征服地区的过程中亚历山大也学习和借鉴了波斯帝国的许多制度，但这些都不是亚历山大帝国的真正特色。马其顿帝国最鲜明的特色，在于将帝国的扩张过程与希腊化过程有机地结合起来，形成了一种别具特色的殖民化制度。马其顿原是希腊一个边缘化的城邦国家，并不被希腊本土公民所认可，甚至被视为落后不文明的蛮夷。但是，马其顿有一种根深蒂固的希腊文化认同[②]，特别是亚历山大本人深受其导

[①] "亚历山大东征壁画"插页，参阅夏遇南：《亚历山大帝国》，中国国际广播出版社2014年版。
[②] 关于马其顿人的希腊认同，可参阅徐晓旭：《马其顿帝国主义中的希腊认同》，载《世界历史》，2008年第4期。

师亚里士多德的深刻影响。在亚里士多德看来，希腊人和希腊文明是人类最优秀的民族和最优秀的文明，其他民族都是未开化的蛮族，传播和扩散希腊文明，就是教化和提升落后文明，是一件伟大而高尚的事业。亚历山大深深地接受了这种希腊中心主义的世界观，认为希腊的价值就是人类的普遍价值，他把希腊化过程融于帝国的建立过程之中，使文化融合与军事征服最大限度地加以结合。亚历山大深信，将希腊文明扎根于被征服的帝国之境，就是一件无比高尚的世界性事业。他自己也因此不无自豪地把"世界当作自己的家乡"，帝国大军征战到哪里，他就让希腊文明在哪里生根开花。当亚历山大占领巴比伦王国后，他甚至把帝国的首都也迁移到这里。正如一位研究者所指出的那样："亚历山大专制统治形式不同于大流士。他对广土众民的大帝国实行殖民制。亚历山大在东征过程中，在一些战略要地和交通要道建立了许多名为亚历山大里亚的希腊民族城市。普鲁塔克说有70多座，近代史家确认40多座。希腊的移民从希腊本土大批地涌入亚历山大里亚城，遍布于亚历山大帝国的这些城市成为亚历山大推行殖民统治的坚固据点。希腊的政治、经济、文化通过这些城市影响着周邻地区。亚历山大感到仅靠马其顿人和希腊人的军事力量以及新建的亚历山大里亚城市，是无法统治幅员辽阔的帝国的。他不像大流士那样仅用本族人统治异族人，他要通过对东方贵族的安抚、使用、培养，使东方贵族希腊化，心甘情愿地为亚历山大帝国效劳。"①

当马其顿军队占领埃及和巴比伦，征服波斯帝国后，亚历山大帝国的版图已经在当时无与伦比的广阔。为了巩固帝国的统治，亚历山大采取了以下措施：第一，把首都定在帝国中心巴比伦以求达到对边疆地区进行有效的威慑。第二，建立数以十计以亚历山大命名的城市控制战略要地。既依托城市达到对当地的有效控制，又可吸引和安抚希腊。第三，促进希腊—马其顿人与当地的融合，鼓励将领和士兵与当地人通婚。第四，沿袭波斯旧制实行总督制，保留和任用一些波斯人为总督，以安抚当地人。②与众不同的是，亚历山大把世界当作家乡，试图建立一个世界性的帝国，

---

① 李怀国：《论世界古代五大帝王的专制统治》，载《求是学刊》，1991年第6期。
② 孟凡青：《亚历山大帝国分裂的原因探析》，载《西南大学学报》（社会科学版），2014年第5期。

使自己成为世界的主人。从踏上决战波斯帝国的征途起,他似乎从未想到要班师回朝。公元前337年,亚历山大统领大军越过开伯尔山口,进入南亚次大陆,直达印度河以东的海达斯佩斯河,占领了印度西北部的广大地区。当亚历山大意图继续进军印度恒河流域,到达"大地终端"一探究竟时却陷入了意想不到的困境:部下的士兵长期疲于奔命,已经极其厌倦战争,纷纷抗命,拒绝前进。"马其顿军队具有民主制传统,因此士兵可以在司法权利允许的范围内拒绝行军。所有军队士兵都有权利提出行动计划,并对其进行投票表决。"① 在万般无奈的情况下,亚历山大只好带领兵士撤出印度。公元前324年,马其顿军队兵分两路返回巴比伦,这实际上宣告了将近10年的"亚历山大远征"终于结束。公元前323年,年仅33岁的亚历山大大帝突然暴亡。由于亚历山大没有指定任何接班人,他的猝死便直接引发了马其顿王朝的血腥内斗,他的母亲、妻子与儿女全部被其政敌杀死,王族和将领们纷纷拥兵自立,庞大的亚历山大帝国分崩离析,只存在了短短13年便寿终正寝。

"亚历山大是唯一能够依靠个人权威将巨大帝国控制在一起的人。"② 亚历山大帝国崩溃后分裂成若干独立的新国家,其中最重要的是统治埃及的托勒密王朝、统治波斯的塞琉古王朝和统治希腊与马其顿的安提柯王朝。这三个王国的新君主都是亚历山大的部将,并且继续推行亚历山大的希腊化政策,从而在原来横跨亚洲、非洲和欧洲的亚历山大帝国版图内开创了一个全新的历史时期。"这个新的历史时期,被历史学家称为希腊化时期,这个名称并不很确切,因为它不是希腊文明的单向扩展,而是希腊和东方两种文明的混合,是希腊和东方的相互影响。这个新时代的出现和亚历山大帝国是分不开的,正是亚历山大的远征和他的一系列政策促进或加速了这一时代的到来。从某种意义上说,这也许是亚历山大对人类历史的最大贡献。亚历山大给当时的人民带来了全新的'世界国'(world state)的概念,希腊人,无论是柏拉图、伊索克拉底还是亚里士多德都只

---

① 〔美〕德布拉·斯凯尔顿、帕梅拉·戴尔:《亚历山大帝国》,郭子林译,商务印书馆2015年版,第71页。
② 〔美〕德布拉·斯凯尔顿、帕梅拉·戴尔:《亚历山大帝国》,郭子林译,商务印书馆2015年版,第81页。

有城邦的概念。"① 也正因为亚历山大对"希腊化时代"的特殊贡献，在西方历史中亚历山大一直受到高度的赞赏，认为亚历山大不是一个简单的征服者，而是一位真正的"世界主义者"和人类普遍价值的弘扬者。亚历山大死后，在欧洲、亚洲、非洲广阔的土地上，存在着近300个希腊化的城市，希腊化的浪潮并未随着大希腊帝国的分裂而消失。亚历山大将希腊先进的民主和人文精神带入到落后和专制的亚洲、非洲，此后被罗马人所传承，进而创造了一个环地中海的西方文化圈。这个文化圈在日后结合了基督教文化，带领西方国家率先进入了现代社会。②

四、罗马帝国（Roman Empire，公元前27—公元1453）

公元395年后，罗马帝国分为西罗马帝国（395—476）和东罗马帝国，东罗马帝国又称拜占庭帝国（Byzantine Empire，395—1453）。罗马帝国的本土在意大利半岛，帝国首都分别在罗马、君士坦丁堡和米兰等，官方语言先后为拉丁语和希腊语等。帝国面积最大时跨越欧洲、亚洲和非洲，领土面积超过500万平方公里，人口超过6000万。罗马帝国的前身是罗马共和国（Roman Republic，公元前509—前27），这是古代最伟大的共和国，是古希腊民主和人文传统的直接传承者，也是当时最为强盛和领土面积最广阔的国家之一。到共和国晚期，名震一时的罗马军团已经陆续"征服了意大利南部和北部地区、整个北非地区、埃及、西班牙、法国、英国大部分地区、瑞士、奥地利、巴尔干地区、土耳其、亚美尼亚、罗马尼亚、保加利亚、希腊以及中东大部分地区"③。公元前44年罗马共和国终身独裁者（执政者）恺撒（Gaius Julius Caesar）遭元老院暗杀身亡，恺撒生前指定其养子屋大维（原名Gaius Octavian Thurinus，后为Gaius Octavius Augustus）继任，但先后遭到元老院和安东尼等的严重挑战。公元前27年，屋大维平定所有对手的挑战，成为罗马的最高统治者，

---

① 夏遇南：《亚历山大帝国》，中国国际广播出版社2014年版，第283页。
② 参阅龚田夫：《希腊帝国缔造者——亚历山大大帝》，载《百科知识》，2008年第7期。
③ ［美］埃里克·纳尔逊：《罗马帝国》，邢锡范等译，辽宁教育出版社2006年版，第9页。

同时被元老院正式授予"元首"（princeps）或"首席公民"（princeps civitatis），以及"最高统帅"（Imperator，又译"皇帝"）、"最高执政官"、"终身执政官"等称号，允许独一无二地使用"奥古斯都"（Augustus，意即"神圣的"和"备受尊敬的"）名号。至此，无论从实际上还是名义上，屋大维都是拥有至高无上权力的罗马皇帝，相应地，罗马共和国也随之转变为罗马帝国。

罗马帝国将最高统治权定一尊于奥古斯都后，对内平息了各种政治内斗，对外继续进行军事扩张。奥古斯都进一步拓展了伊比利亚半岛、高卢、日耳曼中东以及小亚的疆域，并将不少周边的小国变为帝国的附属国，从而使罗马帝国进入了全盛时期。公元前14年奥古斯都去世，元老院将他神圣化，授予他"祖国之父"等至高无上的荣誉。奥古斯都开创的罗马帝国最初200年，是罗马历史上最为繁荣昌盛的时代，也是罗马帝国内部最为安宁的时代，史称"罗马和平"、"罗马治下的和平"（Pax Romana）或"奥古斯都的和平"。奥古斯都本人被奉为皇帝和明君的典范，成为其他罗马皇帝学习和效仿的榜样。在他去世后，罗马帝国又出现了所谓的"五贤帝"，即涅尔瓦（Marcus Cocceius Nerva，30—98，在位96—98）、图拉真（Marcus Ulpius Nerva Traianus，53—117，在位98—117）、哈德良（Publius Aelius Traianus Hadrianus，76—138，在位117—138，又称"勇帝"）、安东尼努斯·皮乌斯（Antoninus Pius，86—161，在位138—161）和马可·奥勒留（Marcus Aurelius，121—180，在位161—180，又被称为"哲学家皇帝"）。这些贤明的罗马皇帝传承了奥古斯都大帝的开明传统，共同缔造了罗马帝国的无比辉煌，使罗马不仅成为欧洲的政治、经济和文化中心，也是当时世界的中心。"条条大路通罗马"，即是当时罗马帝国极盛之谓也。奥勒留之后，罗马帝国缓慢地进入衰落时期，帝国内部很快就陷入内战和动荡不定之中，反复多次分分合合，甚至出现过一天一个皇帝的闹剧。"从公元224年到公元260年之间，就出现了16位皇帝"①，其中没有几个皇帝是自然死亡的。公元395年，

---

① 〔美〕埃里克·纳尔逊：《罗马帝国》，邢锡范等译，辽宁教育出版社2006年版，第247页。

狄奥多西大帝（Theodosius the Great，346—395）驾崩，他临终前将罗马帝国分给两个儿子，长子阿卡迪乌斯（Arcadius，377—408）为东罗马帝国皇帝，次子霍诺里乌斯（Flavius Honorius Augustus，384—423）为西罗马帝国皇帝，从此罗马帝国正式分裂为东罗马帝国和西罗马帝国。

东西罗马分治以后，西罗马帝国管辖的地域包括不列颠的一部分，以及意大利、西班牙和高卢等地。西罗马帝国一直就遭到西哥特部落和日耳曼部落的不断进攻，从未有过安宁的时期。西罗马帝国的首都也不在罗马，先后迁至意大利北部的梅蒂奥拉努（Mediolanum，今米兰）和意大利东北海岸的拉文纳（Ravenna）。公元402年，西哥特统帅阿拉里克（Alaric I，370—410）率军大规模进攻意大利半岛，虽被具有日耳曼血统的西罗马军队统帅斯提里克击退，但罗马人自己的权力已经尽失。公元406年，日耳曼部落跨过冰冻的莱茵河进入高卢，其中一支定居在伊比利亚半岛。从408年至410年阿拉里克三次兵临罗马城下，最终于410年彻底攻陷并洗劫了罗马，这是罗马建城1163年以来首次被外族人完全攻陷。此后西哥特人相继侵占高卢和西班牙，纷纷宣布在意大利、高卢和西班牙等西罗马帝国境内建立自己的王国。公元476年，西罗马帝国的日耳曼雇佣军统帅奥多亚克（Odoacer 或 Odovacar，435—493）被军队拥立为王，并正式废黜西罗马末代皇帝罗慕路斯·奥古斯都（Romulus II）。按照罗马帝国史研究权威爱德华·吉本（Edward Gibbon）在其名著《罗马帝国衰亡史》的说法，这标志着西罗马帝国的彻底灭亡。①

东罗马帝国，西方人习惯称拜占庭帝国（Byzantine Empire，395—1453），管辖范围包括巴尔干半岛、小亚细亚、叙利亚、巴勒斯坦、埃及、美索不达米亚北部以及外高加索的一部分，首都在君士坦丁堡（Constantinopolis，又称"第二罗马"和"新罗马"，今土耳其首都的伊斯坦布尔），官方语言仍为拉丁语和希腊语。东罗马帝国的正式称号始终是"罗马帝国"，西罗马帝国灭亡后，它一直以正宗的罗马血统自居，拜占庭帝国只是后人对它的称号。罗马帝国东西分治后，东罗马帝国一直比西罗马

---

① 参阅〔美〕米夏埃尔·比尔冈：《古代罗马帝国》，郭子龙译，商务印书馆2015年版，第77—81页。

帝国更加强大，尤其是在查士丁尼大帝执政期间，东罗马帝国达到了鼎盛的极点。公元527年，查士丁尼大帝（Justinian the Great，483—565）被授予"奥古斯都"尊号，与其叔父查士丁一世共同执政，查士丁去世后，查士丁尼成为东罗马帝国的专制君主，并被称为"世界的独裁者"。查士丁尼大帝一直怀抱着统一东西罗马帝国，重振罗马帝国昔日雄风的梦想。他内修文治，编纂了对整个西方世界的法律制度产生巨大影响的《查士丁尼法典》；外治武功，积极进行对外军事扩张。公元534年，他率领拜占庭军队征服罗马的宿敌汪达尔王国；公元535年，击败意大利半岛的东哥特人；公元554年，收复南西班牙、法兰西的一部分及亚得里亚海岸的领土。至此，东罗马帝国的国力和影响力均达到全盛时期，君士坦丁堡成为世界的经济贸易中心。查士丁尼大帝去世后，东罗马帝国开始逐渐衰落。公元6世纪后，阿拉伯人大规模进攻拜占庭军队，先后占领了叙利亚、巴基斯坦、埃及和非洲行省。1204年，帝国首都君士坦丁堡被东征的十字军攻陷和洗劫，东罗马帝国内部发生分裂，出现了"拉丁帝国"和"雅典大公国"，帝国变得千疮百孔。14世纪后，奥斯曼—土耳其人成为东罗马帝国的主要劲敌，1453年奥斯曼帝国攻占君士坦丁堡，拜占庭帝国正式宣告覆灭，"往昔的东罗马帝国一去不复返"[①]。

撇开罗马帝国对于西方文明和人类文明不可磨灭的深远影响不论，罗马帝国前后延续近1500年，是世界历史上真正称得上"千年帝国"的绝无仅有的范例，它本身就是一部帝国的百科全书。帝国的各种要素、各种制度、各种矛盾、各种斗争和各种形态，几乎都可以在罗马帝国中找到。例如，罗马的皇帝制度，既有早期带有共和色彩的元首制，到了公元284年戴克里先（Gaius Aurelius Valerius Diocletianus，约245—313）称帝时，才由元首制变为绝对君主制。在元首制时期，即便是握有无上统治权力的屋大维，在形式上也仍然要受到元老院的制约，而且罗马的元老院一直存在。有人把这种带有共和色彩的元首制视为"共和国和帝国君主制之间过渡时期的统治制度"[②]。然而，恰恰是这种元首制而非绝对的君主专制，

---

① 〔美〕米夏埃尔·比尔冈：《古代罗马帝国》，郭子龙译，商务印书馆2015年版，第85页。
② 〔美〕埃里克·纳尔逊：《罗马帝国》，邢锡范等译，辽宁教育出版社2006年版，第189页。

涌现出罗马早期的"五贤帝",创造了罗马帝国无与伦比的辉煌。罗马帝国也实行行省制度,但罗马帝国早期的行省制度却别具特色。行省分为三个系统,一为皇帝所管辖,一为元老院所管辖,一为地方政府所管辖。这种行省制度既有分权制衡和地方自主的优点,但也有弱化中央统一权威和助长地方分裂的弱点。因此,正如米夏埃尔·比尔冈所说:"提及古罗马,我们便会想到一个军事及经济大国,法律完备、政治灵活、文学一流,更有矗立逾两千年之久的宏伟建筑。罗马代表了一个帝国所能达到的极致。它还可作为一个鉴戒:纵使是最强大的帝国,也会随着时间的推移土崩瓦解。"[1]

五、蒙古帝国（Mongol Empire，1206—1259）

蒙古帝国的前身是大蒙古国,主体民族是蒙古族,帝国的最高统治者称可汗（Khan,又称大汗、汗王、合罕,常简称汗）,主要使用蒙古语,在被征服国也同时使用汉语、突厥语和波斯语作为官方语言。帝国全盛时期的版图多达3300万平方公里,人口高达2亿左右。蒙古人原是生活于漠北大草原的游牧部落,乞颜部可汗孛儿只斤·铁木真（1162—1227）相继征服塔塔尔、泰赤乌、篾儿乞、乃蛮等蒙古主要部族后,蒙古各部族首领于公元1206年在斡难河（今鄂嫩河）上游召开忽里勒台大会（蒙文为"Khural",意即"大聚会",实为蒙古部族首领大会）,正式推举铁木真为蒙古大汗,并尊称其为"成吉思汗"（Genghis Khan,意即"天赐予蒙古人的大汗"）[2],建立了"大蒙古国"（Yeqe Mongol Ulus）。铁木真凭借其强大的骑兵统一蒙古各部族并建立大蒙古国之后,旋即开始大规模地对外军事扩张。蒙古铁骑首先对准西辽、西夏和金朝,1218年攻灭西辽,1227年灭亡西夏,1232年征服高丽,1234年覆灭金朝。在南进的同时,蒙古帝国也开始西征。1219年开始大举进犯花剌子模,并于1231年灭亡

---

[1] 〔美〕米夏埃尔·比尔冈:《古代罗马帝国》,郭子龙译,商务印书馆2015年版,第3页。
[2] 关于"成吉思汗"的确切意义,有多种解释,如"强大的汗""天赐的汗""海洋的汗"等,参阅蒙古宫廷史官原著:《蒙古秘史》,常峰瑞编译,中央编译出版社2011年版,第59—62页。

花剌子模国；1237 年占领莫斯科；1241 年兵分两路侵入欧洲，大败神圣罗马帝国联军，相继攻占波兰、匈牙利、斯洛伐克、捷克，直至奥地利的维也纳附近，并建立钦察汗国。1258 年，蒙哥大汗亲率大军分三路进击南宋，占领大片南宋领土。1256 年后，蒙古军队开始征服中东诸国。1258 年，占领阿拉伯帝国首都巴格达，消灭阿拉伯帝国的阿拔斯王朝。1259 年，蒙古军进入叙利亚，连破阿勒颇、大马士革等城。蒙古帝国在蒙哥大汗时期，势力达到极盛，成为当时雄踞世界的最强大帝国。正如世界史学家菲利普·费尔南德兹-阿迈斯托所说：比起之前的任何游牧帝国的征服，蒙古人的征服到达的地方更多，持续的时间更长。"在其最广泛的范围内，帝国覆盖了从伏尔加河到太平洋地带，包括整个俄罗斯、波斯、宋朝、丝绸之路以及大草原。在地域的层面上，这使它以很大优势成为迄今为止世界上最大的帝国。"[1]

蒙古帝国是一个由游牧民族建立的帝国，深刻地带有游牧民族的特性。成吉思汗统一蒙古各部族，成为大蒙古国的可汗即皇帝以后，拥有至高无上的军政大权。这种可汗制度实质上就是其他帝国普遍推行的君主制，但从形式上说，仍有着明显的区别。蒙古帝国并无君主制普遍存在的长子继承制度，可汗并非由长子当然继承，而是由前任可汗提名，须经蒙古部族首领大会即忽里勒台大会推举决定。成吉思汗在统一蒙古各部族、建立大蒙古国的过程中，在社会政治制度方面所做的最大改革，即是建立了军政合一的千户制。成吉思汗将蒙古全部部族划分为 95 个千户，千户之下再分百户、十户，这些千户、百户、十户即是社会管理单位，也是军事组织单位。各千户的首领称为那颜，由大汗从蒙古贵族中选任，那颜的职位为世袭制。千户制虽然在平时是一个行政管理组织，但本质上却是一个军事组织，而且是一个与蒙古的游牧民族性质相适应的骑兵组织单位。每个千户、百户和十户都必须具备相应的马匹、粮草和军械，每个成年的蒙古人既是牧民也是战士，做到"上马则备战斗，下马则屯聚牧养"。

与游牧民族的特性相一致，蒙古军队进行对外军事扩张和征服的内在

---

[1] 〔美〕菲利普·费尔南德兹-阿迈斯托：《世界：一部历史》（上），钱乘旦审读、叶建军等译，北京大学出版社 2010 年版，第 481 页。

动力和主要目的，几乎就是赤裸裸地掠夺土地、马匹、财富、女人和奴仆。在拥戴铁木真为蒙古大汗的忽里勒台大会上，其他部族首领对铁木真说："我们要拥戴你做大汗。如果铁木真做了大汗，大敌当前，我们愿一马当先，冲入敌群，把他们美貌的女儿妻子，还有明亮宽敞的宫帐，都抢来献给你；把异族美丽的贵妇，还有膘肥体壮的好马，都抓来献给你。"①蒙古的将士们这样说，也这样做。蒙古大军所到之处，除了肆无忌惮地屠杀外，就是俘虏妇女。每攻占一个城市，蒙古兵常常把成年男性居民集体地加以残忍杀害，只留下妇女儿童和部分工匠，作为他们的奴隶和仆人。他们甚至常常把大片的耕地故意毁坏，使之成为可以放牧的荒原。在所有关于帝国战争和军事征服的文字记载中，没有任何其他的记录比蒙古帝国的征战更加残暴。即使是那些试图发掘蒙古帝国的"积极效应"的作者，大多数也会明白无误地承认这一点："蒙古人的征服活动，同以往游牧部落对外扩张不尽相同。一方面是它继承了游牧民族的传统并使其发展到了顶峰，即屠杀定居民众，毁坏城市和农田，使荒芜之地再回到草原状态，以利于游牧畜群。还通过残酷的掠夺战争，来获取牲畜、财物、妇女、奴隶，从而摆脱草原严酷环境下艰难而又贫穷的生活。另一方面在大规模扩张之前，蒙古铁骑已多次深入农耕区域，掌握了对付定居民族和攻占城市的方法。如攻城车、撞城机、投石机、火焰投掷机、大驾炮等等。这样一来，这支以草原各种传统为基础，并可随意支配农耕地区经济资源的军队，就具有更为强大的攻击力，造成的破坏也是前所未有的。蒙古征服者只注意掳掠各种工匠和妇女儿童，其余的人不是被杀就是流散。因而，凡是经过蒙古军队火和剑扫荡的地方，无不赤地一片，到处白骨。如 1221年，成吉思汗的儿子拖雷攻下莫夫城以后，投降居民全被列队斩首，而后又将妇女儿童和成人的头颅分别堆成金字塔焚烧。残酷的杀戮和无情的掠夺，对亚欧文明破坏极大。使被征服地区生产长时间停滞不前，甚至倒退。"②

1227 年，成吉思汗在亲率大军消灭西夏的战争期间病逝，1229 年蒙

---

① 蒙古宫廷史官原著：《蒙古秘史》，常峰瑞编译，中央编译出版社 2011 年版，第 57 页。
② 郭永胜：《蒙古帝国的世界历史地位》，载《内蒙古大学学报》（哲学社会科学版），1992 年第 4 期。

古忽里勒台大会在经过 40 天的激烈争议后推举铁木真三子窝阔台（1186—1241）为新任大汗。窝阔台在位 12 年间，蒙古帝国继续马不停蹄进行军事扩张，除了消灭金王朝，统一华北外，还将帝国版图扩展到中亚和东欧。1241 年底，窝阔台病逝。1246 年，忽里勒台大会推举窝阔台长子贵由继承蒙古国大汗，但贵由大汗在 1248 年春突然暴亡。1251 年，成吉思汗最小的儿子拖雷的长子蒙哥由忽里勒台大会推举为大汗。蒙哥继位后，蒙古帝国大军进行第三次西征，占领阿拉伯帝国首都伊拉克，征服波斯地区。蒙哥大汗自己则亲率 4 万大军南下进攻南宋王朝，1259 年在攻打南宋合州（今重庆合川）钓鱼城期间卒于军中。蒙哥大汗去世后，庞大的蒙古帝国开始内部分裂，蒙哥的两个儿子忽必烈和阿里不哥在 1260 年先后由各自拥戴者支持的忽里勒台大会推举为蒙古国大汗，随后忽必烈和阿里不哥之间进行了 4 年内战，1264 年忽必烈最终战胜阿里不哥。1271 年，忽必烈将其所辖国土改称国号"大元"，并将首都迁往大都（今北京）。至此，蒙古帝国正式分立为元朝，以及钦察汗国、察合台汗国、窝阔台汗国、伊利汗国四大汗国。尽管元朝及四大汗国的君王都是成吉思汗的后裔，它们之间也仍然有着割不断的联系，甚至在名义上其他汗国也承认元朝作为蒙古国传承者的正统地位，但实际上它们之间已经成为各自独立的王朝国家。随着蒙哥大汗的去世，蒙古帝国事实上也宣告覆亡："蒙哥的去世斩断了最后的纽带，大汗的统一意志不复存在，最后形成了权力集中、近乎独立的金帐汗国，组织精良的蒙元军事帝国和西亚一直稳固的伊利汗国三大王国。这些王国彼此权力平等，帝国的每个'边境诸地'实际上已经比中央强大。"[①]

六、奥斯曼帝国（Ottoman Empire，1299—1923）

奥斯曼帝国的主体民族是奥斯曼土耳其人，在攻战东罗马帝国的君士坦丁堡后即定都于此，并将君士坦丁堡改名为伊斯坦布尔，官方语言为土

---

① 〔德〕迈克尔·普劳丁：《蒙古帝国的兴起及其遗产》，赵玲玲译，社会科学文献出版社 2020 年版，第 183 页。

耳其语，鼎盛时期的帝国领土超过550万平方公里，人口逾3000万[①]。奥斯曼帝国源自13世纪末14世纪初活跃在中亚地区的一个突厥部落，该部落在13世纪末是鲁姆苏丹国的一个酋长国。1288年，奥斯曼（Osman I，1258—1326）接任部落埃米尔即部落酋长，雄心勃勃的奥斯曼从伊斯兰教苏菲派长老手中接过"胜利之剑"，并以伊斯兰"圣战者"的名义开始向周边的其他酋长国和拜占庭帝国攻城略地，1299年在占领地区建立独立的"加齐"（"Gasis"的音译，意为宗教战士，或为宗教献身的人）国，将其自己的名字奥斯曼作为王朝名称，1300年自任奥斯曼王朝的苏丹（Sulṭan，又译素丹，阿拉伯语中意即"最高统治者"）。1326年其子奥尔汗（Orhan 或 Orkahn，1285—1359）继任苏丹后继续对外扩张，1337年占领了拜占庭帝国在小亚细亚的全部领土。穆拉德一世（Murad I，1326—1389）时占领拜占庭帝国重镇亚得里亚堡，征服色雷斯、马其顿、索菲亚和整个希腊北部，并迫使保加利亚、塞尔维亚称臣。1453年，穆罕默德二世（Muhammad II，1432—1481）占领君士坦丁堡，宣告拜占庭帝国的覆灭。至苏莱曼一世（Suleiman the Magnificent，1494—1566）时，又将中东和北非的大部分地区纳入帝国的版图，此后奥斯曼帝国进入全盛时期。截至1566年苏莱曼一世辞世之时，奥斯曼帝国的版图覆盖了当今全部或部分的匈牙利、南斯拉夫、阿尔巴尼亚、希腊、乌克兰、罗马尼亚、保加利亚、土耳其、克里米亚、伊朗、伊拉克、叙利亚、黎巴嫩、约旦、以色列、埃及、沙特阿拉伯、也门、利比亚、突尼斯、阿尔及利亚等地区，总人口也从1200万增长到2200万。[②] 而当时西班牙的人口仅为500万，英格兰的人口约为250万。1683年奥斯曼帝国的疆域达到最大，"此时帝国的疆域范围大致包含今天西亚的土耳其、伊拉克、科威特、叙利亚和黎巴嫩、以色列、沙特阿拉伯的汉志地区、也门西部、格鲁吉亚、亚美尼亚、阿塞拜疆；欧洲的罗马尼亚、保加利亚、南斯拉夫联盟、马其顿、希腊、波斯尼亚和黑塞哥维那、克罗地亚、斯洛文尼亚、阿尔巴尼亚、匈

[①] 亦有专家估计，奥斯曼帝国全盛时期的人口多达5000万，参见申浪：《奥斯曼帝国的国家治理模式探析》，载《陇东学院学报》，2019年第3期。
[②] 姜明新：《奥斯曼帝国苏莱曼盛世简析》，载《西亚非洲》，2010年第4期。

牙利、摩尔多瓦、乌克兰南部的克里米亚及附近地区；非洲的埃及、苏丹的北部、利比亚北部、阿尔及利亚北部、突尼斯以及地中海的克里特、塞浦路斯等。面积大约530万平方公里"①。

奥斯曼帝国是历史上第一个伊斯兰帝国，从政治体制上说，其最重要的特征是教俗合一和政教合一。奥斯曼帝国的最高统治者是苏丹，奥斯曼苏丹是奥斯曼帝国的象征，由奥斯曼家族世袭。奥斯曼苏丹掌握着帝国的最高行政权和最高军事权，是帝国臣民的主宰者和保护者。奥斯曼苏丹在1453年占领君士坦丁堡后则被冠以伊斯兰世界最高领袖"哈里发"（Halife）的称号，成为"真主在大地上的影子"，是先知穆罕默德的继承者，也是"安拉之公仆"。集苏丹和哈里发于一身的奥斯曼帝国君主既拥有世俗领域的最高统治权，又是伊斯兰世界的精神领袖，他有权制定沙里亚法（伊斯兰教法）未提到的相关事务的法律。这样一来，保卫伊斯兰世界的疆域、统率穆斯林对基督教发动圣战和维护伊斯兰教法的神圣地位，便成了奥斯曼帝国苏丹的首要职责。因此，苏丹与哈里发的结合为奥斯曼帝国的扩张提供了强劲动力。哈里发的头衔让苏丹以伊斯兰世界的统治者和保护者自居，征服广大伊斯兰世界和向基督教世界发动圣战成为苏丹坚定的信念和对外交往的主要形式。在苏莱曼大帝时期，甚至远在苏门答腊岛和伏尔加河流域的穆斯林也被视为苏丹的臣民。② 奥斯曼帝国的统治者自己也沉醉于这种政教合一的帝国体制给其带来的无限权力之中，苏莱曼一世生前所建的清真寺正门就镌刻着以下文字："（苏丹苏莱曼）已经十分接近（真主），那个拥有最高权威与全能力量的神、主权世界的创造者；（苏丹苏莱曼）是真主的奴隶，因真主的神力而全能，是世间的哈里发，因神圣的光辉而闪耀。他在一切有人的地方执行着神圣之书的命令与教义。苏丹苏莱曼在真主与他的常胜军队的帮助下征服了东西方的土地，是世上所有王国的所有者，所有民族面前真主的影子，所有阿拉伯人与波

---

① 王三义：《奥斯曼帝国移动的边疆和脆弱的帝国》，载《上海交通大学学报》（哲学社会科学版），2010年第4期。
② 申浪：《奥斯曼帝国的国家治理模式探析》，载《陇东学院学报》，2019年第3期。

斯人中的万王之王。"①

奥斯曼帝国不仅幅员辽阔，而且人口众多，统治着宗教信仰不同的许多其他民族。奥斯曼帝国藉以统治众多属国和不同民族的基本制度，一是蒂玛（Tima）制度，一是米勒特（Millet）制度。蒂玛制度实际上是一种军事分封制度，奥斯曼在军事扩张过程中，将一部分掠夺来的土地奖赏给战功卓著的将士。将士们一旦拥有蒂玛采邑，便享有对蒂玛的世袭权利，有权征收税收，对封地进行管理；但也有义务承担兵役，效忠奥斯曼苏丹，维护帝国的整体利益。这种蒂玛采邑制度，不仅极大地激励了广大将士们前仆后继，奋勇作战，争立军功，以获取更多的采邑；而且有效地维持了广大被占领地区的社会政治经济稳定，因为蒂玛也是基本的政治、经济和军事管理单位，而且可以世袭传承，从而具有持久的稳定性。米勒特在阿拉伯语中的语义为"民族""人群""国民"，奥斯曼帝国时期指东正教徒、亚美尼亚基督教徒和犹太教徒等得到帝国法律认可的宗教团体或宗教社区。米勒特制度即是用以管理不同宗教信仰的其他民族的统治制度，既体现了奥斯曼帝国对异教徒和其他民族的宽容，也反映了其高超的国家治理手段。据说，1454 年，穆罕默德二世任命金纳迪乌斯（Gennadius）为希腊东正教的宗教领袖，负责管理奥斯曼帝国境内希腊人的事务，是"米勒特制"的开端。穆罕默德二世允许亚美尼亚人和犹太人建立类似的社区，由他们"自己管理自己"。到苏莱曼大帝时期，天主教和其他宗教社区也组建类似的社区。② 帝国按不同信仰的人群将臣民划分为穆斯林、希腊人、亚美尼亚人、犹太人四大米勒特，每个米勒特由不同的民族成分构成，相同的民族却因信仰差异而分属不同的米勒特。③ 有学者认为，奥斯曼帝国的米勒特制度，实质上是在尊重多宗教、多种族、多文化格局的前提下实行的一种"因俗而治"的治理方式。④

---

① 参阅〔英〕卡罗琳·芬克尔：《奥斯曼帝国（1299—1923）》，邓伯宸、徐大成、于丽译，民主与建设出版社 2019 年版，第 129 页。
② 王三义：《奥斯曼帝国的制度结构及管理模式》，载《吉林大学社会科学学报》，2016 年第 2 期。
③ 申浪：《奥斯曼帝国的国家治理模式探析》，载《陇东学院学报》，2019 年第 3 期。
④ 参阅昝涛：《"因俗而治"还是奥斯曼帝国的文化多元主义——以所谓"米勒特"制度为重点》，载《新史学》，2020 年第十三卷，第 189—224 页。

1566年，苏莱曼大帝去世，盛极一时的奥斯曼帝国开始衰落。1569年，奥斯曼军队在进攻伏尔加河畔的阿斯特拉罕时，被俄国军队击败。1571年，奥斯曼海军又败于西班牙和威尼斯联合舰队。1612年与伊朗签订土伊合约，被迫放弃南高加索。1683年，奥斯曼帝国被哈布斯堡王朝、波兰和德国联军战败，签署《卡洛维茨条约》，首次割让匈牙利等欧洲领土。到了17世纪末，奥斯曼帝国的军事强国地位一去不复返。18世纪后，奥斯曼帝国更是每况愈下。1805年，埃及宣布脱离奥斯曼帝国而独立；1829年，在英、法、俄干预下，希腊宣布独立；1877—1878年的俄土战争导致了塞尔维亚、罗马尼亚、黑山及保加利亚的独立。到了19世纪末期，中东、北非、巴尔干地区各国纷纷宣布独立。在风起云涌的民族独立运动的沉重打击下，奥斯曼帝国已经风雨飘摇、气息奄奄了。"奥斯曼帝国的彻底瓦解是第一次世界大战后中东政治形势的重大变化，而凯末尔领导的资产阶级革命所缔造的土耳其共和国，则是第一次世界大战和十月革命后亚洲民族解放运动的伟大胜利。进入19世纪晚期，奥斯曼帝国所辖的欧、亚、非许多国家有的独立，有的被帝国主义国家占领。第一次世界大战前夕，奥斯曼帝国不但失去大片领土，而且把领事裁判权交给西方列强，并欠下大笔外债，国家政治与经济受到帝国主义的干涉和控制。第一次世界大战中奥斯曼帝国站在德、奥一边，终因战败而濒临灭亡的边缘。战后被迫与协约国签订了一系列不平等条约，帝国的领土几乎丧失殆尽。当此民族存亡的紧急关头，土耳其人民在凯末尔（即基马尔1881—1931）的领导下，发动了反帝反封建的资产阶级革命。1920年成立了国民政府，1923年10月29日建立了土耳其共和国，从而结束了苟延残喘的奥斯曼帝国的统治。"[①]

七、西班牙帝国（Spanish Empire，1492—1898）

西班牙帝国的母国是西班牙王国，本土位于欧洲西南部的伊比利亚半

[①] 胡光利：《试论奥斯曼帝国的兴衰及其历史经验教训》，载《辽宁大学学报》（哲学社会科学版），2001年第1期。

岛，帝国首都绝大部分时间在马德里，官方语言为西班牙语。西班牙帝国全盛时期的面积保守估计为1050万平方公里，统治人口4700多万。1469年，西班牙土地上的两个主要王国，卡斯蒂利亚王国和阿拉贡王国联姻，卡斯蒂利亚王国的伊莎贝拉一世（Isabel I，1451—1504）嫁给了阿拉贡的王子费尔南多二世（Fernando，1452—1516），开始了西班牙的统一进程，1479年这两个西班牙王国正式合并，1492年西班牙王国实现真正统一。统一后的西班牙王国迅速走上了对外扩张的道路，西班牙王国也随之转变成为西班牙帝国。1492年，哥伦布与西班牙女王伊莎贝拉签订了《圣达菲协议》，在西班牙王朝的全力支持下，开始了其"发现新大陆"的探险之行，从而也开辟了西班牙帝国进行大规模海外殖民的"新航路"。哥伦布发现南美洲和西印度群岛后，西班牙殖民者紧随其后，开始了对拉丁美洲的征服和占领，并将疆土扩展到大西洋的彼岸和菲律宾。1580年，西班牙还兼并了葡萄牙，接管了葡萄牙广阔的海外殖民地，从而形成了世界上第一个"日不落帝国"。在菲利普二世统治时期，西班牙帝国达到了巅峰，是当时最强大的海上霸主和世界霸主。[①] 从领土的角度看，"16世纪中，西班牙帝国达到了自己的鼎盛时期。这时，它的领土在欧洲大陆上从三面把法国包围了起来，经伊比利亚半岛向地中海和大西洋的岛屿延伸。在大西洋的对面，统治着除巴西之外的中美洲，在太平洋上它统治着菲律宾群岛。这个殖民帝国在其全盛时期领土面积达到了1054万平方公里，超过古罗马帝国的两倍，是近代西方国家建立起来的第一个最大的殖民国家"[②]。

西班牙帝国作为第一个近代意义上的全球性殖民帝国，它已经不再局限于简单的军事征服和军事占领，而开始运用经济贸易和语言文化的扩张手段。支持哥伦布去开辟新航路和发现新大陆的不仅仅是帝国的王朝，而且还包括贵族和商人，后者的唯一目的就是通过殖民的不平等贸易而获取巨额的利润。西班牙王室在其广袤的海外殖民国家中实行独占主义的垄断贸易政策，不允许其他国家与殖民地进行贸易，甚至于殖民地之间的贸易

---

① 参阅朱明：《米兰—马德里—墨西哥城：西班牙帝国的全球城市网络》，载《世界历史》，2017年第3期。
② 王加丰：《西班牙葡萄牙帝国的兴衰》，三秦出版社2005年版，第192页。

也受到严格限制，致使其他国家无法与美洲殖民地进行合法的贸易往来。① 西班牙帝国的王室、贵族和商人则从这种垄断性的殖民贸易中攫取巨额财富。仅以金银交易为例，有人统计，每年由西班牙驶往美洲新世界的船只总计起来将近10艘，船的排水量一般为300—500吨，上面装载军需品、士兵、殖民者、商人和马匹以及呢绒、丝织品、麻布、金属制品、葡萄酒、奢侈品、橄榄油和其他商品。西班牙船只在返途中运载了大量的财富，其中首先是金银。从1521年至1544年，每年从美洲运往西班牙的黄金有2900公斤，白银有30700公斤。从1545年至1560年，每年运回的黄金已达5500公斤，白银则达246000公斤。"因此，到16世纪末期，世界贵金属开采量中的83%归西班牙所有。西班牙人还从美洲运走糖、可可、苏木、宝石、珍珠、烟草、棉花、蓝靛、香油、皮革和其他商品。西班牙人不仅从事不等价贸易，而且对土著居民实行直接剥削。没落的西班牙下层贵族和他们的子孙在美洲则变成了大地主大种植园主。"②

西班牙帝国的征服和扩张过程，是一个典型的海外殖民化过程。在这一殖民化过程中，除了运用军事和经济手段外，更重要的是广泛运用了宗教信仰和语言文化的手段。宗教在西班牙的海外扩张中占有重要的地位。长达800年的圣战使得天主教成为西班牙的政治意识形态，而统一后的西班牙王朝的伊莎贝拉女王本人恰恰又是一个狂热的天主教徒，在与斐迪南结婚后被尊奉为天主教女王，在1492年西班牙收复格拉纳达之日，欧洲几乎所有的天主教堂钟声齐鸣。③ 这位天主教女王在统一西班牙王国后，对内开始驱逐半岛上不肯改信基督教的阿拉伯人和犹太人，并建立了著名的宗教裁判所；对外则派出大量的传教士，在广大的殖民地内进行基督教输出。语言文化的输出，在西班牙帝国的殖民化过程中也有着重要作用。1492年，西班牙语言学家安东尼奥·德·内弗里哈向伊莎贝拉女王进献了历史上首部《卡斯蒂利亚语语法》。他在书的前言部分指出，推广卡斯

---

① 参阅张家唐：《论西班牙帝国衰落与大英帝国崛起的关系》，载《贵族社会科学》，2013年第12期。
② 于霞、吴长春：《西班牙帝国的兴衰》，载《历史教学》，1990年第1期。
③ 参阅王翠文：《国际体系变更背景下对西班牙帝国周期的分析》，载《当代世界与社会主义》，2007年第2期。

蒂利亚语对于巩固西班牙疆域的重要意义,"语言总是帝国的伴侣",无论是希伯来语、希腊语,还是拉丁语,都随相应帝国的兴衰而上下起伏。女王显然采纳了这位语言学家的意见,开始在广大被征服的殖民地普遍采用体现西班牙宗教与语言文化的命名。[①] 结果是,西班牙语成为西班牙帝国扩张的一个象征,至今仍是国际化程度最高的语言之一。"西班牙语简称西语,按照第一语言使用者数量排名,为世界第二大语言,仅次于汉语,全球约有4.37亿人以西班牙语作为母语,占世界人口的4.84%,而西班牙本土只有4000多万人口,由此说明使用西班牙语的人大多在西班牙本土之外,从语言普及程度看,西班牙语无疑是一种国际化的语言。"[②]

16世纪中叶,西班牙帝国进入全盛时期,成为当时世界上不可一世的超级强国。但好景不长,16世纪末或17世纪初,西班牙帝国就迅速走向衰落。尽管它的崩溃要到19世纪初,但也是苟延残喘而已。[③] 17世纪中叶以后,西班牙在欧洲的政治生活中已不占重要地位。西班牙帝国由盛入衰的转折发生在腓力二世(Philip Ⅱ,1556—1598年在位)执政期间。1588年,在对英国的海战中,庞大的西班牙"无敌舰队"(Armada)不敌英国海军,西班牙海军阵亡士兵高达2万人,西班牙从此以后便丧失了其海上霸权的地位。1648年,在对法国的作战中,腓力二世的军队被法国军队击败,从此西班牙丧失其在欧洲的陆地军事优势。在西班牙王朝内部的王位继承战争中,又陆续向英国割让了直布罗陀,并丧失了葡萄牙和在意大利与荷兰的领土。19世纪初,西班牙帝国开始出现总体性的崩溃。1808年法国开始侵犯西班牙,西班牙与法国爆发独立战争,西班牙为这场战争付出了沉重代价,西班牙丧失了绝大部分海外殖民地。1826年,美洲除古巴外的殖民地先后独立,西班牙几百年的殖民统治宣告终结。1898年,西班牙与美国爆发美西战争,最终败于美国并与美国签订和约,古巴、菲律宾、波多黎各和关岛割让给美国。"失去古巴和菲律宾,是西

---

① 参阅王延鑫:《语言及帝国伴侣:西班牙帝国征服阶段的命名探析》,载《西南科技大学学报》(哲学社会科学版),2019年第6期。
② 卢春迎:《西班牙语诞生于拉丁语与西班牙帝国的崛起》,载《外国语文》,2020年第3期。
③ 王加丰:《西班牙帝国为什么衰落》,载《浙江师范大学学报》(哲学社会科学版),1997年第6期。

班牙帝国在 19 世纪初的拉丁美洲独立战争后受到的最沉重打击。至此，历时 400 年的西班牙帝国不复存在。"①

八、大英帝国（British Empire，1603—1947）

大英帝国脱胎于大不列颠及北爱尔兰联合王国，其本部在欧洲西北部的大不列颠岛。帝国的首都在伦敦，官方语言为英语。大英帝国全盛时期的面积达到 3550 万平方公里，整个帝国体系管辖的人口超过 4 亿。英王国究竟何时开始成为大英帝国，一直是个模糊不清的问题。1588 年，英国海军战败西班牙的"无敌舰队"，实际上意味着英国已经开始取代西班牙成为新的海上霸权。但是，一般认为，大英帝国的形成要晚于西班牙、葡萄牙和法国等欧洲列强。如果仅从正式的名号来看，1878 年才冠以"不列颠帝国"之名，那一年维多利亚女王以继承莫卧儿王朝的法统为名，正式加冕为皇帝。然而事实上，不列颠王国至迟在 16 世纪晚期和 17 世纪初已经开始其帝国的征程。1584 年，英国人拉雷（Walter Ralegh）就奉伊丽莎白女王之命在纽芬兰宣布建立英国的殖民区。1603 年，苏格兰国王詹姆斯六世继承了英格兰和爱尔兰的王冠，成为整个大不列颠联合王国的国王，同时也成为大不列颠帝国（the Empire of Great Britain）的国王。1607 年，一个总部在伦敦的财团，首次成功地在美洲的弗吉尼亚建立了一个英国的殖民点。② 17 世纪 50—70 年代，英国通过对荷兰的三次战争，迫使荷兰接受《航海条例》，将荷兰从英国及其殖民地之间的海上航行中排挤出去。在 18 世纪，通过"西班牙王位继承战争"和"七年战争"，英国与欧洲其他国家结盟，打败了法国，控制了直布罗陀海峡，占领了加拿大和密西西比河以东的大片北美洲领土，并成为印度的实际统治者。1793—1815 年，在对拿破仑帝国的战争中，英国进一步夺取了马耳他、毛里求斯、锡兰、好望角等大片非洲领土。1854 年，英国通过对俄国

---

① 王加丰：《西班牙葡萄牙帝国的兴衰》，三秦出版社 2005 年版，第 349 页。
② 参阅〔英〕约翰·达尔文：《未终结的帝国：大英帝国，一个不愿消逝的扩张梦》，冯宇、任思思、李昕译，中信出版集团 2015 年版，第 17—18 页。

的克里米亚战争,控制了土耳其,并开始涉足巴尔干和西亚地区。1874—1894年,英国侵占了马来西亚,并将印度支那半岛纳入自己的势力范围。1875年,英国从法国人手中取得了苏伊士运河的实际控制权。到1887年之后,又相继侵占了埃及、苏丹、尼日利亚、肯尼亚和黄金海岸等大片撒哈拉以南非洲地区。总之,到第一次世界大战前夕,大英帝国的殖民地已遍及世界各大洲。"面积已达到3350万平方公里,相当于其本土面积的130多倍,是全球陆地面积的1/4左右。殖民地人口达3.935亿,是其本土人口的8倍多,占世界总人口的1/4左右。'日不落帝国'达到了鼎盛时期。"[1]

在大英帝国的极盛时期,整个世界的财富都源源不断地流向联合王国,全世界似乎都成为英国的生产工地。据说,当时的英国首相曾扬扬得意地描述了一幅无比辉煌的帝国图景:"北美和俄国的平原是我们的玉米地;芝加哥和敖德萨是我们的粮仓;加拿大和波罗的海是我们的林区;澳大利西亚有我们的牧羊场,阿根廷和北美西部大草原有我们的牛群;秘鲁送来白银,南非和澳大利亚的黄金流向伦敦;印度人和中国人为我们种植茶叶,我们的咖啡、甘蔗和香料种植园遍布东印度群岛;西班牙和法国是我们的葡萄园,地中海是我们的果园;我们的棉花长期以来栽培在美国南部,现已扩展到地球每个温暖地区。"[2]

如果说罗马帝国是古代帝国的百科全书,那么,大英帝国则是近代帝国的百科全书。作为人类迄今最为发达的帝国体制,大英帝国包含了帝国统治的各种主要形式,并且把这些不同的帝国统治模式的效能发挥到了极致。第一种方式是以武力征服为基础的帝国统治模式。这种模式最为普遍,也更加简单有效。只要拥有强大的军事实力和警察力量,就可以镇压殖民地人民的任何反抗,使他们绝对听命于大英帝国的号令,服从大英帝国在殖民地的统治秩序。早期英帝国对广大殖民地的统治,主要使用的也是这种暴力征服的方式。第二种方式是以开明的官僚体制为基础的帝国统治模式。比起前面的方式来,这种统治模式更为先进和文明,它事实上是将宗主国的官僚体制经过适当改造后移植到殖民地地区。其主要特点,就

---

[1] 施雪华:《当代世界各国政治体制:英国》,兰州大学出版社1998年版,第16—21页。
[2] 〔美〕保罗·肯尼迪:《大国的兴衰》,蒋葆英等译,中国经济出版社1989年版,第189页。

是在被征服的殖民地建立起新的文官系统，通过这个官僚系统既为殖民地提供公共服务，同时也在殖民地为维系帝国秩序服务。第三种方式是以英国代理人的管理为基础的帝国统治模式，其特点是招募并培训专业的殖民管理者，把他们外派到英国的海外领地从事公共管理。无论是对于宗主国还是对于附属国来说，最后这种模式的成本—效益比往往是最好的。例如，对于人口大国印度的管理，"英国只用了不到 1000 名行政人员，就治理了人口多达 2.5 亿的印度"。因此，"对于很多维多利亚时代的英国人来说，第三种帝国形式对英国来说更为理想，在道德上也最为可取"①。

在人类的帝国发展史上，英国建立了最为完整和最为发达的全球殖民体系。从地域范围看，这是一个版图前所未有的广阔的全球体系，大英帝国的殖民地覆盖了世界五大洲，是真正的"日不落帝国"，有着最广泛的地域代表性。从内容上看，它绝不仅仅是经济贸易的全球殖民体系，而是包括政治、军事、语言、文化、宗教、教育、风俗、习惯、科学、技术和人种等在内的全方位的殖民体系。在这个迄今规模最广大的全球殖民体系中，英国不仅是经济、贸易、生产的中心，也是政治、军事和行政的中心，更是文化、科学和技术的中心。按照一些专家的概括，英国人主要通过以下 4 种方式，建构起这一完备的全球殖民体系。② 第一种是早期的"垦殖模式"，其主要特点是"政府引领、商界支持和民众参与"。英国最早对爱尔兰的殖民，就采用了这种模式。第二种是"公司模式"。在公司模式中，英国政府颁发特许状，批准成立殖民公司，准予公司进行殖民扩张，授予公司对殖民地的贸易垄断权和统治权。英帝国在不同时期成立了多个殖民公司，引人注目的有英属东印度公司、英属哈德逊湾公司、弗吉尼亚公司和在非洲的殖民公司等。印度是英帝国内最大的殖民地，而开辟这个殖民地的就是英属东印度公司。因此，在这种"公司模式"中，东印度公司的作用最具有代表性，影响也更大。第三种是"移民模式"，这

---

① 〔英〕约翰·达尔文：《未终结的帝国：大英帝国，一个不愿消逝的扩张梦》，冯宇、任思思、李昕译，中信出版社集团 2015 年版，第 12—25 页。
② 参阅潘兴明：《英帝国政治治理模式评析——差异化治理模式及效应考察》，载《史学集刊》，2013 年第 5 期。

种模式由探险家、民众、公司和业主发起,并得到政府的支持。在移民模式中,民间力量是对外殖民的主要动力来源,政府对此给予法律、军事等方面的支持。大英帝国对北美广大地区的殖民,主要运用的就是这种"移民模式"。在所有海外殖民帝国中,英国的对外移民人数最多。"仅1876—1900年的20多年间,来自英国的男性移民就达255万多人。"[1] 第四种是"国家模式",即国家全程掌控了对殖民地的争夺、占有和治理,制定相应的战略和规划,动员国家的政治、经济、军事资源和力量,整合民间资源,镇压当地人民的反抗。英国对非洲地区的殖民,主要采用的就是这种模式。

第一次和第二次世界大战是大英帝国由盛至衰的转折点。虽然英国在第一次和第二次世界大战中,都是战争的胜利者,但巨大的战争伤亡和国力损耗,使英帝国大伤元气而变得日益虚弱。第一次世界大战后,英国便逐渐丧失了世界经济和贸易中心的地位。第二次世界大战后,民族独立运动的风起云涌,加上美国和苏联作为新兴霸权国家的崛起,大英帝国的衰落不可逆转。1947年,大英帝国最大的殖民地印度宣布独立,随之,英王乔治六世在1948年正式宣布放弃"莫卧儿皇帝"的头衔,这是英帝国走向全面崩溃的重要标志。1948年,缅甸、斯里兰卡宣布独立,英国结束对巴基斯坦的委任统治;20世纪50年代,大批非洲国家纷纷宣布脱离大英帝国,英国还失去了对苏伊士运河的实际控制权;到60年代后,绝大多数亚非拉殖民地宣布独立于大英帝国,英国还只剩下几个岛屿,"日不落"的大英帝国基本解体。与历史上其他帝国不同的是,英帝国解体后,绝大多数帝国的殖民地既没有与宗主国反目为仇,甚至也没有与宗主国断绝一切往来。虽然英帝国的殖民地独立后变成了完整意义上的主权国家和民族国家,但它们与宗主国却保持着良好的联系,多数成为由英国主导的英联邦(Commonwealth of Nations)成员。英联邦以英国女王为共同元首,其成员大多是原大英帝国的附属国、自治领、殖民地或托管地,目前共有成员单位55个,其中包括16个英联邦王国(Commonwealth

---

[1] 陈祖庆:《试析大英帝国向英联邦的转型——基于英国移民政策演变的考察》,载《牡丹江大学学报》,2015年第12期。

Realm)。这是继帝国之后一种新型的国家联盟形式,也是当今世界最有影响的国家间组织之一。应当看到,"今天,英联邦依然充满活力。津巴布韦于 2004 年、冈比亚于 2013 年分别退出该组织,南非、斐济和巴基斯坦则在 20 世纪 90 年代重新加入。英联邦同样也欢迎前英属自治领的属地,如萨摩亚、巴布亚新几内亚和纳米比亚,甚至是一些从未属于大英帝国的国家加入。英联邦共拥有 55 个成员国,总面积达 2990 万平方公里,人口总计 23 亿,其中 10 亿人会讲英语,该组织的整体生产总值超过 1000 万兆亿美元(占全世界生产总值的 15%)"①。

正如当年罗马帝国对西方文明产生了深刻影响一样,大英帝国虽然最终解体了,但对西方文明,乃至整个人类文明也产生了极大的影响。在历史上的所有帝国中,"英帝国即使不是最宏伟的,也是版图最大的。当今世界起码有 1/4 的主权国家是从英帝国的版图中分出去的。仅凭这一点,它的影响在历史上诸多帝国里也是首屈一指的"②。在相当程度上可以说,当代世界的政治、经济和文化格局的形成,与大英帝国的兴衰都有着紧密的联系。马歇尔在《大英帝国史》中得出结论说,"大英帝国对现代世界的形成产生过巨大的影响"。这一结论显然是有道理的,因为,"在 19 世纪和 20 世纪的大部分时间里,英国人统治着一个幅员辽阔的帝国,它覆盖了北美洲的大部分、加勒比海广大地区、非洲撒哈拉沙漠以南大片土地、整个印度次大陆、澳大利亚、东南亚和太平洋地区,甚至曾一度控制着中东的大部分地区"。不仅如此,"英国对全世界的影响表现在对政体、宗教信仰、教育模式、市镇布局、文化品位、体育和消遣娱乐等不同方面。英语被称为当代社会一种全球性的语言,在一定程度上无疑是美国实力的反映。但是,美国作为一个英语国家,与其他国家一样,都是在大英帝国的影响下形成的"③。

---

① 〔法〕帕特里斯·格尼费、蒂埃里·伦茨主编:《帝国的终结》,邓颖平等译,海天出版社 2018 年版,第 356 页。
② 〔英〕约翰·达尔文:《未终结的帝国:大英帝国,一个不愿消逝的扩张梦》,冯宇、任思思、李昕译,中信出版集团 2015 年版,第 3 页。
③ 〔英〕P. J. 马歇尔主编:《大英帝国史》,樊新志译,世界知识出版社 2018 年版,第 1—2 页。

正如我们在文章的开头所论及的，帝国是人类政治史的重要组成部分，人类迄今的大部分政治生活是在各种各样的帝国体系中度过的。在帝国的名义下，无数人曾经有过无比惨痛的劫难，包括种族灭绝、集体屠杀、侵略、奴役、剥夺、强暴、歧视、毁坏、抢劫、掠夺等几乎人类所具有的全部罪恶；但同样在帝国的名义下，许多人却拥有了权力、财富、领土、声誉、自由、荣耀、辉煌和尊严等人们所向往的价值。因此，对于一些人来说，帝国就是梦魇和灾难；而对另一些人来说，帝国则是梦想和幸福。特别是对于那些握有巨大权力的独裁者和那些充满极端民族主义情绪的民众来说，帝国更是其内心挥之不去的政治梦魇。正如奥·勃里恩所说："追溯历史的滚滚长河，遥远的帝国令人神往。因为这些帝国天才的成就、摧枯拉朽的军事力量、残暴血腥的杀戮，我们容易对其浮想联翩。历经沧桑岁月，时间阻隔反而使其丰功伟绩愈发光耀鲜明。"[1] 然而，帝国的本质是对他国的征服和剥夺，帝国作为一种等级秩序体系，建立在民族不平等的基础之上，与人类自由平等的普遍价值和民主进步的历史潮流背道而驰。第二次世界大战后，随着民族国家的独立，帝国体系存在的现实基础已经不复存在。在全球化时代，人类需要一种全新的国际秩序结构，但不再是历史上盛极一时的帝国体系。因此，尽管帝国主义还将存在，但帝国的时代已经一去不复返。尽管当代世界需要一种新的全球权威，但这种新的全球权威不可能是帝国，任何国家无论其多么强大，也无论其掌权者对帝国多么向往，充其量也只能成为一个霸权国家，而不可能成为当代世界的新帝国。[2] 尽快从帝国的梦魇中醒来，无论对自己还是对整个人类，都是一种顺应历史潮流的明智选择。

---

[1] 〔美〕科马克·奥·勃里恩：《帝国的衰亡：十六个古代帝国的崛起、称霸和沉没》，邵志军译，现代出版社 2015 年版，第 1 页。
[2] 关于帝国兴衰的原因及帝国的历史命运，可分别参阅俞可平：《帝国的兴衰》，载《山西大学学报》（哲学社会科学版），2022 年第 1 期和《帝国新论》，载《清华大学学报》（哲学社会科学版），2022 年第 2 期。

The Famous Great Empires in the World History

Yu Keping

Abstract: Empire is the main political framework in which human being spent most time in its history. As a particular political structure of power, empire was the super stable hierarchic system among states and nations in world history. To a large extent, the contemporary world has been shaped by those powerful empires in the past. Empires created the brilliant achievements while brought about the tremendous disasters in human history. There were hundreds of empires, large or small, over the world, and the article choses eight the most influential ones among them to comment and analyze in perspective of political science. These eight typical empires are Assyria, Persia, Alexander, Rome, Mongolia, Ottoman, Spain and the UK. As the system of nation-state has emerged since the World War II, the foundation of the system of empire has no longer existed. Human being needs a new world order at the global age, but rather than the empirical ones in history.

Keywords: Empire; Assyria; Persia; Alexander; Rome; Mongolia; Ottoman; Spain; the United Kingdom

帝国兴起的政治逻辑：
国家组织理论的视角

包刚升

复旦大学国际关系与公共事务学院教授

摘要 帝国是前现代国际体系中最具支配性的政治行为者。这篇论文关注的是帝国是如何兴起的以及为什么会兴起，作者试图基于国家组织理论的视角，来对帝国兴起提供一个新的理论解释。国家组织理论把帝国视为一个以统治者为中心的政治军事组织。帝国的兴起，其实是该政治军事组织统治下的地理疆域规模不断扩张的过程。这种统治规模的扩张取决于两个约束条件的均衡：一是外部约束条件，特别是地理条件、技术条件与竞争格局；二是该政治军事组织的组织能力，包括其军事技术与战争模式等。帝国的兴起就是代表帝国的政治军事组织拥有足够强大的组织能力，能打破外部约束条件的诸种束缚，进而征服疆域广大的领土并能建立起相对稳固统治的过程。

关键词 帝国；国家组织理论；统治规模；战争技术

一、研究问题与文献回顾

自从人类早期国家兴起之后，特别是在前现代国际体系中，如果说有一种政治体对人类政治产生了极其重要的影响,甚至这种影响力至今尚存,那么这种政治体就是帝国。实际上,帝国是前现代国际体系中最具支配性的政治行为者,左右人类政治史超过 2000 年。就此而言,帝国是古老的,而民族国家才是新的。

正如一部帝国研究著作所说的:"帝国是种相当经得起考验的国家形态。奥斯曼帝国持续了六百年;两千多年来,中国的王朝绵延不断,接替着前朝皇帝的位子。罗马帝国在地中海一带行使了六百年的权力;其东部的分支,就是拜占庭帝国,则又多存在了一千年。……相形之下,民族国家这种才刚从帝国天空下冒出头来的国家型态,看起来就像历史地平面上的一个小小光点,对世界上的政治想象恐怕只会带来局部且短暂的影响。"①

如今学术界很难准确认定谁是人类历史上第一个帝国,因为这在很大程度上取决于对帝国的定义。但毫无疑问,公元前 6—公元前 4 世纪的波斯帝国,公元前 2—公元 5 世纪的罗马帝国,以及一直延续到 1453 年的拜占庭帝国,公元前 3 世纪开始兴起的秦帝国以及后来兴起的汉帝国与大唐帝国,公元 7—13 世纪的阿拉伯帝国,公元 13—14 世纪的蒙古帝国,公元 13—20 世纪早期的奥斯曼帝国等,都是前现代的著名帝国。

只要对帝国产生兴趣,就会注意到一个非常重要的现象:几乎所有帝国,无一例外都是以一个较小规模的政治体作为起点,然后逐步兴起的。它们的兴起过程,有的更为迅速,有的更为舒缓,但它们都打败了周围原本比它们强大得多的其他政治体,甚至是旧的帝国,完成了对巨大地理疆域范围的征服,进而建立起相对稳固的统治。如果考察各个主要帝国兴起的历史,就会发现这一过程往往是令人惊叹的。为什么一个原本的小规模政治体竟然能征服如此庞大的疆域进而建立起对其的统治呢?帝国究竟是如何兴起的呢?

实际上,帝国是最近二三十年学术界的一个研究热点。一般而言,历史学更关心对每个帝国兴起的细节进行准确描述,对每个帝国兴起的原因

---

① 〔美〕珍·波本克、弗雷德里克·库伯:《世界帝国二千年:一部关于权力政治的全球史》,冯奕达译,新北市八旗文化 2015 年版,第 22 页。

进行合理的解释。实际上，较早讨论罗马崛起的著作产生于2000多年前。① 在现当代，关于波斯帝国、罗马、秦汉、阿拉伯帝国、蒙古帝国、奥斯曼帝国、莫卧儿帝国等如何兴起及其统治的历史专著层出不穷。② 如果说国别史学者更关注单个帝国的兴起及其命运，那么视野更宏阔的比较历史学者与社会科学家则更关注帝国兴起及其统治的一般理论问题。比如，最近二三十年所出现的关于帝国的比较研究，大体上呈现的是这个理论视角。③ 俞可平等国内学者也开始研究跟帝国有关的理论问题。④ 综合来看，多数历史学家更喜欢把每个帝国的兴起及其统治作为一个特殊个案来处理，但少数视野更开阔的历史学家与大部分社会科学家则更关注帝国兴起及其统治背后的一般理论问题。

基于上述文献的讨论，目前关于一个帝国如何兴起或为什么会兴起的理论解释包括几种主要的解释变量：一是政体因素，比如强调罗马共和政体在罗马崛起及其统治地中海过程中所提供的优势；二是战争技术因素，比如强调马其顿军团或游牧部落的骑兵优势对帝国崛起的重要性；三是统治者因素及其策略，比如亚历山大大帝或成吉思汗都被认为是帝国兴起的关键因素。诸如此类的理论，上面提及的著作中还可以找出不少。⑤ 所有

---

① 〔古希腊〕波里比阿：《罗马帝国的崛起》，翁嘉声译，社会科学文献出版社2013年版。
② 相关研究参见〔美〕A. T. 奥姆斯特德，《波斯帝国史》，李铁匠、顾国梅译，上海三联书店2013年版；〔德〕特奥多尔·蒙森：《罗马史》（第一—五册），李稼年译，商务印书馆2017年版；〔美〕A. A. 瓦西列夫：《拜占庭帝国史》，徐佳玲译，商务印书馆2019年版；〔英〕休·肯尼迪：《大征服：阿拉伯帝国的崛起》，孙宇译，民主与建设出版社2020年版；〔法〕雷纳·格鲁塞：《蒙古帝国史》，龚钺译，商务印书馆1996年版；〔英〕帕特里克·贝尔福：《奥斯曼帝国六百年——土耳其帝国的兴衰》，栾力夫译，中信出版集团2018年版；林剑鸣：《秦汉史》（中国断代史系列），上海人民出版社2019年版。
③ 〔美〕珍·波本克、弗雷德里克·库伯：《世界帝国二千年：一部关于权力政治的全球史》，冯奕达译，新北市八旗文化2015年版；〔德〕赫尔弗里德·明克勒：《帝国统治的逻辑：从古罗马到美国》，程卫平译，社会科学文献出版社2021年版；〔美〕克里尚·库马尔：《千年帝国史》，石炜译，中信出版集团2019年版；Jack Snyder, *Myths of Empire: Domestic Politics and International Ambition*, Ithaca: Cornell University Press, 1991; Peter Fibiger Bang, C. A. Bayly, and Walter Scheidel (eds.), *The Oxford World History of Empire, Volume 1: The Imperial Experience*, Oxford: Oxford University Press, 2021; Peter Fibiger Bang, C. A. Bayly, and Walter Scheidel (eds.), *The Oxford World History of Empire, Volume 2: The History of Empires*, Oxford: Oxford University Press, 2021。
④ 俞可平：《帝国新论》，载《清华大学学报》（哲学社会科学版），2022年第2期，第1—13页；俞可平：《论帝国的兴衰》，载《山西大学学报》，2022年第1期，第1页。
⑤ 相关学术讨论，可以参见一项代表性研究的参考文献部分：Peter Fibiger Bang, C. A. Bayly, and Walter Scheidel (eds.), *The Oxford World History of Empire, Volume 1: The Imperial Experience*, Oxford: Oxford University Press, 2021; Peter Fibiger Bang, C. A. Bayly, and Walter Scheidel (eds.), *The Oxford World History of Empire, Volume 2: The History of Empires*, Oxford: Oxford University Press, 2021。

这些理论都有助于我们后人理解那些帝国当初的兴起,但所有这些理论同样也存在着不少缺憾。它们要么过于强调某一个单一因素的重要性,要么无法提供一个一般的或通则性的解释。

这项研究则试图基于国家的组织理论来解释帝国是如何兴起的以及为什么会兴起。本文的第一部分是研究问题与文献回顾,第二部分要提出一个分析帝国兴起的解释框架,第三部分则重点研究蒙古帝国的兴起,是全文的一个主要案例,第四部分是这项研究的理论总结。

二、帝国兴起的解释框架

（一）国家的组织理论与帝国

关于国家理论的讨论由来已久,本文则倾向于把国家视为一个政治组织来解读,进而试图提供一种国家的组织理论（an organizational theory of state）视角。[①] 国家的组织理论强调国家作为一个政治组织的诸种特质。[②] 具体而言,国家的组织理论是把国家视为一个以统治者（ruler）为中心、以军人和文官等统治精英（elites）为主要成员的政治组织,统治者或平民（civilians）则是这个政治组织的外围成员。在前现代的历史上,在一个国家的建国之初,往往都有一个具有相当政治能力的军事领袖。这就是一个国家的开国统治者或开国君主。他就是该国国家构建的灵魂人物。实际上,此后的国家构建过程,可以被视为统治者的个人意志逐渐外化为政治现实的过程。如果把国家视为一个企业,那么开国君主就是国家这个企业的创始人。固然,无论是国家还是企业,都面临着一定的外部约束条件,但一个国家或一个企业最终会成为什么样子,在很大程度上取决于其创始人——开国君主或创始企业家——的意志与能力。但过去主流国家理

[①] 关于理解国家的不同理论视角,参见 Colin Hay, Michael Lister, and David Marsh, *The State: Theories and Issues*, Basingstoke: Palgrave Macmillan, 2006。

[②] 关于组织理论,参见 Haridimos Tsoukas, Christian Knudsen, *The Oxford Handbook of Organization Theory: Metatheoretical Perspectives*, Oxford: Oxford University Press, 2003。

论的一个缺憾是往往不太重视君主或统治者在国家构建中扮演的主要角色。

问题是，一个拥有相当政治意志与能力的君主，究竟如何完成国家构建呢？国家的组织理论把国家视为一个以统治者为中心的政治组织。开国君主的首要任务，就是要把这个政治组织创建出来，并使之持续运转下去。所以，从逻辑上说，君主首先要做的事情是创建一个高层的政治军事团体。这个团体也许人数不是很多，但这个团体是国家作为一个统治机构的核心成员，是协助君主完成国家构建、进行开疆拓土的核心力量。这个高层政治军事团体，就如同一个公司的创始人团队与高级管理阶层。当然，仅有一个高层政治军事团体是不够的，君主还需要为他们设计一套权力结构与制度规则，来规范人与人之间的权力关系，以保证形成一个能确保命令上传下达的权威系统。

既然帝国是一个政治组织，那它就是一个有机体，能够通过政治学习（political learning）来实现组织进化（organizational evolution）。由于统治者处在帝国这个政治组织的中心，所以帝国的政治学习与组织进化自然离不开统治者在其中扮演的重要角色。实际上，任何帝国的政治进化都离不开帝国统治者的意志、能力与作为。许多大帝国的与众不同都可以追溯到那位非凡的创业型或奠基型统治者。比如，阿拉伯哈里发帝国可以追溯到穆罕默德，穆罕默德也是伊斯兰教的创始人；蒙古帝国可以追溯到成吉思汗，即铁木真；奥斯曼帝国可以追溯到奥斯曼一世。除了帝国的开创者与奠基者，许多帝国的诸种成就与政治进化还可以追溯到后续的有为统治者。这些统治者的意志、能力与作为都是帝国政治进化的关键。人民，当然是历史的主要推动力。但在帝国政治进化史上，统治者的角色往往非常重要。比如，如果不是成吉思汗或忽必烈，很难想象蒙古帝国会成为后来的样子。

更具体地说，在帝国政治进化的过程中，统治者的学习曲线（learning curve）扮演着重要角色。这里的学习曲线，有着两层含义：第一，一个统治者可以从自身的统治经历、政治实践与经验教训中学习；第二，一个统治者还可以从他的前任统治者、从其他国家的统治实践与经验教训中学习。比如，中国北方的游牧民族和游牧政权几乎都会受到中原民族和中原政权的制度文化影响。这就是一个北方游牧政权向中原政权进行政治学习的过程。而中原政权的组织重构、制度创新和文化进步还会继续影响到游牧政权的政治进化。就一般意义而言，只要一个统治者开创了一个帝国，无论是作为政治行为者的统治者与政治统治集团，还是作为整体的帝国，都会进行累积型的学习，进而逐步完成自己的政治进化。考虑到学习曲线效应，统治者和帝国很多时候都会越学越强。有时经过几代统治者的累积，帝国作为一个政治军事组织会发展出非常强大的组织能力。这也是一个帝国完成自己作为一个政治组织的进化的过程。

国家构建过程离不开三驾马车：武力系统、税收系统与官僚系统。[1] 其实，帝国的构建过程同样需要这三驾马车。就此而言，帝国作为一个政治组织的进化过程，很大程度上也关系到统治者如何有效管理好这三驾马车：如何有效地控制武力系统？如何完善有效的税收系统？如何改善有效的官僚系统？尽管每个帝国在这三个维度的实际做法和政治进化过程都各不相同，但每个存续时间较长的帝国都通过学习曲线在管理武力系统、税收系统、官僚系统上实现了相当的进步。

（二）帝国统治规模的理论问题：约束条件

对于理解帝国政治来说，统治规模是一个重要的理论问题。尽管人类历史上的帝国普遍疆域辽阔，但不同帝国的地理疆域规模差异还是很大的。问题是，帝国的地理疆域规模究竟是什么因素决定的呢？历史学家常常更关注这个或那个帝国在疆域扩张过程中的具体决定因素，但社会科学家则更关注决定帝国统治规模的一般逻辑。抽象地说，既有推动帝国地理疆域扩张的因素，又有妨碍帝国地理疆域扩张的因素，两者的较量及其均衡，就是帝国实际统治规模的决定力量。从内部看，决定帝国地理疆域扩张规模的，主要是帝国作为一个政治组织拥有的组织能力或国家能力；从外部看，帝国面临的地理条件、技术条件和竞争格局影响着帝国可能的疆

---

[1] Charles Tilly, *Coercion, Capital and European States, A. D. 990 – 1992*, Hoboken: Wiley-Blackwell, 1993.

域规模,这也是影响帝国统治规模的外部约束条件。

　　这里先讨论三个外部约束变量的重要性。首先,在这些因素中,地理因素是影响帝国统治规模的首要变量。"夜郎自大"这个成语,讲的是古代中国西南的夜郎国,由于相对封闭的地理环境而塑造的一种心态。但这个成语说明,地理环境对一个国家构成了一种强约束条件。这里的地理条件主要是指一个帝国面对的是什么样的地形与地理条件。无论对扩张来说,还是对防御来说,大河平原、开阔草原、崎岖山地、高大山脉、岛屿或是海洋等不同的地形与地理条件,有着完全不同的政治与军事意义。更具体地说,有些地形易守难攻,比如战国时期的秦国由于有函谷关天险,就拥有地理优势;有些地形无险可守,属于四战之地,比如战国时期的魏国就面临着这种不利条件。一旦一个帝国拥有较强的军事优势,面对的又是一个辽阔的大河平原或开阔平坦的草原,就容易征服这个疆域辽阔的地理空间。但是,即便拥有同样军事优势的帝国,如果面对崎岖山地,甚至是高大山脉的阻隔时,就无法征服大片的领土。

　　当地理条件跟一个帝国的战争技术、兵种等形成某种有利组合时,地理条件的重要性还会被放大。同一个优势兵种能跨越的疆域范围,往往跟兵种与地理条件的组合有关。如果一个帝国的优势兵种是海军,那么它能征服和统治的范围往往是海洋及其周边地区。拿当年的雅典帝国来说,它主要能控制的就是爱琴海及其周边地区。所以,造就雅典帝国的是雅典强大海军与海洋这一地理条件的组合。[1] 如果一个帝国的优势兵种是骑兵,那么它就比较擅长征服草原或高原的平坦地区。这也是成吉思汗及其子孙能够率领军队一直从蒙古高原打到东欧和中东的原因。但是,当年蒙古帝国征服南宋的战争就打得异常艰苦。按理说,南宋是一个弱势王朝,而蒙古帝国又是当时的最强帝国,为什么还打得这么艰苦呢?这个问题当然有很多解释,但其中一个解释是,当蒙古帝国的军队进入中国南方,特别是进入长江流域之后,地理条件发生了重大变化。整个长江流域的特点是大型河流和水道密布。但蒙古帝国的优势兵种主要是骑兵,并不拥有水兵的

---

[1] 〔古希腊〕色诺芬:《希腊史(详注修订本)》,徐松岩译,上海人民出版社2020年版。

军事优势。所以，蒙古帝国最后费尽周折，甚至不得不绕道云南，先征服大理，然后再几路夹击，才征服南宋。[①]

其次，技术条件也是影响帝国统治规模的一个重要变量。对于任何一个前现代帝国来说，交通和通讯技术的重要性是毋庸置疑的。从北京到上海的距离是1300多公里，按今天的交通工具来计算时间，飞机是两个小时左右，高铁是四到五个小时。从意大利罗马经由土耳其伊斯坦布尔再到埃及开罗的陆路距离是4800公里左右，按汽车自驾来估算合理的时间是50多个小时——这还是在全程高速公路的前提下。如果是秦朝人或者古罗马人，要进行超越较长距离的旅行或行军，完成这些旅程又需要多长时间呢？即便拿骑兵来说，正常的大规模行军速度大概不会超过每天60—70公里。马的特点是爆发力比较好，但耐力和持久性往往是不太够的。当马背负着骑兵的体重，其实是很难长时间快速奔跑的。如果从今天的上海出发向西行军，一支古代的大规模骑兵部队一天都到不了嘉兴，估计三天以后才能抵达杭州。而这还是骑兵部队的速度。对一个古代帝国来说，如果距离帝国首都2000公里以外的地方发生叛乱，而中央政府又需要从首都调遣骑兵部队开赴当地平定叛乱，一支大规模骑兵部队到达当地的时间很可能是数周以后了。如果是步兵部队，这个时间还要延长一倍以上。

许多古代帝国都铺设了官方驿道。驿道的重要功能是行军，但驿道还是古代重要的通讯要道。中国古代有所谓"800里加急"的说法，就是官方通讯员利用官办驿道传递信息，借助不断更换马匹的办法，每天最多可以行进800里，亦即400公里。据说唐玄宗为了让长安的杨贵妃吃到四川运送来的新鲜荔枝，用的就是这种800里加急传递。但这可能是比较夸张的描述。一般的历史研究文献显示，官办驿道的合理行进速度大概是每天100公里左右。即便如此，这仍然需要通讯员在行进过程中不断更换新的马匹。中国史书上记载着一些利用驿道快速传送信息的特例，一天最多可以行进500公里左右。这估计是有特别紧急的军情发生，加上道路状况、马匹状况、通讯员骑行技艺实现最优组合条件下才能达到的极致状况——

[①] 〔法〕雷纳·格鲁塞：《蒙古帝国史》，龚钺译，商务印书馆1996年版。

而且还不排除有夸张描述的成分。

关于古罗马的研究资料显示，官办驿道上的通讯员为了传递紧急军情，最快可按每天180英里（约合288公里）左右的速度快速行进。这一速度大致相当于每天不到300公里。有一份比较特殊的资料显示，如果在罗马帝国官办驿道上日夜不停地奔驰，一个通讯员最多一天可以行进800公里左右。但这个说法并不一定那么可信。按照谷歌地图的距离测算，从意大利罗马城经过土耳其伊斯坦布尔再到埃及亚历山大港，陆路距离为5000公里左右。如果这条路全部有驿道，负责通讯的骑兵最快也要10多天才能走完。而按照罗马军团步兵的正常行军速度，比如每天30公里，走完这条路线就需要5个多月时间。从离罗马最近的港口坐船到亚历山大港，海上道路距离是3000多公里。当时，地中海商船或军船的速度可以达到4—5节，即每小时4—5海里。考虑到船只可日夜航行，一天24小时最多可行进200多公里。这样算下来，从罗马经地中海海路到亚历山大港，大致只需要半个月。跟陆路相比，海路有很大的运输效率。所以，一个合理的猜想是，罗马帝国能维持疆域如此广大的领土，很大程度上是跟地中海作为一个便利的交通空间有关的。假如埃及亚历山大港发生叛乱，假设罗马军团需要从罗马城出发，前往镇压，半个月还是半年抵达亚历山大港，这种时间差会给帝国统治带来实质性的差异。

除了交通与通讯技术，一个容易被忽视的技术是战争技术。战争技术非常重要，也非常复杂。这里先举一例来说明战争技术的重要性。13世纪，奥斯曼帝国在中东崛起，战斗力极强，陆续在横跨博斯普鲁斯海峡两边的欧亚大陆上征服了疆域辽阔的土地，但它遇到了一个问题——无法攻克拜占庭帝国的首都君士坦丁堡。主要原因是，君士坦丁堡的核心区域不仅三面环海，而且连接陆地一面的城墙极其坚固。实际上，从公元4世纪建城到拜占庭帝国最终覆灭的1000多年里，君士坦丁堡只经历过极少几次被攻陷的战争。起初，奥斯曼帝国也无法攻陷君士坦丁堡。但到了后来，奥斯曼帝国掌握由宋朝发明、经由蒙古人改良，而后传入中东和欧洲的火炮技术，特别是重型火炮技术。公元1453年，奥斯曼帝国借助重型火炮的威力以及其他精心设计的有效战术，才终于攻占君士坦丁堡。① 在这一案例中，重型火炮技术也大大改变了进攻与防守的力量对比，因而大大提高了一个有军事优势的帝国通过高效率的战争技术征服世界的速度。由此可见，战争技术会影响帝国统治的地理疆域规模。

最后，竞争格局也是影响帝国统治规模的一个重要外部变量。一个国家或帝国所面对的政治军事竞争格局会对该国统治的疆域规模产生何种影响呢？这个问题似乎并不容易回答。比较容易理解的是，如果该国面对的政治军事竞争格局过强——这意味着该国处在强邻环伺的地缘政治格局中，那么这个国家就难以实现对外扩张与军事征服。理由是显而易见的，如果对手太强或强大的对手较多，要战胜和征服其中任何一个对手都不容易，要想实现对外军事征服谈何容易。但反过来说，如果该国面对的外部政治军事竞争格局非常有利，几乎没有强有力的竞争对手，是否就一定有利于该国实现对外扩张与军事征服呢？未必如此。理由在于，如果一个国家或帝国面对的竞争对手过于弱小，那么该国的军队能力与组织能力往往得不到有效的锻炼。这样，即便该国能轻易战胜邻近的对手和统治周围的地区，但跟较长距离之外的潜在对手相比，该国的军事能力与组织能力均未得到有效锻炼，因而往往无法战胜长距离之外的对手，也就难以实现较大地理统治疆域范围的大规模扩张。这样的国家或帝国在首次遭遇较长距离之外的强大对手时，可能会发现自己并无抵御进攻之必要力量，原因就在于它起初遇到的对手过于弱小。

所以，一个强大的帝国在充分完成崛起和统治疆域广大的领土之前，往往拥有过一个或一个以上的较为强大的对手。这意味着，具有适当强度的军事竞争格局，会对一个帝国后续的成长产生积极效应。比如，罗马共和国的军事能力与组织能力，就是在它跟周围对手持续的战争过程中锤炼出来的。特别是，当罗马战胜迦太基这个地中海劲敌之后，它基本上在整个地中海地区就所向披靡了。蒙古帝国同样崛起于12世纪跟金、西夏、西辽、花剌子模等国的战争之中，这种具有相当强度的政治军事竞争格局，不仅使得蒙古能从其他文明中吸收先进制度、技术与文化的养分，而

---

① 〔英〕帕特里克·贝尔福：《奥斯曼帝国六百年——土耳其帝国的兴衰》，栾力夫译，中信出版集团2018年版。

且使得它自身的军事能力与组织能力得到锤炼与发展。这最终使得成吉思汗在一次并非精心策划的西征花剌子模的战争中发现，自己的军队与帝国其实已拥有整个内亚草原的最强武力优势。更抽象地说，适当强度的军事竞争与战争压力有助于塑造一个国家或帝国较强的军事能力与组织能力，从而使其未来更有可能征服与统治较大的地理疆域规模。这其实也符合查尔斯·蒂利所说的战争驱动国家构建的逻辑，即适当强度的战争有助于锤炼出较强的国家能力。[①]

综上所述，地理条件、技术条件与竞争格局这三个外部变量会影响一个帝国可能的统治疆域规模。

（三）帝国统治规模的理论问题：组织能力

跟上述三个外部变量相比，帝国作为一个政治组织本身的组织能力恐怕更具决定性影响。特别是，当一个帝国的组织能力非常强时，它甚至会突破外部的地理因素、技术因素与竞争格局施加的约束条件，征服较大的地理疆域，成就大规模的帝国。这里的组织能力，既有政治和行政方面的因素，又有军事方面的因素，还有资源方面的因素。如果一个帝国拥有政治、军事、资源方面的较高组织能力，那么帝国就具有统治较大地理疆域规模的可能性；反之，帝国则更难统治较大的地理疆域规模。

从国家的组织理论视角看，前现代帝国的核心力量乃是一个由某位统治者领导的政治军事集团。帝国的组织能力，大体上就是这个政治军事集团的能力。帝国的崛起，往往是始于某个强有力的统治者领导下的一个强有力的政治军事集团。波斯帝国的崛起，离不开居鲁士二世、大流士一世、薛西斯一世前后领导的波斯政权；秦帝国的崛起，离不开嬴政及其几位重要祖先领导的秦国政权；蒙古帝国的崛起，也离不开成吉思汗领导的蒙古政权。这一政治军事集团除了需要有强有力的统治者或政治领袖之外，还应该拥有强有力的政治领导层。任何帝国都是无法靠一个人成就的。在强有力的统治者之外，帝国还需要拥有强有力的重臣、将军与高级

---

① Charles Tilly, *Coercion, Capital and European States, A. D. 990 – 1992*, Hoboken: Wiley-Blackwell, 1993.

幕僚队伍。此外，如同强国家的逻辑，强大帝国也需要拥有强大的武力系统、有效的税收系统与有效的官僚系统。这样，一个帝国才能拥有强大的国家能力或组织能力。

上述讨论是基于综合视角来理解帝国的国家能力或组织能力，但在所有国家能力的不同维度上，帝国的军事能力是最为直接的。因为帝国不断扩展统治规模是通过持续不断的对外军事征服来实现的。唯有拥有能够战胜邻近国家及其周围地区的强大军事能力，一个帝国才有可能不断实现对外征服与军事扩张。按理说，军事征服的难度是非常大的，特别是在冷兵器时代。历史越是往前延伸，攻防双方的战争技术差距就越小。试想，在冷兵器时代，一位将军要带领一支10000人的军队攻占一座有5000名士兵防守的坚固城池，其难度是可想而知的。而只要帝国的军队无法实现快速高效的军事征服，那它就成不了大规模的帝国。所以，一个国家或帝国能否成为大型帝国的关键，是该国军队能否沿着其扩张路线较快地取得一系列战争的胜利。

那么，帝国的军队如何才能拥有持久的军事优势并能取得连续的战争胜利呢？这里主要有两个办法：一个是常规路径，另一个是非常规路径。获得军事优势的常规路径，其实比较容易理解，主要做法包括扩充军队规模、改善武器装备、完善后勤系统、选拔优秀将领、通过军事训练提升士兵的战斗力、强化军队纪律与提高军队士气等等。对于一个强大的帝国来说，一支足够大规模的军队是必需的。一般而言，5万人的军队较容易战胜2万人的军队，而20万人的军队较容易战胜5万人的军队。但究竟何谓帝国军队的合理规模，恐怕是一个不容易回答的问题。一方面，并非规模越大的军队，战斗力就一定越强。另一方面，越是庞大的军队，就越是庞大的财政与后勤负担。军队的武器装备与后勤补给，也是重要问题。一支武器装备精良、后勤补给充足的军队，要远胜一支装备落后、补给不足的军队。中国明朝后期军队战斗力下降的一个重要原因，就是后勤系统的全面衰败。一个常常被提及的明末时期的案例是，明军冬天在北京附近作战，但军需仓库提供的靴子和服装，不是尺寸不匹配，就是质量不佳。实际上，将士身着这样的服装靴子，在严寒的华北冬季是根本无法与敌人作战的。所以，帝国要赢得战争，不仅取决于将士努力与战略战术的问题，而且还要靠一流的武器装备与管理有序的后勤系统。

除了军队规模、武器装备、后勤系统这些硬件，对帝国军队的战斗力来说，软件也非常重要。将军的素质是军队首要的软件问题。对于任何一场战争来说，将军的素质再怎么强调都不为过。将军的战略素质、战术素质以及对其他将士的团队领导力，都是决定战争胜负的关键。成功的帝国往往非常注重选拔那些最能干、最具战斗力的军事领袖，同时通过军功制来对其进行有效激励。士兵的素质也是军队重要的软件问题。而士兵的素质主要取决于军队对士兵纪律、军事技能、士气的训练。一支军队的纪律如何，是否训练有素，是否具有较高的作战技能，是否有较高的士气，这些因素都很重要。一支训练有素、军纪严明、作战能力高超、斗志昂扬的小规模军队，完全有可能战胜一支军纪、技能、士气低下的大规模军队。

上述讨论是关于一个帝国提高军事优势或战争胜率的常规路径。但问题是，跟战争有关的这些常规路径，许多国家或帝国都做得比较好。面对强大的对手，一个帝国在这些方面做得不好，固然是重大劣势，但做得好，并不见得是什么显著优势。它或许只能帮助一个国家或帝国取得跟其强劲对手相当的军事能力。所以，一个国家或帝国要赢得较为明确的军事优势，还要借助非常规路径。具体来说，获得军事优势的非常规路径主要包括作战方式与战争技术的创新、后勤模式的创新、战争模式的整体创新。当然，这里的讨论主要限于前现代帝国。

首先是作战方式与战争技术的创新。一旦一个帝国首先产生作战方式与战争技术的重大创新，就会获得巨大的军事优势。举例来说，马其顿的步兵方阵（Macedonian phalanx）在当时就是一种重要的作战方式创新。这也是马其顿王国快速崛起和亚历山大大帝征服世界的关键。马其顿军团的步兵方阵以超长的矛、坚固的盾牌、列阵集团作战和快速补充方阵损失兵员为基本特征。在冷兵器时代的 2000 多年前，这种方阵一度是所向无敌的，它既能有效防御骑兵与弓箭的攻击，又能战胜绝大多数短兵相接的军队，因而能够横扫希腊、中东以及更遥远的地方。其经典战例是公元前 331 年亚历山大大帝对战大流士三世，最终以少胜多的高加米拉战役。① 尽管马其顿步兵方阵在战场上令人望而生畏，但它的缺点是作战方式较机械，主要适合于开阔平原地带的作战。后来，罗马军团（Roman legion）的作战方式后来居上，其突出特点是高效的适应性与机动性。从防御性来说，罗马军团士兵手持的盾牌更长，并且可以集体防御。从进攻性来说，罗马军团士兵手持标枪，经过训练后能从数十英尺外向敌人阵营投掷标枪。这种标枪的穿透力和杀伤力要远胜当时的弓箭。标枪投掷出去之后，士兵仍可手持长剑和长盾牌进行近距离作战，进而攻守兼备。公元前197年，罗马军团与马其顿方阵之间的库诺斯克法莱战役具有决定性意义，结果是罗马军团胜出，从而终结了第二次马其顿战争。这样，罗马就称霸整个地中海世界了。②

到了中世纪，欧洲的战争模式又出现了重要变化。重装骑兵成了最重要的进攻武装，坚固的城堡则成了最有效的防御设施。重装骑兵和城堡这一战争技术的组合，使得封建领主阶级在欧洲中世纪拥有了巨大的权势。然而，14世纪之后，这一模式就遭遇了战争技术重大创新的挑战。在英法百年战争期间，英格兰人在弓箭技术上做了重大改进，发明了英国长弓（English longbow）。英国长弓的长度可达1.8米。在训练有素的弓手手中，这种长弓不仅射程远，而且足以刺穿一般重装骑兵的盔甲。在1346年的克雷西战役、1356年的普瓦捷战役、1415年的阿金库尔战役中，英国长弓多次给当时的法国重装骑兵部队以沉重打击。③ 当然，中世纪晚期和近代早期更重要的战争技术创新是火炮的引入，特别是重型火炮。火炮的引入，既使得重装骑兵失去了进攻的威力，又很容易轰开贵族原本非常坚固的城邦。火炮的引入不仅使得战争的方式和形态发生了重大变化，而且还使得不同阶层的权势发生了转移。在国内，火炮有利于君主获得更大的权势，封建主义体制逐渐让位于实行中央集权制度的民族国家。在国际上，那些首先掌握火炮与重型火炮技术的国家或帝国就更容易在短时间内——

---

① Richard Taylor, *The Macedonian Phalanx: Equipment, Organization and Tactics from Philip and Alexander to the Roman Conquest*, Barnsley: Pen and Sword Military, 2020.
② 魏凤莲：《罗马军团》，北京大学出版社2010年版。
③ Mike Loades and Peter Dennis, *The Longbow*, Oxford: Osprey Publishing, 2013.

比如火炮尚未全面普及的时期——拥有巨大的军事优势，进而更有可能对较大地理疆域进行军事征服与政治统治。①

其次是后勤模式的创新。当一支大规模的军队在前方作战时，后勤补给是非常重要的，它既关系到军队将士能否获得良好的衣食条件，又关系到武器、装备、攻城器械的运输。即便对一个大型帝国来说，要做好一支大规模军队——比如10万将士或20万将士——的后勤补给并不容易。无论是就成本而言，还是就效率而言，军队的后勤补给都是一个重大问题，它在很大程度上决定了军队的战争效率。比如，在汉匈战争期间，公元前103年，汉武大帝一次最多派出16万骑兵北征匈奴。这就需要一支庞大的、数万人的后勤补给队伍。考虑到当时没有现代化的交通运输工具，没有具有大规模装载能力的车辆，大规模作战的后勤保障就是一个巨大的难题。如果哪个国家或帝国能够进行后勤补给模式的创新，能够降低大规模作战的后勤成本、提升大规模作战的后勤效率，那么它就能获得相对于对手的巨大军事优势。实际上，蒙古帝国的后勤模式成本很低、效率很高，跟中原政权或其他国家相比，都堪称后勤模式的重大创新。本文接下来就会专门分析蒙古帝国的后勤模式创新——尽管这种后勤模式在伦理道德上非常野蛮而饱受诟病。

最后是战争模式的整体创新。既然是战争模式的整体创新，它就不是单纯的战争技术创新、排兵布阵创新、战术创新或是后勤模式创新，而是一种相对更全面和整体的创新。比如，历史上多数帝国战争模式是这样的：仅有较少比例的人口参与战争，兵员来自强制的或自愿的募兵制，战争经费来自政府财政的支持，后勤依赖于专业化的后勤补给队伍，将士在战争过程中需要恪守严格的军纪，将士激励主要来自帝国的正式奖赏，等等。总的来说，这种战争模式有利有弊。而蒙古帝国则完全打破了这种传统的帝国战争模式，成吉思汗在一系列方面进行了战争模式的整体创新，进而在有限规模总人口、有效政府能力的条件下，大大提高了战争的整体效率。本文接下来就要做专门分析。

---

① 〔美〕杰弗里·帕克等：《剑桥插图战争史》，傅景川等译，山东画报出版社2004年版，第100—108页。

三、作为主要案例的蒙古帝国：军事技术与战争模式

以今天的价值观而论，蒙古帝国的崛起及其对外征服，恐怕是人类政治演化史上最野蛮的一幕。成吉思汗被有的历史学家视为开疆拓土、建立伟大帝国的英雄，但他同时也是有史以来最嗜杀的君主之一。但所有这些讨论都不能否认的是，成吉思汗和蒙古帝国军队的军事技术与战争模式创新是非常有效的。蒙古帝国征服世界的案例，最好不过地说明了人类政治的演化过程并不时时刻刻都是文明战胜野蛮的过程，有时恰恰是野蛮可能会战胜文明。在诸种政治体、国家与帝国的竞争中，谁的模式更能在军事竞争中胜出，谁才能成为政治生存游戏中的赢家。

为什么蒙古帝国能够快速兴起？以本文的解释框架来理解蒙古帝国的兴起，地理条件、技术条件和竞争格局等外部约束条件都在发挥着作用。而这里要重点论述的是：军事技术与战争模式究竟如何推动了蒙古帝国的兴起。很多人没有想到的是，公元1227年成吉思汗去世的时候，整个蒙古帝国只有12.9万的军队。成吉思汗仅仅以12.9万的军队征服了疆域如此辽阔的土地。成吉思汗去世之后，根据他的子孙征服的最大领土面积计算，有人认为蒙古帝国统治的领土面积达2000多万平方公里，有人甚至认为蒙古帝国在1259—1309年的最大统治领土达到了3450万平方公里，堪称人类有史以来的第一大陆上帝国。从1206年成吉思汗建国到1259年帝国达到最大疆域，蒙古帝国只用了半个世纪的时间，堪称人类帝国史上的奇迹。问题是，蒙古帝国究竟是如何做到的呢？总的来说，蒙古帝国的对外扩张与军事征服，离不开它在军事技术和战争模式上的一系列创新。[1]

首先是蒙古帝国在军事技术上的一系列创新。有一种误解是，越是高大的战马就越有战斗力。恰恰相反，蒙古战马的特点是，体形比较小，但

---

[1] 关于蒙古帝国的军事技术与战争模式创新，主要参见相关专著中的相关内容：〔法〕雷纳·格鲁塞：《蒙古帝国史》，龚钺译，商务印书馆1996年版；〔法〕勒内·格鲁塞：《草原帝国》，蓝琪译，商务印书馆1998年版；〔瑞典〕多桑：《多桑蒙古史》（上下册），冯承钧译，商务印书馆2015年版；〔日〕杉山正明：《游牧民的世界史》，黄美蓉译，北京时代华文书局2020年版；〔美〕托马斯·巴菲尔德：《危险的边疆：游牧帝国与中国》，袁剑译，江苏人民出版社2011年版。

很有耐力。这种蒙古战马不仅能负重奔跑，而且能在高寒地区生活，较为适应从蒙古草原到欧亚大陆其他高原草原地区的自然环境。这种战马大大提高了蒙古帝国军队的战斗力、机动性与适应性。13世纪，马镫作为一种关键技术已经在内亚地区普及。在马镫发明之前，骑兵很难同时做到既控制快速奔跑的战马，又能在马上有效作战。马镫发明之后，骑兵只要经过必要的训练，双手基本上能够实现完全的解放。无论是使用弓箭，还是使用长矛或长剑，训练有素的骑兵均能在马上进行有效作战。这就极大提高骑兵相对于步兵的战斗力。

成吉思汗还开始大规模地使用投石车等攻城器械，至于他的子孙们则开始使用带火药的震天雷等攻城武器。成吉思汗和蒙古军队的一个重要特点是非常善于进行攻城器械和重型装备的创新。在西征之前，他们就建立了一支设计和建造攻城器械的工匠队伍。在军事征服的过程中，他们往往还特别注意征用被征服地区的能工巧匠。在13世纪，蒙古帝国大致在军事器械方面一直走在整个欧亚大陆的前沿。这使得蒙古帝国的军队在攻占城池方面往往能够做到事半功倍，这就大大加速了蒙古帝国对于世界的征服。① 如果不是有效率的攻城器械，一个帝国的军队想要攻占一座防御设施坚固的城池，往往费时日久、代价高昂。

其次是蒙古帝国完全不同于其他国家与帝国的后勤补给模式。如果同时期的中原政权要派出一支大规模的军队进行对外战争，那么同时还必须要派出一支庞大的后勤队伍，负责给主力部队运输辎重和提供补给。如果一支军队只进行三四天的短途行军，帝国或君主可以要求全军将士自带干粮。一旦是一场长距离战争，一支大规模军队的后勤必须要由专业化的方式来提供。这就涉及大量复杂的管理问题和高昂的成本问题。如果要为一支作战半径为2000公里的10万人军队提供后勤补给，管理的复杂与成本的高昂往往超出人的想象。比如，汉匈战争给汉武帝提出的一个重大挑战，就是如何解决深入西北腹地的大规模汉朝军队的后勤补给问题。这同样是世界其他帝国进行对外军事扩张时会遇到的常见挑战。

---

① 〔瑞典〕多桑：《多桑蒙古史》（上册），冯承钧译，商务印书馆2015年版，第131—132、227—228页。

蒙古人恰恰可以利用游牧民族的优势，发明了一整套后勤补给的新模式。一个主要的方法就是，他们采用边作战边放牧的模式。一个士兵往往携带两匹或几匹战马。一旦战争发生，有人专门负责作战，有人则专门负责放牧。通过放牧，他们可以用马肉来解决食物问题，用马奶来解决饮品问题。这种补给方式不仅非常便利，成本极低，而且其机动性要大大优于中原政权或其他帝国的专业补给队伍。

另一种重要的补给方式跟蒙古帝国的征服政策与战利品分配有关。对中原政权或其他帝国来说，一旦武力征服一座城池，君主或最高指挥官的首要训诫，就是将士们要严格恪守军纪，不得扰民。公元前207年，刘邦占领咸阳后，跟老百姓约法三章："杀人者死、伤人及盗抵罪。"其他方面，刘邦当然要严令将士遵守军纪。原因其实也很简单，如果军队胡作非为，声誉败坏，刘邦就更难进行后续的军事征服和建立全国性的统治。因此，这种战争的特点，即便成功征服一座城池，存活下来的将士除了能得到一些奖赏，并没有什么超额的回报。普通将士的成本收益结构是，打胜仗的收益并不怎么高，但风险却是巨大的。而蒙古军队在这方面的做法就要野蛮得多。一旦武力征服一座城池，蒙古军队基本上都会进行烧杀抢掠，可谓无恶不作。整个城市的全部人口与财产都被视为蒙古军队的战利品。但这种征服方式给蒙古军队的将士提供了有效的战争激励。征服一座城池，意味着他们有权处置这座城池之内全部的人口与财产。这种方式，也使得蒙古军队能够通过获取战利品的方式来实现军队部分的后勤补给，即"以战养战"的后勤补给模式。

这样，蒙古军队一方面是边放牧边作战，另一方面是通过军事征服源源不断地获得补给，基本上能以高效便捷低成本的方式解决了军队长距离作战的后勤补给问题。13世纪上半叶，蒙古帝国的国家构建尚未完成，成吉思汗并没有建立覆盖全国的税收系统与官僚系统，但正是这种后勤模式，使得蒙古帝国不仅有可能发动长距离的战争，而且相比于中原政权或其他帝国，其战争成本可以控制在很有限的范围之内。

最后，蒙古帝国实际上重新定义了战争，或者说实现了战争模式的整体创新。跟其他主要帝国的战争模式不同的是，蒙古帝国战争模式有两个主要特点：一是全民皆兵，二是把战争视为一种生产方式和盈利方式。

第一个特点是，蒙古帝国实行的是全民皆兵模式，基本上每个成年男子都是士兵。需要组织大规模军队出征时，大汗就在不同蒙古部落根据比例抽调士兵。这就使得蒙古能在人口总量不大的情况下，组织起一支大规模的军队。有历史学家认为，1227年成吉思汗去世时，蒙古人的人口规模仅为百万级别，却可以组织起一支规模达12.9万人的军队。据此推算，蒙古帝国的军队规模有可能达到总人口（包括老弱妇孺）比例的1/8。这个比例对中原政权或许多其他帝国来说是无法想象的。实际上，按照全民皆兵模式，12.9万人还远不是蒙古军队在规模上的上限。

第二个特点是，战争对中原政权或其他许多帝国的将士来说都是一个苦差事，不仅风险极大，性命堪忧，而且不太可能带来高回报，但蒙古人彻底改变了这种战争模式，他们把战争和对外征服发展成了一种生产方式和盈利方式。普通士兵甚至可以以战争和对外军事征服为生。因为一旦占领一个城池或国家，普通士兵也能获得大量的战利品。这样，战争就如同一种生产行为——实际上可以被视为一种通过军事征服进行掠夺的经济行为。这种战争模式之野蛮是毋庸置疑的，但这种战争模式却给蒙古军人提供了有效的激励机制，使得他们出于对战争回报的预期而激发出更大的战争动力、主动性和勇气。

综合来看，蒙古人对战争的理解跟中原政权或其他许多帝国完全不同，他们开创了一种最有效同时最野蛮的战争新范式。中原将士常常视战争为充满风险但收益甚少的苦差事。战争失败，可能还会丢了性命；战争成功，不过是得些奖赏。盖因占领一城一地，既不能烧杀掳掠，又不能占人妻女，而是要约法三章，安抚百姓。但蒙古将士几乎将战争视为一种生产与生活方式，逻辑就在于，其他各个族群从事生产，而蒙古将士以武力占领之、掠夺之，不仅占人财产，而且夺人妻女。这就解释了为什么蒙古军队会一路向西，不断扩大征伐范围，原因在于他们需要新的国家与城池来攻击征服，而后进行财产、女子的掠夺。所以，这是一种非常野蛮的战争新范式。在今天，无论以人道主义标准来看，还是以国际法标准来看，蒙古帝国的战争是十恶不赦的，但在当时却又是有效的一种战争与征服模式。

这里再结合相关的先行研究，以蒙古军队的战争实践为重点，来讨论军事技术与战争模式对于帝国兴衰的影响。蒙古人过的是草原上的游牧生活，而这种游牧生活对后来蒙古军队的战争模式产生了重要影响。

> 此种游牧之生活，颇易于从事军役。此辈之嗅觉、听觉、视觉并极敏锐，与野兽同能。全年野居，幼稚时即习骑射，在严烈气候之下习于劳苦，此盖生而作战者也。其马体小，外观虽不美，然便于驰骋，能耐劳，不畏气候不适。驯骑者意，骑者放箭时，得不持缰而驭之。此种民族惟习骑战，所以战时每人携马数匹，服革甲以防身。以弓为其主要武器，远见其敌，即发箭射之。其逃也，亦回首发矢，然务求避免白刃相接。其出兵也，常在秋季，盖在当时马力矫健。结圆营于敌人附近，统将居中。人各携一小帐、一革囊盛乳、一锅，随身行李皆备于是矣。用兵时随带一部分家畜，供给其食粮。其渡河也，以其携带之物置于革囊之中，系囊于马尾，人坐囊上。①

瑞典历史学家多桑根据史料撰述的这段文字，主要包括三个要点：一是强调游牧生活训练了军事技能，提高了战斗力，并分析了骑兵相对步兵的武力优势；二是说明蒙古马匹的特点较适合于北方草原和高原的战争；三是分析蒙古人的游牧生活方式对战争后勤的有益影响。这段文字给人留下的总体印象是，蒙古人就是天生的马上战士。

正是由于蒙古骑兵这一系列的重要特点，特别是速度快与机动性高、远距离射杀的战术、能摆脱对复杂后勤系统的依赖等，在冷兵器时代，蒙古人的骑兵部队相对于农耕民族的步兵部队，往往拥有巨大的战斗优势。其实，蒙古人的战术是匈奴人和突厥人早已使用的古老战术。他们擅长的游牧战术，是在对农耕民族的攻击和自身从事大规模草原狩猎活动中发展起来的。蒙古人总体上非常善于利用骑兵的战术优势：

---

① 〔瑞典〕多桑：《多桑蒙古史》（上册），冯承钧译，商务印书馆2015年版，第36—37页。

靠这支高度灵活的骑兵，牧民们给人们造成了从天而至和草木皆兵的效果，使对手还未交锋已仓皇失措了。如果对手固守阵地，蒙古军并不深入进攻，他们用草原掳掠者所采用的方式，散开，躲起来，当中国的长矛兵、花剌子模人、马木路克，或者使匈牙利骑兵放松警惕时，他们随时又卷土重来。在他们佯装后退时，倒霉的是错误地尾随蒙古牧民的敌人，他们将他引入迷途，使他远离了自己的阵地，来到危险地带，并且进入了埋伏圈内，在那里他将被包围，并像一头公牛一样被砍死。列于军阵前列或两翼的蒙古轻骑兵担负着用齐发的箭射敌的任务，这些飞箭在地阵营中劈开了一些可怕的空隙。像古代的匈奴人一样，蒙古人也是马上弓箭手——从孩提时代就成为了一位骑射手——他们百发百中的箭可以射中200码，甚至400码以外的人。再加上难以捉摸的灵活性，其战术优势在当时是独一无二的。①

除了在骑兵上的优势，蒙古军队很是善用器械、技术与工匠的力量。有历史学家这样描述蒙古军队某一次攻城的细节。由于起初久攻不下，"蒙古军乃退治攻具。境内无石，不足供炮击，则多伐桑木以代炮石之用，于未投射之先，溃水增其重量"。这段文字讲的是蒙古军队设法制造投石车攻城，但附近又没有可用作炮石的石头，他们就伐桑木浸水后作为替代之用。②

占领一个国家或城池后，蒙古军队的惯常做法是善待技师与工匠，然后常常以最野蛮的方式对待该国的成年男子。经过苦战占领花剌子模都城之后，有历史学家这样描述蒙古军队当时的做法：

> 遂命驱民尽出城外，令技师、工匠别聚一所，其从之者，遣送蒙古，皆得免死。然有不少匠人惮远谪，以为居民可免死，因混处其中而不出。蒙古并分君民配诸队间，以刀锹矢尽屠之。免者惟幼妇儿童，夷为奴婢。屠后掠城中余物，决阿母河堤，引水灌城，庐舍尽

---

① 〔法〕勒内·格鲁塞：《草原帝国》（上册），蓝琪译，商务印书馆1998年版，第318页。
② 〔瑞典〕多桑：《多桑蒙古史》（上册），冯承钧译，商务印书馆2015年版，第131页。

毁，藏者皆死。①

这段文字描述蒙古帝国军队占领花剌子模都城之后的所作所为。最关键是两个方面的信息。第一，蒙古重用技师工匠，所以也优待技师工匠。在蒙古人看来，技师工匠在制造攻城器械、武器装备方面大有用处。第二，蒙古军队极其残忍地对待被征服城池的居民，除了妇孺儿童，能屠尽屠，还"引水灌城"，可谓赶尽杀绝。

实际上，屠城一度成了蒙古帝国军队的常规作战方式。蒙古帝国发动的征服战争，可算得上是有史以来屠杀平民比例最高的战争。为什么蒙古军队采用如此野蛮的作战方式呢？首要的原因，恐怕是蒙古人起初并未发明出一整套统治其他民族的方法。在蒙古人看来，可能也存在着所谓"非我族类，其心必异"的问题。蒙古人担心的是，一旦强兵压境，对方就选择投降；一旦蒙古军队远去，对方又重新反叛。既然如此反复，不如赶尽杀绝。其次的原因，是蒙古帝国因其发展阶段与统治模式，尚未认识到人口、农耕经济、城市经济的税收价值，尚未发展出一种全新的认知来恰当处理跟被征服民族的关系。蒙古帝国的统治高层直到后来才认识到农耕文明和城市经济的重大价值。最后的原因，正如上文已经提及的，跟蒙古帝国的战争模式有关。蒙古军队从事的是掠夺型战争，占人妻女与夺人财物是对胜利者的战争奖励。蒙古人的战争是他们的生产方式与盈利方式。

所有这些都决定了蒙古在征服一地之后所采取政策的残忍与血腥。有学者这样评论成吉思汗的认知："成吉思汗为安全保其略地，不惜尽屠其居民，毁其城堡。破坏盖为蒙古战略中之一要则，成吉思汗在其训教中，曾命将不降者及叛者尽歼之。根据鞑靼民族之残猛的战事法律，败者的眷属、财产皆为胜者所得。设在一地丁口繁众，蒙古并则除其欲保存者外，余尽杀之。"②

正因为如此，蒙古帝国堪称人类历史上最野蛮的帝国，成吉思汗则是

---

① 〔瑞典〕多桑：《多桑蒙古史》（上册），冯承钧译，商务印书馆2015年版，第131—132页。
② 〔瑞典〕多桑：《多桑蒙古史》（上册），冯承钧译，商务印书馆2015年版，第180页。

最野蛮的帝国开创者与领土征服者。载于《蒙古秘史》的一则对话，恰好可以证明成吉思汗征服世界的初心："成吉思汗一日问那颜不儿古赤，人生何者最乐。答曰：'春日骑骏马，拳鹰鹘出猎，见其搏取猎物，斯为最乐。'汗以此问历询不儿古勒等诸将，诸将所答与不儿古赤同。汗曰：'不然，人生最大之乐，即在胜敌，逐敌，夺其所有，见其最亲之人以泪洗面，乘其马，纳其妻女也。'"①

成吉思汗这段对同类没有丝毫同情心的话，恰好说明了，在人类政治演化史上，文明并不总是能够战胜野蛮。在一定条件下，野蛮是有可能战胜文明程度更高的政治体的。特别是，在前现代的国际体系中，不同政治体之间的军事技术差距不大。在这种条件下，谁能更高效地组织军队，谁能更成功地发动战争，谁就有可能成为军事竞争的赢家，进而在不同政治物种的竞争中成为支配者。有学者这样评价这位充满争议的政治人物："成吉思汗被看成人类的灾难之一。……确实，在他的先祖中不曾有人留下如此可怕的名声。他使恐怖成为一种政体，使屠杀成为一种蓄意的有条理的制度。"②

上述讨论，实际上以蒙古帝国的兴起作为案例，来展示帝国兴起的一般逻辑。当然，每个帝国的兴起方式都是不同的，每个帝国的政体类型、战争技术与战争模式也都是不同的。蒙古帝国固然是快速兴起并统治最大陆地面积的帝国典范，但它同时也堪称史上最野蛮的帝国。世界历史上的其他重要帝国，比如亚历山大帝国、罗马帝国、秦汉帝国、阿拉伯帝国、奥斯曼帝国等，不会跟蒙古帝国有着完全相同的兴起路径。这些帝国的兴起，或许在某些方面有着类似的逻辑，比如，它们都要形成强大的国家能力，它们都要创造自己的军事优势，它们都或多或少要采用某些关键的创新。但是，在另外一些重要方面，这些帝国很可能存有巨大的差异，从政体类型到征服方式，从战争技术到统治方式，都大相径庭。帝国固然是一种古老的政治存在物，但造就每个帝国的路径可能是完全不同的。

无论怎样，就一般逻辑而言，前现代帝国的兴起离不开它的内外条

---

① 〔瑞典〕多桑：《多桑蒙古史》（上册），冯承钧译，商务印书馆2015年版，第181页。
② 〔法〕勒内·格鲁塞：《草原帝国》（上册），蓝琪译，商务印书馆1998年版，第350页。

件，内部条件包括帝国作为一个政治组织的组织能力，包括帝国的政治领袖，帝国的政治领导层，帝国的武力系统、税收系统与官僚系统，以及帝国在军事技术、战争模式与后勤系统上的创新，外部条件包括帝国面对的地理条件、技术条件与竞争格局。而只要当一个国家或帝国的组织能力及其面对的地理条件、技术条件与竞争格局比较有利时，它才能完成顺利崛起。

四、理论总结与启示

这项研究关注的是帝国是如何兴起的以及为什么会兴起。许多历史学家强调基于国别的解释，即每个帝国兴起的过程与理论都是具体的和特殊的，因而倾向于个案的解释。这种解释路径有很多优势，但最大的问题是它不能满足学术界对于寻求一般的或通则性解释的需要。当然，少数关注比较史的历史学家与社会科学家试图对帝国的相关理论问题寻求一般性的或通则性的解释。目前为止，相关的解释变量包括政体因素、战争技术因素、统治者因素及其策略等。

笔者的尝试则在于，试图基于国家组织理论的新视角，来对帝国如何兴起及其为什么会兴起提供一项新的理论解释。国家的组织理论把国家视为一个以统治者为中心的政治组织，帝国亦不例外。帝国的兴起，其实是某个统治者所领导的政治军事组织统治下的地理疆域规模不断扩张的过程。这种统治地理疆域规模的扩张，取决于两个约束条件的均衡：一是外部约束条件，特别是地理条件、技术条件与竞争格局；二是该政治军事组织的组织能力，包括其军事技术与战争模式等。任何帝国的兴起，简而言之，就是某个统治者领导的政治军事组织发展出来极强的组织能力，这种能力已经超越了外部约束条件对其的束缚，进而能够征服地理疆域广大的领土，并建立起相对稳固的统治。本文将其称之为解释帝国兴起的国家组织理论视角。

笔者的解释框架及其对蒙古帝国兴起的案例分析，还对理解帝国兴起与政治文明进化的关系提供了某种启示。帝国兴起往往意味着强者征服弱者的过程,但这种征服主要是组织能力特别是军事技术与战争能力意义上的,而不一定是文明程度意义上的。一个综合意义来说更高级、更进步的政治体,如果不能发展出更强大、更高级的战争能力,就会被那些发展出更强大、更高级战争能力但总体上更低级、更落后的政治体所征服。就此而言,人类政治的演化方向绝非一直是向着更文明、更进步的方向发展,而完全有可能发生向更野蛮、更低级的方向演化。

如果不是由于西方世界的兴起与工业革命的发生,欧亚大陆上这种帝国兴衰的政治游戏可能还会重复过去的故事。但是,经过从16世纪到19世纪早期的转型,以英国为首的西欧出现了一种全新的政治、经济与军事模式,他们的技术与军事能力水平出现了飞跃,他们控制能量的等级达到了传统帝国完全无法企及的程度。这样,传统帝国的时代终结了。随着技术、规则与观念的巨大改变,一个新的政治、经济与军事权力竞争的时代开始了。

Why Did Empires Rise? A Perspective of the Organizational Theory of State

Bao Gangsheng

Abstract: Empires were the dominant political actors in the pre-modern international system. This paper is concerned with how and why empires rose. The author attempts to provide a new theoretical explanation for the rise of empires based on the organizational theory of state. The organizational theory of state views empire as a political and military organization centered on the ruler. The rise of an empire is actually to expand the size of the geographical territory under the rule of the political-military organization. This expansion depends on the balance of two constraints: first, the external constraints, especially geography, technology and competition; second, the organizational capacity of the political-military organization, including its military technology and mode of warfare. The emergence of an empire is a process in which the political-military organization representing the empire has a strong enough organizational capacity to break the constraints of external constraints and to conquer a large territory and establish a relatively secure rule.

Keywords: Empire; Organizational Theory of State; Territory Size; Military Technology

从"尚武"到"崇文"：
中华帝国治国文化的转换

朱仁显

厦门大学公共事务学院教授

唐吉意

厦门大学公共事务学院博士研究生

摘要 中华帝国治国文化经历了从"尚武"到"崇文"的转换，这是中华文明演变、中华文化更易的不争史实。在中华帝国治国文化中，"尚武"与"崇文"是一对二元辩证的精神文化有机体。两者此消彼长、互为补充，其转换过程在历史中勾勒出中华帝国治国文化整体演进之轨迹。制度作为文化的承载体无疑成为这种转换的关键因素，特别是专制制度、国防兵制以及选官用官制的变革直接促成两种文化的转换，乃至整个帝国治国文化的改变。中华文化一脉相承。传统中国治国文化的转换在当代中国也必然有着深远影响，从学理上认识这种转换以获取启示，对于承继中华文化的国人在建设当代中国的实践中具有重要价值。

关键词 中华帝国；治国文化；尚武；崇文

引 言

中华帝国不仅是中华文明与中华文化在演进中催生出的国家形态，也是中华文明与中华文化演进轨迹的历史见证与重要载体。中华文化博大精深，其中的传统治国文化是历史形成的治国理政的思想理论和制度规范及其在此基础上凝练的观念、态度、情感和习惯。① 它直接记载着我国古代政治与社会的发展面貌，是考究中国古代史演变的主脉之一。在中华帝国治国文化中存在着"尚武"与"崇文"这对二元辩证、此消彼长的文化有机体，两者间的转换则勾勒出中华帝国治国文化演进的历史轨迹。而"制度"作为文化的承载体无疑成为文化转换的关键因素，特别是专制制度、国防兵制以及选官用官制的变革直接促成两种文化的转换，乃至整个帝国治国文化的改变。中华文化一脉相承，传统中国治国文化的转换在当代中国也必然有着深远影响，从学理上认识这种转化以获取启示，对于承继中华文化的国人在当代的中国实践中具有重要价值。

一、从"尚武"到"崇文"转变的历史轨迹

自公元前 221 年起，中国维系了大一统帝国的理想，然而分裂与统一的循环周而复始，有时一个周期长达数百年。② 其间，朝代更换时促时慢，既有太平盛世也有凶年饥岁。在整个传统王朝更迭史中，出现了被称为"帝国"的中华地域大国。既为中华帝国，则有契合自身的治国文化。"尚武"与"崇文"是中国传统治国文化，特别是中华帝国治国文化的两个重要构成。"尚武"向"崇文"的转变，不仅从文化视角展示了中华帝国乃至传统中国的演进史，而且凭借"自觉输出、主动吸纳"的文化特性，深刻体现中华文化中治国文化与文化治国的内在统一。我国自古就有对"尚武"与"崇文"两种文化之考辨，而"尚武"与"崇文"的生成与转换集中显现于中华帝国时期。

（一）尚武文化的先行引领

中国古代之"尚武"，是有关人及社会精神风貌的一种描述。而《辞

---

① 陈元中：《论传统治国文化及其现代转化》，载《新视野》，2010 年第 3 期，第 82 页。
② 〔美〕亨利·基辛格：《论中国》，胡利平、林华、杨韵琴、朱敬文译，中信出版社 2015 年版，第 3 页。

海》将其释为崇尚武事，意即尊崇有关军事或强力的事务。本文认为，"尚武"主要表现在三个层面：（1）重视武备，属认知层面；（2）好勇好战，属习性层面；（3）自尊自强，属心理层面。

1. 先秦时期

中国古代早期极为尚武，与当时人类在恶劣自然环境中保全自身、寻求安稳的本性密不可分，据此有学者认为，尚武精神源于危机意识。随着中华文明的兴起，中华大地各群、部落相继组建邦国、王国直至秦灭六国、统天下。这期间出于保家卫国的主要目的与统治阶级实现天下一统的政治理想共同形成的双重交错意识令各国不得不穷兵黩武，故而助长了尚武文化的散播。秦帝国作为中国大一统的文明正源，也是中华文明史中出现的首个帝国。如此看来，受战事长久洗礼的先秦与秦帝国最早孕育出了尚武文化，并使尚武文化风靡彼时。

先秦时期尚武文化的特点在于，无论是统治阶级还是平民百姓皆以"武"为念，故民族好勇、国家尚武。"国之大事，在祀与戎"①，强大武力与坚固国防是统治阶级维系统治和延续政权之基。在统治阶级意识形态控御下，民众则有"执干戈以卫社稷"的护国信念，这虽是基于护小家的本心，但与卫国家的使命始终交织在一起，故先秦武士备受仰慕，有谓之"国士在，且厚，不可当也"②。在先秦，尚武精神的宣扬与教育紧密关联，特别是贵族所受"六艺"之教，其中军事科目占比很大，如注重"射""御"都鲜明体现了掌握军事技能的重要性。《左传·隐公五年》有言："春蒐，夏苗，秋狝，冬狩，皆于农隙以讲事也。三年而治兵，入而振旅，归而饮至，以数军实。"③先秦的广大普通民众亦兵亦农，熟悉战事、善用兵器，这无疑是统治阶级出于自身利益为适应军事发展的需要而做出以适应实战的要求的结果。这时期尚武不单意味着好战，还在道义层面形成了一种尚武精神。《子鱼论战》言："君子不重伤，不禽二毛。古

---

① 〔清〕阮元：《十三经注疏·春秋左传正义》（卷二十七），中华书局2009年版，第4149页。
② 〔清〕阮元：《十三经注疏·春秋左传正义》（卷四十一），中华书局2009年版，第41页。
③ 〔清〕阮元：《十三经注疏·春秋左传正义》（卷三），中华书局2009年版，第3748页。

之为军也，不以阻隘也。寡人虽亡国之余，不鼓不成列。"① 尚武精神要求既要塑造勇猛阳刚之象，又要刨出诚信守德之魂，因而作为一种文化精神的"尚武"即"尚德"。隋代王通更是在《文中子·卷五·问易》中说："帝国战德。"或许，尚武精神的存续正是中华帝国形成的内在规定。

2. 秦朝

承袭先秦文化的秦帝国治国文化更为尚武。从军事国防、选官思想、社会经济与文化政策上可见一斑。

（1）军事国防：维系大国一统，秦军驻守全国，南北边塞皆是重点屯兵之地。制以铜虎符发兵，虎符剖半，右半由皇帝手握，左半在军帅之手，左右相合方能调军，军权于帝王至关重要。另，秦军以地域为基分京师兵、郡县兵、边防兵；以兵种为基分步兵、车兵、骑兵和水兵。帝国军事体系化，充分彰显统治者尚武之治国理念，即以"武"卫至高无上的皇权。秦帝国虽是大局稳固，然时受北方匈奴侵扰，故遣蒙恬率军抗击，获胜后便大规模筑长城戍边，致使匈奴"不敢南下而牧马"，同时南守五岭，开疆扩土成就帝国霸业。秦帝国将尚武文化与军事国防建设实践全面融合，致帝国长久稳固。

（2）选官思想：以军功爵为代表的尚武文化作为最基本的指导思想成为秦朝选官的基础，而对于文士则相对不是太重视。② 有谓"宗室非有军功论，不得为属籍"③。秦朝废贵族官本位，改世卿世禄制度，换论军功行赏以授爵位官位。《商君书·赏刑》载："利禄官爵抟出于兵，无有异施也"④；"能得甲首一者，赏爵一级，益田一顷，益宅九亩，除庶子一人，乃得入兵官之吏"⑤。可见尚武文化已渗透至秦帝国政治选官的全过程，形成以军功为核心的"爵本位"。另，秦帝国创制中央专制集权以稳朝政，是朝政文治的先行示范，整个政府机构所建立的三公九卿制均由皇

---

① 〔清〕阮元：《十三经注疏·春秋左传正义》（卷十五），中华书局 2009 年版，第 3937 页。
② 王凯旋："'崇文'抑或'尚武'——秦汉选官思想探析"，载《辽宁大学学报》（哲学社会科学版），2017 年第 5 期，第 154 页。
③ 〔汉〕司马迁：《史记·商君列传》（卷 68），中华书局 1959 年版，第 2230 页。
④ 蒋礼鸿：《商君书锥指·赏刑·境内》，中华书局 1986 年版，第 96 页。
⑤ 蒋礼鸿：《商君书锥指·赏刑·境内》，中华书局 1986 年版，第 119 页。

帝直接把控，太尉、卫尉、郎中令等皆是直接从事军武之职，且手握军权。"尚武"以主流文化形态占据秦帝国朝野。

（3）社会经济：秦帝国将粮食储备作为战略储备来管理和运用。如关中地区有咸阳仓、栎阳仓、霸上仓；中原地区有敖仓、陈留仓、宛仓；东部沿海地区有琅琊仓、黄仓和腄仓；西南巴蜀地区有成都仓。各仓连线横贯秦全境，是帝国战略储备之基本体系。① 这表明社会经济的军事化色彩甚为浓重。"耕战"同样体现了社会经济与军事战争的紧密联系。秦帝国极为重视农耕与战事，主张两者结合，此与前文述先秦时期广大民众"亦兵亦农"的性质相同。更显著的是，秦帝国为强化军事与农耕有效衔接、以屯代守，实现数次民众迁徙。正如《汉书·食货志》应劭注云："秦遣蒙恬攘却戎狄，得其河南造阳之北千里，地甚好。于是为筑城郭，徙民充之，名曰新秦。"② 这无不显示出高度融合的社会经济军事一体化布局。

（4）文化政策："重武轻文"现象普遍存在。以"焚书坑儒"为最。据《史记·秦始皇本纪》记载："犯禁者四百六十余人，皆坑之咸阳，使天下知之，以惩后。"③ 施行"焚书坑儒"实质是统治者巩固政权、维护专制的结果，其所体现的尚武文化已超出作为文化精神的尚武本身。言外之意即秦统治者尚武的程度已达极致。

总而言之，秦治国文化承袭先秦时期"尚武"之精髓，在建立大一统帝国后全方位强化了尚武思想，致使尚武之风在诸领域愈刮愈盛。秦帝国虽说是将尚武文化极致发挥，却形成过激尚武，为帝国覆灭奠定了基调，同时也为崇文文化的兴起提供了空间。

（二）两种文化的交互过渡

在秦帝国尚武文化的先行引领下，中国古代封建王朝史中存在过的其他帝国也深受秦尚武之影响。但在整个历史演进过程中，崇文文化渐兴且

---

① 罗琨、张永山：《中国军事通史》（第四卷），军事科学出版社1998年版，第100—102页。
② 罗琨、张永山：《中国军事通史》（第四卷），军事科学出版社1998年版，第104页。
③ 〔汉〕司马迁：《史记·秦始皇本纪》（卷6），中华书局1959年版，第258页。

逐时与尚武文化交叉融合。"强汉盛唐"时期集中体现了两种文化的交互过渡趋势。

1. 汉朝

首先是汉承秦制，汉帝国承袭秦帝国尚武之风，成为当时世界上最强大的帝国。虽然汉朝内政时有波澜，即便到了最混乱时刻也能凭借强大军事实力抵御外敌甚至开疆拓土，对军武的重视表明汉帝国尚武文化的盛行。汉高帝在国家初建且国力尚弱之时，亲率大军进攻匈奴；汉武帝以"武"为重，强力抗击匈奴、积极开疆扩土：先后出现卫青、霍去病、李广等优秀将领，终于击溃匈奴，修建外长城之光禄塞、居延塞，收复河套并将河西纳入版图，促使"漠南无王庭"的局面，又先后吞并南越、闽越、夜郎、滇国、卫满朝鲜等国，远征大宛，降服西域诸国，使中国成为当时世界上首屈一指的强国。① 他还通过设"武功爵"解决了开边巨费。汉帝国之武功唤起了民众高涨的爱国拥君情绪，更扎稳了皇权根基，致使"尚武"在汉帝国的治国文化中取得了合理性的地位。

同时，崇文文化渐兴。这主要体现在学术及教育上：高帝诏群臣荐举贤良方正直言极谏之士来朝应试，网罗天下儒家人才，并在董仲舒等人建言下"罢黜百家、独尊儒术"；武帝时即设学校，后于长城外给博士弟子建筑校舍，名叫"太学"；② 后王莽扩充太学，增加博士人数至每经五人，于《五经》之外又添立《乐经》，学生增加至万余人。③ 此时选官制度亦有更改，"博士和博士弟子之外，又有任子，有吏道，有辟举。其天子特诏，标明科目，令公卿郡国荐举的，是后世制科的先声；又州察秀才，郡举孝廉，则是后世科目的先声"④。显然，汉帝国虽承袭"尚武"以治国，却有意识地休养生息避免过度锋芒以充国库、理内政，而崇文文化即是在这样的条件下渐兴，并与尚武文化逐渐交融的。

---

① 邹纪万：《中国通史 秦汉史》，九州出版社2009年版，第72—74页。
② 张荫麟、吕思勉、蒋廷黻：《中国史纲》（中），陕西师范大学出版社2010年版，第16页。
③ 张荫麟、吕思勉、蒋廷黻：《中国史纲》（中），陕西师范大学出版社2010年版，第28页。
④ 张荫麟、吕思勉、蒋廷黻：《中国史纲》（中），陕西师范大学出版社2010年版，第52页。

2. 唐朝

唐帝国的治国文化与秦帝国、汉帝国以"尚武"为主的治国文化不同：虽承袭尚武之风，然崇文之风愈刮愈烈，两种文化的交融在这时期极为明显。唐帝国的武功极盛：采用府兵制、开创武举制，并有意开疆拓土。如太宗平外患，固边疆，被四方诸国尊为天可汗；玄宗灭东突厥、高宗灭西突厥，西突厥灭亡后，诸国皆震恐来朝，中国所设的都督府州，遂西至波斯。① 唐朝凭借强大军力致国土面积较前朝尤为广远，如《唐六典·卷四》载："凡四蕃之国，经朝贡以后，自相诛绝及有罪见灭者，盖三百余国。今所在者有七十余蕃，谓三姓葛逻禄……远蕃靺鞨、渤海靺鞨……各有土境，分为四蕃焉。"可见万国来朝之势足以彰显唐之盛世，是以，帝国军制与对外征战助长了尚武文化的沿袭。

另一方面，唐朝文化达至极盛之地：研习佛学、吟诵诗词、擅长书法、改革文学等。而"崇文"正是借以文学之内容与形式在主流的尚武文化中占据了一席之地。在选官用官方面，"唐时则设科甚多，其常行的为明经、进士两科。明经试帖经、墨义，进士试诗赋"，"唐制，则士可投牒自列，州县就加考试，送至京师，而试之于礼部"。② 唐文选属吏部，武选属兵部，致力于文治武功。

"崇文"与"尚武"的交融，在唐朝的治国文化中呈现出共存共进之态。譬如开元六年二月诏："比来选人试判，举人对策，剖析案牍敷陈奏议，多不切事宜，广张华饰，何大雅之不足，而不能之是！自今以后，不得更然。"③ 唐朝的统治者在治国理念上讲究文武并重，是两种文化交融的有力考证。又如《帝范》中太宗自述道："斯二者递为国用。至若长气亘地，成败定乎锋端，巨浪滔天，兴亡决乎一阵，当此之际，则贵干戈，而贱庠序。及乎海岳既晏，波尘已清，偃七德之余威，敷九功之大化，当此之际则轻甲胄，而重诗书。是知文武二途，舍一不可。与时优劣，各有

---

① 张荫麟、吕思勉、蒋廷黻：《中国史纲》（中），陕西师范大学出版社 2010 年版，第 101 页。
② 张荫麟、吕思勉、蒋廷黻：《中国史纲》（中），陕西师范大学出版社 2010 年版，第 108 页。
③ 刘后滨：《唐前期文官的出身与铨选》，见《盛唐政治制度研究》，上海辞书出版社 2003 年版，第 331—361 页。

其宜，武士、儒人焉可废也。"① 显然，唐时对于两种文化的审视是比较趋于理性、讲究均衡的，无论是统治阶级还是社会大众，既尚武又崇文，在封建王朝史中开启了中华帝国治国文化文武交融的全盛时期。

（三）崇文文化的主流占据

陈寅恪言："华夏民族之文化，历数千载之演进，造极于赵宋之世。"② 宋朝是商品经济、文化科教高度繁盛的时代。然宋帝国与前朝帝国在治国文化上大相径庭，特别是实现了从"尚武"到"崇文"的迅速转换。起先是由于宋初统治者基于对前朝割据战乱、君弱臣强导致亡国的深刻反思，而后则归因于北伐失败彻底打消了统治者对外征战以实现统一的政治愿景。因此，宋帝国奉行以"崇文抑武"为核心的治国理念，使"崇文"在整个中华帝国治国文化演变进程中占据了主流。

首先，宋朝的治国文化并非拒斥武功，只因前朝教训过于深刻且战事诸有不顺，导致崇文获得了较为宽阔的成长空间。范浚载道："大抵五代之所以取天下者，皆以兵。兵权所在，则随以兴；兵权所去，则随以亡。"③ 减少武功、削弱地方兵权是维系统治者政权的关键，因而宋初期统治者全面强化专制皇权，分化中央与地方事权以有效保障君主专权。其次，因二次北伐大败于辽国，进而采取"守内虚外"之策，以太宗为首的统治集团逐渐放弃开疆拓土的积极战略，转而实施内修政事的消极策略。如端拱初太宗诏文武百官进呈帝王之策时，宰相李昉"引汉、唐故事，深以屈己修好、弭兵息民为言，时论称之"④。虽说休养生息也是前朝之举，然面对辽军大肆侵犯，时任皇帝真宗却选择与辽议和，签订"澶渊之盟"。即使前朝也有议和之事，实是为蓄力重整旗鼓，然而宋朝却是继续执行消极防御的策略。正如史料记载："此古之圣贤所以偃武而

---

① 〔唐〕李世民：《帝范》（卷四），见影印文渊阁《四库全书》（696 册），上海古籍出版社 1987 年版，第 616—617 页。
② 陈寅恪、邓广铭：《〈宋史职官志考证〉序》，见《金明馆丛稿二编》，上海古籍出版社 1982 年版，第 245 页。
③ 〔宋〕范浚：《香溪集》（卷八），见《丛书集成初编》，商务印书馆 1935 年版，第 82 页。
④ 〔元〕脱脱等撰：《宋史·李昉传》（卷二十六），中华书局 1977 年版，第 9137 页。

后修文，息马而后论道也。真宗皇帝四方无事之语发于景德二年，是时澶渊之盟契丹才一年耳，而圣训已及此，则知兵革不用，乃圣人本心，自是绝口不谈兵矣。"① 最后，宋帝国大兴儒学，本想以文治弥补前朝尚武之失。但随战败接连而至，加之儒学本就重内轻外，更是助长了"崇文抑武"文化的盛行。据史料载，宋太宗阅读兵书时常显不屑之色，而在读《道德经》后则示："朕每读至兵者，不祥之器，圣人不得已而用之。未尝不三复以为规戒。王者虽以武功克敌，终须以文德致治。朕每日退朝不废观书，意欲酌先王成败而行之，以尽损益也。"②

宋帝国的"崇文抑武"，是整个中华帝国史中帝国治国文化从"尚武"到"崇文"转换的重要节点。进言之，宋朝将传统尚武文化或者"文武兼备"文化彻底更改，使"文治"成为后世王朝治国之核心。虽然此后历朝历代尽乎借军事之力缔造自身，然而每至政局稳固后便行文治之治。是以，整个中华帝国治国文化演变的历史轨迹即从秦帝国"尚武"伊始，再经汉唐时期的"尚武"与"崇文"兼备，后至以宋代"崇文"之风盛行为终，后世元、明、清各帝国承宋"崇文"之风，将其推至极致。

二、制度变革与治国文化的转换

中华帝国治国文化从"尚武"到"崇文"的转换，实则是一种客观性与主观性相统一的文化变迁过程。所谓客观性，即马克思主义唯物史观强调的客观存在与历史必然相统一，表现为一种自然变迁；所谓主观性，即人在历史活动过程中具有自主意识与计划行为的能力，表现为一种计划变迁。当然，"历史人"本身也是一种客观存在。从文化变迁的角度看，中华帝国治国文化的转换是自然变迁与计划变迁共同作用的结果。由于中

---

① 〔宋〕曹彦约：《经幄管见》（卷一），见影印文渊阁《四库全书》（686 册），上海古籍出版社 1987 年版，第 36 页。
② 〔宋〕李攸：《宋朝事实·圣学》（卷三），见影印文渊阁《四库全书》（608 册），上海古籍出版社 1987 年版，第 30 页。

华帝国治国文化的转换无不与帝国政治特别是统治者意志和行为紧密相关，因而本文意从计划变迁视角对中华帝国治国文化转换进行成因分析。马克思指出："政治国家就是国家制度……国家本身的抽象只是近代的特点，因为私人生活的抽象只是近代的特点。政治国家的抽象是现代的产物。"① 据此而言，以制度为切口追溯文化转换的成因是为可行路径。另外，制度创设深刻影响着社会文化的演变取向，特别是良好制度的创设与差的制度甚至恶的法则所产生的后果具有明显差异性。

（一）中央集权与君主专制制度的强化

在触及政权问题时，封建王朝最易于演变成统治阶级内部就此展开斗争的角逐场，君王将相对其乐此不疲，政权更迭、国家兴亡时有发生。伴随新旧政权交替的国家制度更易成为周期性常态，而"除圣人立制难以变动外，一般的经制与权制均可因时、因势、因事加以调整，属于人们行事的依托"②。中央集权与君主专制制度便是圣人立制外新旧政权、前朝后世差异性表征的集中体现。中央集权与君主专制作为中国封建王朝的政治轴心，衍生出众多具体制度以强化中央和皇帝的权力。围绕中央集权与君主专制进行的制度变革，实质也是专制制度强化的过程。而正是基于历史形成的、由统治者创设的制度规范，不仅在原有基础上改换了国家的运行机制，同时还深刻影响着民众的观念、态度、情感和习惯，以至于不同时代形成的治国文化既有共性也有个性。"一个国家的制度精神，既是特定政治哲学的精神表达，同时也是源于民族精神文化的集中体现；它决定着一个国家的制度选择，同时也被所选择的制度所决定。"③ 中央集权与君主专制制度的创设虽然由统治者本身利益与意志所决定，并具有历史的继承性，但无疑映射出古代人的思想内容与意识倾向，如君权神授式的宗教信仰；天地君亲师式的至尊伦常；一人之下，万人之上式的权力崇拜；

---

① 《马克思恩格斯全集》（第一卷），中共中央马克思恩格斯列宁斯大林著作编译局译，人民出版社1956年版，第284页。
② 侯旭东：《"制度"如何成为了"制度史"》，载《中国社会科学评价》，2019年第1期，第68页。
③ 林尚立：《当代中国政治——基础与发展》，中国大百科全书出版社2017年版，第225—226页。

家国天下式的整体主义等。这充分说明制度变革对于治国文化的转换具有重要影响。

专制制度表现为皇帝与中央权力的集中,内蕴一种"文治"倾向。由于专制制度建立的出发点在于实现皇帝个人专制且有赖于政治、社会秩序的稳定,而诸如朝臣将帅、封疆大吏、地方藩镇等手握各种权力(尤为军权),成为威胁皇帝专制与中央权威的不稳定因素。因此,整个中华帝国史中专制制度变革带来的效能,是逐渐削弱地方势力以强化中央权威、分化朝臣权力以实现皇帝专制,代之以文教礼乐治国治民。故"尚武"向"崇文"的中华帝国治国文化转换具有历史必然性。

在整个中华帝国治国文化转换过程中,专制制度变革与治国文化转换并非同步进行。从制度变革视角看,专制制度往往在新政权确立后即进行了创设,引导着治国文化的改变,治国文化的形成则相对滞后。如此,可将帝国中的专制制度与治国文化视作一对变量,专制制度是自变量,治国文化是因变量(如图1所示)。宋以前的帝国专制制度变革与治国文化从"尚武"向"崇文"的转换呈正相关,专制制度的强化促使治国文化崇文化,进程却相对缓慢。直至宋朝,崇文化加快。起因于安史之乱造成的地方割据,制度的文治制衡功效被打破,导致五代十国混战局面出现。对此宋初统治者意识到:君弱臣强、藩镇割据是造成战乱的根源,于是行"偃武兴文"政策,在中央层面实行文官制与收精兵;在皇帝层面行"二府三司制"。文官制虽是选官用官制度,实为专制强化的产物。

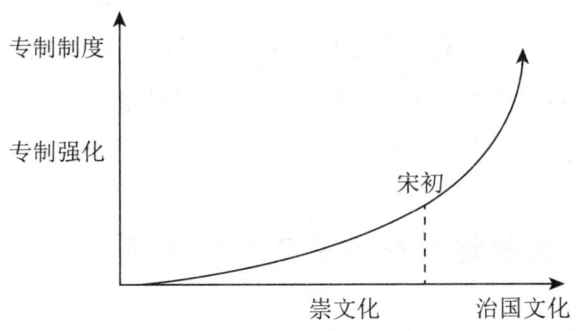

图 1 专制制度与治国文化关系图

首先，文官制的创设极大削弱和限制了武官权力，官僚体系中文重武轻的局面由此形成，有效抑制了内政外朝"武人跋扈"的局面。文人还出任将职。如枢密院官职多为文人，据统计，枢密院历来正职共 85 人次，其中文职出身者 63 人次，占总人数比例的 74.1%；武职出身者 22 人次，占总人数比例的 25.9%。① 可见文臣力压武将，具有极大话语权。其次，将地方精兵收编为中央禁军。宋太祖下令："诏殿前、侍卫二司各阅所掌兵，简其骁勇者升为上军，而命诸州长吏所部兵送都下，以补禁旅之阙。又选强壮卒定为兵样，分送诸道招募教习，俟其精练，即送阙下。"② 一是形成保卫皇帝的专属力量；二是削弱地方武将的兵权，加强对地方管控以巩固皇权和中央集权，防止藩镇割据。宋朝的中央集权制较之秦郡县制、汉郡国并行制、刺史制和唐节度使制等更彻底之处在于，其强化中央集权和皇权的最有效方式是皇帝掌握绝对军权，对于可能存在军武属性的官职或地方皆以文替之。最后，"二府三司制"是宋统治者削弱相权、加强皇权的制度设计，较之丞相位高权重的"三公九卿制"，宦官、外戚干预朝政的中外朝制和维持庞大朝臣之均衡的"三省六部制"更甚。宋朝的治权、财权、军权在朝臣和各府部门中分散交错，大权尽系于皇帝之手。

在制度领域形成的"崇文抑武"理念，或说是以"崇文抑武"作为建构专制制度的统治者治国理念，都说明宋朝统治者为强化绝对集权不遗余力。他们通过强化专制制度，改变了长久占据主流的尚武、文武并重的治国文化。可见，地方与朝臣军权的削弱致使武功尽乎失效，同时，以文替武来实现强化皇权与中央权力所迫切需要的稳定政治环境。中华帝国治国文化在宋朝专制制度变革的过程中，实现了分水岭式的"尚武"向"崇文"转换。总而言之，专制制度的不断强化极大促进了中华帝国治国文化的崇文化转换。

（二）国防兵制建设在内乱外患中削弱

中国古代史围绕封建王朝政权的分裂与统一展开。改朝换代、治乱循

---

① 薛治国：《北宋崇文抑武政策研究》，湘潭大学硕士学位论文，2003 年，第 12 页。
② 周予同：《中国历史文选》（下册），上海古籍出版社 1980 年版，第 106 页。

环的中国古代历史周期，在民族大一统文化的驱动下形成，"分"只是暂时的，目的是为了"合"。中华帝国史整体呈现出"纵向稳定"的演进态势，其背后是帝国自身各要素动态失衡后的重塑。帝国前后轮替无不伴随着内忧外患的产生，而帝国制度的变革恰是对所处时境所做的适时性调整，在此基础上，帝国治国文化也随即发生变化。

除从专制制度创设层面加强中央权力与皇权外，国防与兵制建设作为中央集权与君主专制强化过程中延伸出的具体制度，在变革过程中同样促成了中华帝国治国文化从"尚武"向"崇文"的转换。国防与兵制建设的首要目的是维持社会稳定、防止内乱外患。自秦至宋以来，国防与兵制建设在意图与战略上呈现出内紧外松的趋势，直接体现为中央权力强化与国防军力渐衰。

宋以前，各帝国在国防与兵制建设上整体取得功效，而与国防兵制相伴的治国文化也主要体现为"尚武"或"文武并重"。秦统一后，虽大局稳定，但时有外患，故常对外征战以致重外轻内。如始皇帝遣将蒙恬率军30万北逐匈奴，又派尉屠睢率50万大军南平百越，军出而国都空，一旦有变则远水难灭近火，正如陈胜吴广起义，大有覆灭秦朝之势，秦虽将其平定，却已是勉强为之，而对六国贵族叛乱则完全力不从心。以此可见，秦因常年对外征战而弱化了内部管控能力，构成对皇帝与中央的威胁。宋朝统治者深谙外强中干之害，故收精兵以专卫皇帝安危与国都安全。显然，秦对外征战的国防兵制在宋时已被守内虚外的国防兵制取代。这实际反映出秦"尚武"的原有价值在宋治国文化中消散。汉初虽施行"休养生息"政策，较秦重内修，但仍承秦尚武，且"及汉兴，冒顿始强，破东胡，禽月氏，并其土地，地广兵强，为中国害。南越尉佗总百粤，自称帝。故中国虽平，犹有四夷之患，且无宁岁"①，故数次对外征战，特别是汉武帝在位几十年间"征讨四夷，锐志武功"②取得成效。对外武功助长了汉朝治国文化中的尚武之势。但正是从汉始，汉初统治者总结秦过度尚武教训时认为"重内修"也是强国之举。经西汉征战后，光帝"知天

---

① 〔东汉〕班固：《汉书·韦贤传第四十》（卷七十三），中华书局1964年版，第3126页。
② 〔东汉〕班固：《汉书·礼乐纪》（卷二十二），中华书局1962年版，第1032页。

下疲耗，思乐息肩，自陇蜀平后，非警急，未尝复言军旅"①，施与民休养生息之策，边功之事遂减少，而文治之风渐兴；另外，西汉后期至东汉，募兵制成为与征兵制具有同等分量的兵制，然此制不重训练、疏于整顿，且以钱财募之，故军武战斗力下降。且建武七年，光帝下诏"宜且罢轻车、骑士、材官、楼船士及军假吏，令还复民伍"②。可见，汉国防兵制的变革与重心的偏移逐渐削弱武功，而原先尚武或是文武并重的治国文化也随之而变。

直至宋朝，其国防兵制尽乎不具前朝武功之效。这与宋"抑武兴文"直接相关。当然，宋朝极力推崇文治根本上归咎于五代十国。有数据表明，唐末到五代十国前后历时80年，中国内外一片混战，生灵涂炭。前后58个皇帝中竟有42个死于非命。其中，唐武宗在位时，全国有496万户，后周世宗在位时，仅余120万户，而到宋初为200万户，损失率76％。五代十国对于法统的绝对践踏导致了世间原有秩序崩塌。为此，宋初统治者在总结五代十国教训中，将解决君弱臣强、藩镇割据之法首先落实在削弱军武力量上，这在国防兵制变革中体现较为明显，除前文论及的收精兵外，宋也实行募兵制。但与前朝不同之处在于，宋募兵须由中央下令，避免地方拥兵自重，以免危及皇权与中央权威。同时，为消除武将作乱的可能性，宋军制通过"将从中御""兵将分离"等法极大削弱了武将与地方的军权。值得注意的是，与"抑武兴文"政策适配的是"守内虚外"的国防战略。太宗曾言："外忧不过边事，皆可预防。惟奸邪无状，若为内患，深可惧也。"③ 显然，宋国防兵制的创设具有严重的守内、崇文倾向，这无疑是统治者对前朝教训矫枉过正的结果。至此，"尚武"于宋再无立足之地，"崇文"则大行其道，占据治国文化的核心地位。

上述可见，中华帝国史中国防兵制的变革既逐渐又最直接地削弱了武功，代之以"文治"的制度创设，这必然促使治国文化崇文化发展。首先，国防兵制建设的重心逐渐呈现由外至内的偏移，最终导致"守内虚

---

① 〔宋〕司马光：《资治通鉴》，台湾商务印书馆影印文渊阁《四库全书》本，第0304册，第0788b页。
② 〔宋〕郑樵：《通志》，台湾商务印书馆影印文渊阁《四库全书》本，第0372册，第0250页。
③ 〔宋〕李焘：《续资治通鉴长编》（卷三十二），中华书局2004年版，第719页。

外"政策的颁行，进而以点带面促成治国文化崇文化；其次，"守内虚外"的国防兵制与国防战略摒弃了原有的"防御外来侵略和颠覆而采取的一切措施的战斗力"这一"国防"中的关键要素，致使国防对外能力形同虚壳，区别于完整意义上的"国防"概念，不仅压缩了武功文化的生存空间，还将国防制度、战略俱以文治化；最后，国防重心的偏移与国防本身的变质强化了帝国治国的文治之术，从制度创设、运作模式上改变了"以武治国"的传统，推动了崇文文化的发展。总而言之，在大一统文化内在驱动下，治国文化的转换终究是服务于帝国内外稳定与统一的。国防与兵制的历史变革，促成了中华帝国治国文化由"武功—稳定"的传统向"文治—稳定"的转换。

（三）选官用官制的变革与科举的兴起

"尚武"向"崇文"的中华帝国治国文化转换，有赖于帝国选官用官制的变革特别是科举制的兴起。自秦以来，选官用官制的演变与科举的形成发展都内在遵循着"重文轻武"的制度创设原则。一方面，手握兵权的朝中武臣与地方武将对皇权与中央权威形成或直接或潜在的威胁；另一方面，文官较之武官而言不熟战事、没有兵权且多善于卖弄口舌，故易于管控。因此，依照重文轻武原则创设与变革的选官用官制在君臣之间、中央与地方之间两个层面极大压缩了武将官员与武将官职设置的数量，从而限制武将势力、防止藩镇割据，强化了皇权与中央权威。变革中的选官用官制与科举制的兴盛，促使帝国治国文化在以文为重的制度创设与变革中逐渐崇文，人才选拔模式、民众情感培养、国家运作机制等都据此发生重大转变。

1. 选官用官制度

秦至宋选官用官制度的变革加速了帝国治国文化崇文化发展。在选官用官制度变革过程中，文官制的创设、完善与文职数的不断增加对武官及武官制形成冲击，文官与武官间的关系从早期"文"对"武"的补充到中期两者的均衡，至后期变为"文"对"武"的彻底压制：一是文官具有极大话语权；二是文官与文职数量激增，构成庞大官僚体系；三是文官逐渐接手武将职权。对此，民间也流传着"文官动动嘴，武官跑断腿"等言。中国古代文官制度的产生是和封建集权政治相适应的，它随着封建集权政治的发展而不断嬗变。①自秦建立中央集权制以来，中华帝国的统治管理方式便发生深刻变化，其中，官僚体系的构建为"文兴武退"的治国文化转换提供了场域。秦统一后虽行军功爵，但因战事减少且内政需以官僚维持，军功效用打折扣不说，政务管理又需要一定的文化素养，而非有军功有武艺有臂力者所能胜任，于是官与爵分离。②在秦的官僚体系中，文武分开体制的成型使占据主流的军功首次受削，为以文治国的治国文化提供了契机。直至宋文官制的确立，从制度层面全面钳制了武将在朝中与地方的势力。而汉唐时期选官用官制的建立，既不同于前朝也不同于后世，此时官员的选拔要求文武双全，官职的设置讲究同等均衡。西汉"郎官乃武士侍从，出则成军，而当时以二千石以上子弟及明经孝廉射策甲科博士弟子高第及尚书奏赋军功良家子充之。又可见时人尚武习军事之风矣"③。而"唐制举之名，多至八十有六，凡七十六科，至宰相者七十二人"④。唐制举包含诸多军事科目，是文人因受限于贡举名额少而意愿入仕的另一种渠道，从中可见唐制对入仕者的文武才能要求很高。显然，汉唐时期选官用官制以文武并重为创设原则，在制度层面形成对在位的文武官员以及意愿考取官职的人做出规范，这种规范所带来的影响必然由政治领域延伸至社会领域，进而推动帝国治国文化从尚武到既尚武又崇文的转换。与之相比，宋朝在选官用官制度的创设上却是"一边倒"的态势，文官文职不仅占比大，还设置在枢密院等核心军事部门，朝政、地方、军武皆由文官把持。所谓"武将篡权、文臣弄权"，但"天下自唐季以来，数十年间，帝王凡易几姓，战斗不息，生民涂地"⑤，故宋统治者在权衡利弊后仍选择以文抑武的治国之策。如宋太祖言："朕今选儒臣干事者百

---

① 梁仲明：《中国古代文官制度探析》，载《中国行政管理》，2002 年第 10 期，第 35 页。
② 袁刚：《秦朝选官——推举与考试》，载《中国行政管理》，1998 年第 1 期，第 43 页。
③ 钱穆：《秦汉史》，生活·读书·新知三联书店 2004 年版，第 155—156 页。
④〔宋〕王应麟：《困学纪闻》（卷一四），辽宁教育出版社 1998 年版，第 282 页。
⑤〔宋〕司马光：《涑水记闻》（卷一），中华书局 1989 年版，第 11 页。

余，分治大藩，众皆贪浊，亦未及武臣一人也。"① 可见，"抑武兴文"政策通过文官制的创设与执行，全面强化了"崇文"的中华帝国治国文化，谓之"以文立国，武功不兴"。

2. 科举制度

科举制确立于隋唐时期，也属于古代选官用官制度。科举产生以前，传统王朝主要行军功爵制，王朝开疆拓土或是社会发生动荡都与从军功爵制中塑造出来的军事强人密切相关，武功更有效也更受人推崇，然而科举制度施行后，包括墨义、贴经、策问、诗赋、杂文等考试形式的设置使得"文章"亦成为考生实现安身立命、成就功名的主要途径。从科举制形成的前后历程看，选官用官制度中人才选拔机制特别是考核方式的改变，逐渐扩展了封建王朝人才引进的社会面，特别是唐宋时期科举制的发展，使中国古代文化焕发蓬勃生机，进入黄金时代。受科举制的影响，中华帝国治国文化崇文化进程加快。值得注意的是，在唐至宋的科举变革过程中，进士人数大幅增加，宋朝进士人数是唐朝进士人数的数倍。据史料记载，武周时宰相共73人，其中进士11人；玄宗时宰相共34人，进士只有7人；肃宗时宰相16人，进士出身的只有4人；代宗时宰相12人，只有4人是进士，而两宋时期任用的133位宰相，大多数是进士出身，仅一位出身武将。且整个唐朝共有进士7448人，宋近11万名进士。另外，因唐人入仕的基本途径由推荐、行伍、科举、门荫组成，故进士入仕的人数并未像陈寅恪所言——"进士之科在唐朝以为全国人民出仕之唯一途径"，反倒是宋朝不断扩大进士入仕名额，大兴科举。尤为太宗继位后，科举取士名额大增，此后更甚。显然，宋较之唐大幅增加科举取士名额，实为宋守内虚外、主以修文之后果。正如太宗言："王者虽以武功克定，终须用文德致治。"② 隋唐以来，科举制的创设及变革根本上以强化皇权为核心，特别是宋朝对科举制的改革，全面落实了"抑武扬文"的治国政策，从制度层面牵引和塑造国民情感、观念、意识和习惯，促成整个社会风尚转

---

① 〔宋〕李焘：《续资治通鉴长编》（卷十三），中华书局2004年版，第293页。
② 〔宋〕李焘：《续资治通鉴长编》（卷二十三），中华书局2004年版，第528页。

换，分水岭式地改变了长久以来帝国所推崇的武功之治，代之以崇文的帝国治国文化。

三、"尚武"到"崇文"转变的现实影响

中国历史呈现的是一幅中华文化一脉相承的宏大画卷。中华文化历经先秦的创生期，到秦汉至宋元的发展期，再到明清以降的转型期，为文明从未间断过的中华大地留下了极具宝贵的历史财富。明镜所以照形，古事所以知今，从"尚武"到"崇文"的中华帝国治国文化转换中汲取历史经验、把握历史规律，对于生活在现代文明中的华夏民族认识和理解当代中国意义非凡。

（一）塑造了中华民族追求和平统一的文化精神

秦帝国的建立是中华文明史演进的关键节点，它标志着作为历史文化共同体的中华文化以及作为民族共同体的中华民族的正式形成。中华帝国治国文化的形成始于秦帝国的建立，直至宋帝国的出现，其间整个帝国治国文化的历史轨迹逐渐形成由"尚武"向"崇文"的转换。转换不仅是客观现实对于主观意识的决定性影响，同时还是主观意识趋向客观现实并对客观现实施以影响的过程，而这种影响集中体现在文化精神的塑造上。

诸侯混战造就了先秦时期尚武之风盛行，秦国从中脱颖而出成就了统一霸业，汉帝国、唐帝国及宋帝国也曾诉诸武力以实现大一统，可见尚武的重要目的在于完成中华文化与中华民族的大一统。这似乎有悖于中华民族追求和平统一的文化传统。但极其重要的是，中华帝国寻求大一统的根源在于中华民族拥有追求和平统一的基因：战的终极目的是实现长久和平统一。同时可见，在"尚武"向"崇文"的转换过程中，实现大一统的方式逐渐由文治替代武功，即从以武力征服为主转换为以文化同化为主。特别是汉帝国施行"罢黜百家、独尊儒术"的文化政策后，儒家思想立为正统。其中，"天下大同、人心无恶"作为儒家宣扬的核心思想，既表达了"仁"及仁政的最高理想与最高境界，也推动了后世王朝治国文化

崇文化的发展，因而出现了统治者将"天下大同、人心无恶"奉为最高政治信念与民众寄望天下太平的一体共识。秦帝国之后，儒家思想与"崇文"渐融，以至占据内政主流，软实力的输出成为对外实现和平统一的主要方式，形成"以仁为本"的治国理念，整个帝国存续的合法性皆以"仁"为本。因此，随着中华帝国治国文化从"尚武"到"崇文"的转换进程逐步加深，"以文促统"的方式也更受统治者与民众推崇。中华民族追求和平统一的文化精神在承继崇文文化的基础上，不断深化。放眼当今世界，地缘政治冲突加剧、贸易保护主义盛行、大国竞争博弈激化、单边双边矛盾突出、南北贫富差距加大等问题愈加显现，成为阻碍各国及全球发展的屏障。对此，中国提出"一带一路"倡议与构建人类命运共同体，始终坚持和平、开放、合作、共赢、包容发展，实现了和平与发展的融合，为全球和平与发展贡献了中国智慧。习近平总书记指出："中华民族是爱好和平的民族，中国人民是爱好和平的人民。"① 显然，中华民族追求和平统一的文化基因塑造着整个当代中国，同时，当代中国实践也展现了中华民族与中国人民始终致力于和平发展、合作共赢、多元和谐的坚实行动。实现祖国完全统一是中华民族根本利益所在，中华民族必将也一定能够凭借强大凝聚力和自强不息的民族精神实现祖国和平统一。

（二）有损于民族国家要求主权完整的核心利益

纵览整个中华帝国史，自秦帝国至清帝国，近两千年稳固的封建政治格局在1840年英国发起的鸦片战争中被粉碎，致使中国沦为半殖民地半封建社会，开启了漫长且艰辛的近代屈辱史。史学界关于清帝国在鸦片战争中失败原因的分析各有不同，但主流观点认为大清帝国政府的腐败无能、封建社会经济基础的落后与英国综合实力的雄厚等共同作用是此次战争中帝国失败的主要原因。而清帝国的闭关锁国政策更说明了整个封建王

---

① 习近平：《在纪念中国人民志愿军抗美援朝出国作战70周年大会上的讲话》，载《人民日报》，2020年10月24日。

朝到后期已经普遍形成了"故步自封、消极守成"的观念。"故步自封、消极守成"观念的形成本身也是清帝国治国文化的真实写照，这无疑与长久以来中华帝国治国文化由"尚武"向"崇文"的转换紧密相关，特别是在宋帝国施行"崇文抑武"的基础上形成的崇文主流文化，对于后世王朝的统治者在制定治国之策时几乎产生了定调性的影响。

　　列宁曾说："在对待野蛮的势力时，绝不拒绝使用野蛮的斗争手段。"① 尚武精神的缺失以及过度崇文带来的根本问题即政策上"守内虚外"以至于文化上"故步自封、消极守成"。而这种治国文化具有的柔弱性必然使得整个国家武事废坠、民气柔靡，同时对国防建设的忽视也必定招致外敌肆意入侵，面临亡国之难。就宋以前的中华帝国而言，文武尚未彻底分殊，文治多以武功为保障，无论开疆拓土还是抵御外敌，主要方式是通过军事征服。而宋帝国虽有数次对外征战的实践，却都以失败告终，导致其在对外问题上开始妥协求和、退避三舍。这表明，宋朝统治者在主观上确保国家主权完整的积极诉求经由"抑武崇文"政策的实施与"以文抑武"文化的形成彻底转变为委曲求全、安于现状的卑微请求。所谓"落后就要挨打"，毫无疑问，"故步自封、消极守成"的普遍观念，必定有损于民族国家要求主权完整的核心利益。以此可见，随着中华帝国治国文化由"尚武"向"崇文"的转换，原先具有积极意义的"尚武"精神逐渐隐没，取而代之的是悬于高空、不切实际的诗词歌赋与弱不禁风、逆来顺受的人格模样。正如梁启超言："诗界千年靡靡风，兵魂销尽国魂空。集中什九从军乐，亘古男儿一放翁。"和平与发展已成当今时代主题，但霸权主义和强权政治仍大行其道，发达国家利用不公正、不合理的国际经济旧秩序和在经济全球化趋势中的主导地位损害发展中国家利益的现象还很普遍，国际和地区安全形势出现的新的不稳定因素日益增加。为此，捍卫我国领土安全与国家主权，维护地区稳定与实现和平发展仍需推进国防与军队现代化建设，因为"强国必须强军，军强才能国安"②。

---

① 《列宁选集》（第 27 卷），中共中央马克思恩格斯列宁斯大林著作编译局译，人民出版社 1972 年版，第 315 页。
② 《习近平谈治国理政》（第二卷），外文出版社 2017 年版，第 55 页。

（三）为当代中国复兴民族伟业提供了关键遵循

以史为鉴、开创未来。中华帝国治国文化从"尚武"到"崇文"的转换既是中华民族文化精神的历史实践过程，也是中华民族不断修复自我以实现复兴的探索过程。"尚武"还是"崇文"？到底是个辩证问题。尚武精神是指在个人层面拥有强健体魄、国家层面具有爱国主义、民族层面形成自强不息的优秀文化精神。因此传承和发扬尚武精神，无论对个人、国家，还是对整个社会而言都极为重要：它不仅是维系个人生命存在的根本，同时也是确保生存环境安稳的前提。然而过度尚武则超越了其作为文化精神所具备的内涵，尚武文化中存在的原始暴力性会以极端方式演变，如缺乏理性的压迫奴役、好战惹事、殖民侵略等等，特别是中华帝国史中存在的对内暴政、对外征战等行径都与过度尚武直接关联。崇文精神表达的则是对知识、学识、道德的一种追求，文人墨客、仁人志士等成为膜拜对象，其尤为强调修身养性、反对暴力、追求和平。塑造崇文精神能够提升人类的思想境界，有益于个人、国家及社会的理性化发展。然而过度崇文同样丢失了作为文化精神的崇文本身，如个性的柔弱胆怯、国家的空虚无力以及社会风气的颓废凋敝等。所以"尚武"与"崇文"不可偏其一，偏则废。同时，"尚武"与"崇文"是有机统一整体中相互制衡、相互补充的两个组成部分，防止过度"尚武"需借助"崇文"之力，反之亦然。孔子云："有文事者必有武备，有武事者必有文备。"① 治理国家既要有文德教化，又要有军武保障，只有如此个人才能全面发展，国家方能强大，社会才会兴盛。

中华民族在久经磨难并饱受屈辱的近代百年史中艰难寻求着文武平衡，势必要将尚武精神与崇文精神合二为一以实现中华民族伟大复兴。在中国共产党的领导下，中国人民与中华民族迎来了曙光，从救亡图存的困境中走上了实现中华民族伟大复兴的征程，这预示着"尚武"与"崇文"的失衡天平重回正轨，两种精神的交融为实现民族复兴梦提供了关键遵

---

① 〔汉〕司马迁：《史记》（卷四十七），中华书局 1959 年版，第 1915 页。

循。当前中国特色社会主义进入新时代,各项事业全面发展,但国内国际形势依然严峻。在中华帝国治国文化从"尚武"到"崇文"的转换中汲取经验,启示着我们在日益复杂化、理性化与多边制约的现代国际关系下,国防建设与政治、经济、文化、社会、生态文明建设同等重要,这也凸显出全面建设的战略意义。利德尔·哈特(Liddel Hart)认为,战争的目的是要获得一个较好的和平,这当然是从你自己一方的愿望来说的……一个国家,如果它把自己的力量消耗殆尽,那它也就不会有能力继续推行自己的政治,因而必然使其前途不堪设想。① 无论如何,个人、国家及社会的发展都应遵循文武均衡原则,必须具备辩证统一的思维方式全面地看待问题,只有这样党和人民才能够在实现中华民族伟大复兴的征程中取得更大成就。

From "Military Worship" to "Bureaucratic Canonization": The Transformation of Governing Culture in Ancient Chinese Empire

Zhu Renxian   Tang Jiyi

Abstract: The culture of governing the country of the Chinese Empire has experienced the transformation from "military worship" to "bureaucratic canonization", which is an indisputable historical fact of the evolution of Chinese civilization and Chinese culture. In the culture of governing the country of the Chinese Empire, "military worship" and "bureaucratic canonization" are a pair of dualistic spiritual and cultural organisms. The two are contradictory and complementary, and their transformation process outlines the overall evolution of the governance culture of the Chinese Empire in history. System, as the carrier of culture, undoubtedly becomes the key factor of this transformation, especially

---

① 〔英〕利德尔·哈特:《战略论》,中国人民解放军军事科学院译,战士出版社1981年版,第494页。

the transformation of autocratic system, national defense and military system and the official selection and appointment system, which directly leads to the transformation of the two cultures, and even the change of the governance culture of the whole empire. Chinese culture comes down in one continuous line. The transformation of traditional Chinese governance culture must also have a far-reaching impact in contemporary China. Understanding this transformation from a theoretical perspective to obtain enlightenment is of great value to the Chinese people who inherit Chinese culture in the practice of building contemporary China.

Keywords: Chinese Empire; Governing Culture; Military Worship; Bureaucratic Canonization

帝国主义及其批评者*

段德敏

北京大学政府管理学院政治学系长聘副教授

〔英〕霍华德·威廉姆斯

卡迪夫大学法律与政治学院荣誉杰出教授

| **摘要** | 在本文中，我们检视从18世纪晚期到19世纪两组特色鲜明的政治理论家关于现代帝国主义的观点，二者的思想既相互对立又有共通之处。来自德国的哲学家康德、黑格尔和马克思是第一组；英国哲学家约翰·斯图亚特·密尔和法国的阿历克西·德·托克维尔是另一组。他们五人都是现代重要的政治理论家。其思想影响力远远超越了他们所处的时代和历史背景。密尔和托克维尔是自由主义思想的奠基人；马克思创立了一种新的意识形态——马克思主义，当今的左翼思潮尤其处于追随马克思的最前沿；康德和黑格尔较难归类，但可以说黑格尔为国家中心主义和现实主义思想做出了自己的贡献；康德也对今天的自由主义有影响，特别是成为世界主义的滥觞。尽管他们五人中没有一人把帝国主义放在他们政治思想的中心位置，但现在来看，他们又的确对帝国主义产生了深

---

* **基金项目**：北京市社会科学基金项目"代表理论视角下的民主过程研究"（项目号22ZGB003）；北京大学公共治理研究所学术团队建设重点支持项目"中外政治思想与制度研究"（项目号TDXM202101）。本文原文是英文，被收录在 Palgrave Handbook of International Political Theory（Palgrave, 2023），由谭阳翻译成中文，经文章作者修改审订，为方便阅读，原文使用的部分外文文献在本文中被替换为相应的中译本。

远持久的影响。康德和马克思对其提出了强有力的批评,而密尔、托克维尔(附带一些保留)和黑格尔则对它所扮演的角色描绘了一幅积极正面的图景。

关键词 帝国;帝国主义;国家;政治思想

在本文中,我们检视从18世纪晚期到19世纪两组特色鲜明的政治理论家关于现代帝国主义的观点,二者的思想既相互对立又有共通之处。来自德国的哲学家康德(Immanuel Kant)、黑格尔(Georg Wilhelm Friedrich Hegel)和马克思(Karl Marx)是第一组;英国哲学家约翰·斯图亚特·密尔(John Stuart Mill)和法国的阿历克西·德·托克维尔(Alexis de Tocqueville)是另一组。他们五人都是现代重要的政治理论家。其思想影响力远远超越了他们所处的时代和历史背景。密尔和托克维尔是自由主义思想的奠基人;马克思创立了一种新的意识形态——马克思主义,当今的左翼思潮尤其处于追随马克思的最前沿;康德和黑格尔较难归类,但可以说黑格尔为国家中心主义和现实主义思想做出了自己的贡献;康德也对今天的自由主义有影响,特别是成为世界主义的滥觞。尽管他们五人中没有一人把帝国主义放在他们政治思想的中心位置,但现在来看,他们又的确对帝国主义产生了深远持久的影响。康德和马克思对其提出了强有力的批评,而密尔、托克维尔(附带一些保留)和黑格尔则对它所扮演的角色描绘了一幅积极正面的图景。

一、康德的世界主义帝国批判

康德、黑格尔和马克思对现代帝国主义的评述在20世纪和21世纪关于帝国主义的讨论中产生了重大影响,关于殖民主义和帝国主义争论的评论家经常把他们的理论单个地或集体地作为论述的起点。看看最近关于这个话题讨论的出版物,很容易能够证明这些思想家的影响仍然存在于政治理论和国际关系的领域之中。康德和马克思在很多方面都是殖民主义的批评者,而黑格尔则为欧洲民族和文明更具优越性的观点提供了强烈的辩护。

康德对黑格尔在道德和政治问题上的看法产生了强烈的影响，马克思在思想发展和形成时期深受黑格尔的哲学影响。因此，后来的思想家与他们的先驱者在思想上交织在一起。对历史哲学的共同依赖是将这三位思想家在这一领域统合在一起的另一关键方面。他们中每一位都对历史发展有一个独特的描述，这构成他们思考现代帝国主义的前提基础。

由于世界主义在伦理和现实主义国际关系理论争论中的显著地位，康德已成为21世纪关于帝国主义的论辩中经常被引用的对象。对于那些世界主义的支持者而言，康德经常被视为世界主义之父；而对于世界主义的反对者而言，康德被认为是一种过度乐观的理论主要创始人。通常在主题思想上赞成康德的批判性国际理论（critical international theory）大量引用了马克思对资本主义的批判，随之而来的是对国际秩序的质疑，而黑格尔的政治哲学可以说还为某些现实主义的观点奠定了基础。

康德的历史哲学形成于18世纪80年代到90年代初他为大众读者所写的文章中，并在他的《永久和平论》（*Zum ewigen Frieden: Ein philosophischer Entwurf*, 1795）和《学科之争》（*Der Streit der Fakultaten*, 1798）中以最成熟的形式呈现于世。康德认为将历史总地视为由坏向好的发展是合理的，即使没有充分的理据支撑人类在不断进步这一观点，但也不能彻底排除进步的可能性。他认为从道德的角度讲，为了使得我们个人能够致力于以自身行动促进整体的进步，这种假定也是必要的。从道德角度而言，我们必须肯定政治上的自由和平等，而且即使是最先进的国家，仍然是不完善的，我们有义务去为之做进一步的改善。

康德将所有领土和国家都视为嵌入一个领土占有和国家的体系之中。因此，真正的政治繁荣只可能发生在一个良好的国际政治体系内。从而，他倡导一种有助于建立国际合作框架的国内政治体制。为了实现这一点，国家内部的体制应该是共和制，依托于权力分立和代议制政府（议员和行政部门由公民选举产生）。对康德而言，每个国家或地区的独立性是我们所希求的准则，而不是其中一个地区或国家臣服于另一个。然而，康德意识到进步必定以国际体系的历史继承为先决条件，即一些国家比其他国家更富有、更强大，但我们不应该忽视所有国家都平等的目标。在康德看来，欧洲国家的好战本性，以及欧洲国家与世界其他国家的掠夺性关系，是一个令人痛惜的事实。但是，无论是战争还是相互依赖性都是不可完全磨灭的，在他关于历史的著作中，他认为战争本身有可能加速形成一个和平的世界联邦，尽管这远非交战国的本意。

康德和平的国际体系模型的前提条件是：所有国家的平等、不存在对他国内政的强制性干预、国际法的彻底贯彻、国际争端的和平解决、公平的移民制度和全球范围内自由迁徙的权利。虽然他对完全合法的国际关系所需的条件提出了这些假设，但他十分清楚现实通常实现不了他美好的愿景，国际体系是严重不平等的。他的《永久和平论》揭示出欧洲列强不合理的统治，以及它们并未实现共和制的理想。他谈到"文明人的邪恶行为，特别是商业国家"，"欧洲国家对待外国及其人民（与其交往就等于是进行征服）时表现出的不公正达到了令人骇闻的程度"①。他是真心实意感到痛惜，因为欧洲列强把非洲和美洲大陆"视为无主之地"②，所以对其如此剥肤椎髓，似乎没有什么约束。

虽然康德在他的政治学著作中，在概述国家和个人彼此如何互动时，提出了很高的标准，但他的理论表现出很强烈的现实主义色彩。他看到了战争在欧洲国家体系内如何盛行起来，以及奴隶贸易是如何进一步发展壮大。他让我们清楚地看到欧洲国家的虚伪，"这些列强干了许多事情来表示自己的虔诚，并且愿意被人当作是正统信仰的特选者，而同时却酗饮着不正义就好像饮水一样"③。一些评论家怀疑康德对种族主义和殖民主义的拒斥程度。并且事实上，在他的著作中，他有时流露出对非欧洲民族特征的偏见④，但这些并不是他思想的主旨。他献身于实现世界各地所有人类生而自由且平等，这是最突出的。无论人类未来的出路在哪里，我们都应该认识到要时刻尊重他人的权利。这就是在康德心中世界主义的正当性

---

① 〔德〕康德：《永久和平论》，何兆武译，上海人民出版社2005年版，第25—26页。
② 〔德〕康德：《永久和平论》，何兆武译，上海人民出版社2005年版，第26页。
③ Immanuel Kant, *Practical Philosophy*, Mary J. Gregor (trans.), Cambridge: Cambridge University Press, p. 330.
④ Katrin Flikschuh & Lea Ypi, *Kant and Colonialism*, Oxford: Oxford University Press, 2014.

支撑。甚至在他所处的时代，他表达了这样的观点："既然大地上各个民族之间（或广或狭）的紧密性现在已经到了这样的地步，以致在地球上的一个地方侵犯权利，就会在所有的地方都被感受到。所以世界公民权利的观念就不是什么幻想的或夸诞的权利表现方式。"①

康德对帝国主义和殖民主义的明确表态浮现在他关于中国对待欧洲外来者的判断之中。与美洲和非洲相比，中国人对待欧洲外来者更加警惕和谨慎。他赞许中国人只和一个欧洲民族来往，即荷兰；日本也因阻止欧洲人的定居而同样受到赞扬。这样，他们避免了欧洲人施加于非洲人和美洲土著人种的虐待。在康德的权利学说中，他劝告非欧洲世界的人民抵制欧洲人试图攫取他们领地的行为。② 他认为："应该完全禁止欧洲外来者通过武力扩张领土，即使土著居民可能毫不重视领地，那也是一个牵强的借口。"当地人民的狩猎和农业活动应该受到恰当的尊重，领土只能通过契约获得，"事实上，只能通过契约获得，而不可利用那些人民对割让他们土地的无知"。③

二、黑格尔与精神的前进——帝国主义的正当性

黑格尔以类似的方式，将他对非欧洲世界和殖民主义的看法置于他的历史哲学语境之下。在他的《历史哲学讲演录》（*Vorlesungen über die Philosophie der Weltgeschichte*）中，黑格尔比康德对历史进程的进步性怀有更强的信心。对康德而言，进步取决于我们就道德和政治理想之于历史的投入与实现程度。我们无法得知我们究竟是否成功，但我们都必须为进步而持续不断努力。黑格尔则持有一种准神学的观点，认为历史的发展和未来掌握在精神手中。这里的"精神"一词译自德语中的"Geist"，它既揭示了黑格尔哲学的唯心主义本质，也揭示了构成这个世界的最高智慧的

---

① 〔德〕康德：《永久和平论》，何兆武译，上海人民出版社2005年版，第27页。
② Immanuel Kant, *Practical Philosophy*, Mary J. Gregor (trans.), Cambridge: Cambridge University Press, pp. 489–490.
③ Immanuel Kant, *Practical Philosophy*, Mary J. Gregor (trans.), Cambridge: Cambridge University Press, p. 490.

本质。

在历史中，精神通过自由的不断发展来形塑人类社会。身处历史中的角色几乎意识不到自由的实现过程。① 他们或许有自己的目的和抱负，但他们意识不到自己是以自由为目的的前进精神的载体。伟大的领袖人物和民族在黑格尔的历史观中是重要的，但不是从他们自己的角度而言。他们的重要性意义是通过作为精神目的的具化来实现。从外部来看，历史的前进或许显得残酷和武断，很多民族和个人因突发事件和他们的敌人而烟消云散。在某个特定的时代，要想当即完全把握哪些人和活动符合时代发展的潮流是不可能的。然而，尽管存在混乱和无序的表象，但在混乱的历史进程中，有一种后来可觉察出的前进运动。历史中不幸的人们（失败者）屈从于自由的充分发展这一更高的目的。

康德认为无休止的战争和征服很大程度上扭曲了人类历史，这是人类不成熟的特征，而黑格尔与康德不同，他以一种更加积极正面的视角来看待冲突与征服。在他看来，战争中的失败和另一个国家的崛起标志着历史从一个阶段到下一个阶段的过渡。政治支配和政治破坏可以被积极地视为为更高级的社会秩序开辟道路。他看到人类历史上几个关键阶段均以衰败和随后的振兴模式显露出来。他划分的第一个显著阶段是"东方世界"，在其中只有一个人是自由的。这是一个农耕社会，社会通过人们向比自己社会等级高的人纳贡来运作，处于社会最顶端的是皇帝。人类历史的下一个阶段是希腊世界，在其中有些人是自由的。希腊世界代表着"知识之光"，传统被中和和变形为"美好、自由而又明朗的伦理性"。② 尽管希腊有如此辉煌的文化，但希腊社会还是因缺乏充分个体性和建立在奴隶制基础之上而存在重大缺憾。在人类历史从东方向西方进步的运动中，下一个出现的阶段是罗马世界，那里有更多的自由。在这个世界中，家庭确立自己的私人领域，然而这与作为罗马建国之根基的贵族精神相冲突。在黑格尔看来，二者间的冲突从未得到彻底解决，导致了"普遍灾祸"，最终以

---

① 〔德〕黑格尔：《法哲学原理》，范扬、张企泰译，商务印书馆1979年版，第354—355页。
② 〔德〕黑格尔：《法哲学原理》，范扬、张企泰译，商务印书馆1979年版，第358页。

"整体的分解"而告终。① 只有当我们到达他所说的"日耳曼世界"时,自由才彻底实现。在日耳曼世界,黑格尔想到的是文艺复兴后形成的世界,新教主导着宗教领域和公共生活。随着日耳曼世界的成熟,我们达到了以独立自主和自尊为基础的内心生活和以道德和谐的公民社会为基础的外部社会生活之间的理想平衡。这种使我们能够实现充分自由的道德国家,应该施行君主立宪制。

黑格尔对非洲持贬低态度,认为非洲在很大程度上脱离于人类历史之外。"自有历史以来,非洲,对于世界其他地方而言,始终没有任何联系,始终是在闭关之中;它是拘束于自身之内的黄金地——幼年时代的地方,还笼罩在暗夜的黑幕里。"② 黑格尔对非洲人民的某些特征不无钦佩,总体而言,他非常同情非洲人民的命运,他们遭受了最严重的剥削和最不人道的待遇。"黑人被欧洲人奴役,贩卖到美洲。被卖做奴隶固然不好,但是他们在故土上的命运更为恶劣,因为他们那里也通行着同样地绝对的奴隶制度;奴隶制度的首要原则便是,人类还没有取得他的自由的意识,因此降格成为一件东西、一件毫无价值的东西。"③

黑格尔的帝国与殖民主义理论是较落后文明之间彼此相遇,较高级文明必然胜利的描述。欧洲世界在东方世界兴衰后发展起来;希腊世界和罗马世界给予了它强大的力量。欧洲(新教)世界通过将早期文明的优越性融入自身和实现了所有人自由的可能性,证明了它优越于早期文明形态。欧洲人把自由的首要原则传播到新世界,提高了新世界土地和社会的生产效率。土著人口或消失,或融入更高级的文明之中。黑格尔对历史的叙述显得残忍,但他否认历史仅仅只是消极的。"世界历史是一个审判的法庭",而不仅仅只是强权的结果。在黑格尔看来,更高级的社会形态,牺牲了部分之前的制度,但也部分地有利于之前的制度。

欧洲社会之所以如此贪婪和带有扩张性,是因为这是构成其基础的市民社会的原则。在现代国家的保护之下,市民社会独立于国家的控制而发

---

① 〔德〕黑格尔:《法哲学原理》,范扬、张企泰译,商务印书馆1979年版,第359页。
② 〔德〕黑格尔:《历史哲学》,王造时译,上海书店出版社2001年版,第94页。
③ 〔德〕黑格尔:《历史哲学》,王造时译,上海书店出版社2001年版,第98页。

展出一种竞争性的经济秩序，为个人福祉的自我发展提供了空间。在市民社会，只要不损害他人，每个人都有权利以自己的方式追求自己的利益。这给社会带来了无穷的物质利益。但市民社会也并非没有自身的起起伏伏，没有人能确保消费者和生产者的利益不会相互冲突。市场经济中的生产者本性上是相互竞争的，甚至生产者也可以从相互竞争中获得更大的回报。但通常冲突的主要原因在于消费者与生产者之间的利益矛盾。消费者没有义务去生产供出售的商品，生产者因此永远无法完全肯定他们提供的商品能以继续维持他们生计的价格被买走。国家管控可以实现一些调解的手段，但并非所有的矛盾都能避免，殖民扩张则源于生产者和消费者之间的矛盾。"市民社会被驱使建立殖民地，单是人口增长就有这种作用，但一个特别的因素是，当生产超过消费者的需求时，很多人无法通过他们的工作来满足自己的需求"①。必须找到新的市场以容纳不断增长的人口。黑格尔清楚地意识到，作为市民社会根基的市场体系会导致某些不可避免的失调，这表明市民社会还不够富裕，不足以满足自身的需求。贫困源于人口过剩和对某些产品需求的周期性降跌。市民社会确实给很多人带来了兴旺，但也构成了对其他人的贫困威胁。海洋在欧洲世界的扩张中扮演了重要角色。"海洋是工业向外生存发展的自然因素，使得工业与外部世界的联系活跃起来，追求利润要通过冒险，于是工业在追求利润的同时要把自身提高到盈利之上，不再固定于本乡本土，也不局限于市民生活的有限范围，市民生活的享受和欲望带有流动性、风险和堕落因素的。"②（对黑格尔来说）高风险、不确定性和可能的灾难，不可避免地成为商业化社会中一个有价值的组成部分。欧洲社会以一种对自己有利的方式将自身强加在世界之上。③

三、马克思对帝国主义的阶级批判

现代帝国主义体系在 19 世纪末 20 世纪初达到了顶峰。在 19 世纪 80

---

① 〔德〕黑格尔：《法哲学原理》，范扬、张企泰译，商务印书馆 1979 年版，第 247 页。
② 〔德〕黑格尔：《法哲学原理》，范扬、张企泰译，商务印书馆 1979 年版，第 246 页。
③ Michael Hardt & Antonio Negri, *Empire*, Cambridge, Massachusetts: Harvard University Press, 2000, p. 82.

年代，欧洲列强强行把非洲分割成海外领地，可以说标志着帝国主义的鼎盛到达了极点。马克思对资本主义社会提出批判的《资本论》（*Das Kapital*）于1867年首次出版，当时欧洲的帝国仍处于上升壮大阶段。马克思和恩格斯在他们的著作（始于19世纪40年代）中预测到了世界范围内资本主义经济的兴起，并对其结构和驱动因素提出了深刻的见解。然而，他们批判著作的焦点在于细致地分析和理解当时的主要资本主义国家——英国，以便向世人揭示未来世界的图景。

马克思和恩格斯将其对帝国主义的批判看作是他们分析资本主义生产方式的一部分。他们将资本主义描绘成剥削性的阶级体系，其中处于顶端的资产阶级凭借对生产资料的垄断来支配整个社会，并从直接生产者那里榨取剩余价值，供自身消费。在阶级体系方面，马克思并不认为它和早期那些如以农奴与农奴主为基础的生产方式有什么区别，奴隶主和后来的封建地主都利用他们对生产资料的控制（以及对生产者自身的控制）来榨取他们为自己保留的盈余。

资本主义与早期生产方式不同，因为其生产资料所有者的数量大增（尤其是当公司股票出售时），而且从一开始它就依赖于以金融中介和全球贸易为基础的生产体系。"不断扩大产品销路的需要，驱使资产阶级奔走于全球各地。"① 由于资本家（资产阶级）天性不断追逐利润，在他们的掌控下制造业快速发展，为了销售产品，需要不断扩大市场。国内市场必须得到国外市场的补充。因此对原材料的需求也很大，其中的许多原材料如铁矿石、棉花、木材、煤炭和糖，只能通过与其他国家的贸易获取以达到所需的数量。为了实现这一点，资产者们"必须到处落户，到处开发，到处建立联系"②。他们倾销的商品只能通过生活在当地的人们来有效扩张，现代欧洲殖民主义最初是从建立通商口岸和当地生产场所（如茶叶、甘蔗种植园和矿山）开始浮现的。

为了确保自身的生存和繁荣，资产阶级必须具有世界性的特征。他们基本的生产和消费结构是世界性的。原材料需要从遥远的土地上获取，他

---

① 〔德〕马克思、恩格斯：《共产党宣言》，人民出版社1997年版，第31页。
② 〔德〕马克思、恩格斯：《共产党宣言》，人民出版社1997年版，第31页。

们自己生产的产品必须销往所有国家。马克思强调这是不可避免的高度进步性的世界主义的表现,但他也注意到这种全球扩张所带来的令人不安的影响。"它的商品的低廉价格,是它用来摧毁一切万里长城的重炮。"① 马克思似乎不知不觉中接受了黑格尔关于欧洲文化更具优越性的观点。在他看来,非欧洲民族很大程度上是野蛮的,被吸纳进资本主义世界是他们的宿命。资本主义不可避免地"照自己的面貌为自己创造出一个世界"②。就像在资本主义国家内部农村依赖于城镇一样,资本主义也使得"未开化和半开化的国家从属于文明的国家"。作为社会基础的资本主义经济,使得西方国家战胜了东方和南方。③

马克思对资产阶级的剥削和企图统治世界的回答,就是通过工人阶级寻求解放。但他认为这也是从西欧向世界其他地区转移推进的。他和恩格斯都认为工人阶级没有特殊的国家利益。"工人阶级无祖国"④,由于国家的财富和未来属于统治阶级,他们与自己的社会疏远,他们的未来不在于他们自己的祖国,而在于全世界的工人阶级。工人阶级必然表现出国际化。这反映在《共产党宣言》(*Communist Manifesto*) 的结语中:"全世界无产者,联合起来!"⑤ 然而,马克思和恩格斯设想这种情况的发生要通过欧洲主要资本国家的工人阶级将本国的资产阶级控制在自己手中,掌控国家机器。马克思指望欧洲国家自身变革资本主义,然后帮助世界其他地方的新兴工人阶级。随着资本主义在欧洲本土的瓦解,帝国主义将会消亡。

在欧洲,唯一一个自愿实施激进的马克思主义方针的欧洲国家是布尔什维克治下的俄国,而且还更加偏向亚洲而非欧洲,更高的农村比重而非城市。除此之外,在其整个的存续历程中,它面临着西方巨大的敌意甚至武装干涉。布尔什维克的革命可以说推动了欧洲其他地方的革命运动,并

---

① 〔德〕马克思、恩格斯:《共产党宣言》,人民出版社1997年版,第31页。
② 〔德〕马克思、恩格斯:《共产党宣言》,人民出版社1997年版,第32页。
③ 哈特和内格里说:"整个世界只有通过转变为西方社会,才能继续进步",Michael Hardt & Antonio Negri, *Empire*, Cambridge, Massachusetts: Harvard University Press, 2000, p. 120。
④ 〔德〕马克思、恩格斯:《共产党宣言》,人民出版社1997年版,第46页。
⑤ 〔德〕马克思、恩格斯:《共产党宣言》,人民出版社1997年版,第63页。

且推动了亚洲和拉丁美洲的反殖民主义运动。但并不是由欧洲激进的工人阶级运动解放世界上的非欧洲国家，而通常是由接受了良好教育的地方中产阶级领袖所领导的反西方的民族主义，终结了西方的殖民主义。这种民族主义常常和资本主义联系在一起，并往往关注西方未来的发展模式。

马克思主义对现代殖民主义和帝国主义的批判在今天仍然很有意义。盛行到20世纪中叶的全球范围内的帝国主义支配体系，是伴随着资本主义的崛起而发展起来的。不平等和贫困产生于城乡之间和国际之间（由东向西、从北到南）巨大的人口转移流动，对廉价劳动力的剥削遂成为整个资本主义体系的一个特征。富裕的西方国家开始通过金融和制造业霸权来支配其他国家。也许在制造业方面，这种霸权已经在某种程度上被让渡给了南部和亚洲国家，但金融霸权及其维系手段一直掌握在西方手中。列宁（Vladimir Lenin）和鲁道夫·希法亭（Rudolf Hilferding）在他们关于帝国主义的著作中已经指出了银行及其中介机构在20世纪初期的主导力量，他们赞同马克思的观点，即资本主义向非欧洲世界的扩张加快了后者的进步。[1] 但与列宁不太一样的是，马克思认为这种进步最好通过产生资产阶级来实现，而资产阶级将来会被工人阶级推翻。

马克思所设想的另一种世界经济和政治发展方式还提出了这样一个问题：通过他对资本主义的深刻洞见，我们未来还可以做些什么？我们现在是应该站在全球化进程一边，巩固南方和东方资本主义的发展，还是支持来自反资本主义运动的抵抗？资本主义所带来的经济进步与对非欧洲国家的压迫二者之间的辩证关系仍然值得深思，我们在今天仍然需要使用马克思的理论工具去理解这些复杂的问题。

四、"自由帝国主义"：密尔的帝国理论

约翰·斯图亚特·密尔是一位研究人类进步的政治理论家。在他看来，习俗和传统的优点必须用功利原则来衡量，换言之，即以是否增进

---

[1] Vladimir Ilyich Lenin, *Imperialism*, Moscow: Foreign Languages Press, 1968. Rudolph Hilferding, *Finance Capital: A Study of the Latest Phase of Capitalist Development*, Tom Bottomore (trans.), Routledge & Kegan Paul, 1985.

"最多数人的最大福祉"来衡量。以他为女性解放所做的辩护为例：那种认为女性"天生"不如男性，在社会生活的各个方面都应受到男性支配的观点完全是一种偏见。作为功利主义的信徒，他对"人的本质"的概念非常怀疑。当密尔在19世纪末写作时，英国女性仍然被束缚在家庭生活中，并被拒之于各种职业之外。这种"奴役"背后的原因是，有一种认为女性天生就不适合担任法官、教授、议会代表等职位的观念在作祟。密尔争辩道，人们永远也无法确证男人和女人之间天性有别。就像任何其他关于人性内容的猜测一样，这种特殊的猜测实际上是关于社会性别不平等所形成的一种"意见"——它本身就是不合理的。既然我们可能永远都无法确切知道男人和女人的本质到底是什么，那么根据那种意见在男女之间分配权利和义务是完全武断的。因此，他认为所有的职位和机构都应该对女性开放。如果她们不是天生就存在劣势，那么她们就能够为社会的总体福祉做出贡献。除此之外，通过妇女解放来减轻女性痛苦本身就可能极大增进社会福祉。①

密尔的批判延伸到了整个社会。在讨论"社会所能合法施用于个人的权力的性质和限度时"，他说道："凡可以从抽象权利观念引申出来而有利于本文的论证之说，若与功利无关，我全都弃之不顾。"② 关于功利的含义，密尔陈述道："在一切伦理问题上，我最终都诉诸功利；但这种功利必须是最广泛意义上的功利，基于不断进步的人的各种长远利益之上。"③ 他的答案是著名的"非常简单的原则"（a very simple principle），即压制文明社会中任何一个成员的意志，其唯一正当目的乃是防止他伤害别人。④ 这个原则带有很强的进步性，甚至显得激进，因为它给了个人几乎完全的自由去做他们想做的任何事情，选择任意一种他们喜欢的生活，除非他/她的行为或选择伤害到了他人。当然，很多人可能会争论"对他人的伤害"到底是什么意涵，但这一原则本身是对过去的习俗和传统的

---

① 〔英〕密尔：《论妇女的屈从地位》，汪溪译，商务印书馆1996年版。
② 〔英〕密尔：《论自由》，徐大建译，上海人民出版社2020年版，第13页。
③ 〔英〕密尔：《论自由》，徐大建译，上海人民出版社2020年版，第13页。
④ 〔英〕密尔：《论自由》，徐大建译，上海人民出版社2020年版，第12页。

强烈控诉，这些习俗和传统通常有利于家长式的社会和政治权力。

然而，这种"进步主义"（progressivism）政治思想的一个重要方面，在于其将人类社会分为较先进的和较落后的。密尔不觉得上述自由主义原则和体现它的制度可以适用于那些较落后的社会，比如印度。在《论自由》（On Liberty）中，阐述完"伤害原则"之后，他立即补充说："或许没有必要多说，这一自由原则仅仅适用于各方面能力都已成熟的人。"[①] 如儿童，我们不能让他们选择自己喜欢的东西，他们的福祉应该由成年人来照顾。父母可以为了孩子的利益而干涉孩子的生活。基于同样的原因，密尔认为："我们也可以不考虑那些落后的社会形态，因为置身于其中的种族可能还处于未成熟阶段。"[②] 对于落后的社会状态，如果专制是为了改善它，那么专制就是合理的。他写道：

> 对野蛮人来说，只要目的在于改善他们的处境，使用的手段被事实证明有助于达到目的，那么专制就是一种合法的治理形式。自由作为一个原则，在人类社会能够借助自由平等的讨论获得改善之前，是不适用的。在那个时期，如果人们有幸遇到一个阿克巴（Akbar）或查理曼（Charlemagne）式的人物，那么他们除了盲从便别无选择。[③]

在其他地方，特别是在《代议制政府》（Considerations on Representative Government）中，密尔给出了关于较先进的民族拥有而野蛮民族所缺乏的能力。密尔认为代议制政府是最有利于人类进步的。但由于它必须由普通人来操作，所以它需要依赖于一些基本条件来运转。密尔列出了三个条件："为人民而设的政府形式必须为人民乐意接受，或至少不是不乐意到对其建立设置不可逾越的障碍；他们必须愿意并能够作为使它持续下去所必要的事情；以及他们必须愿意并能够作为使它能实现其目的而需要他

[①] 〔英〕密尔：《论自由》，徐大建译，上海人民出版社2020年版，第12页。
[②] John Stuart Mill, *Collected Works XVIII, XIX*, Toronto & Buffalo: University of Toronto Press, 1977, p. 224.
[③] 〔英〕密尔：《论自由》，徐大建译，上海人民出版社2020年版，第12—13页。阿克巴（Akbar, 1542—1605），印度莫卧儿王朝第三代皇帝，伊斯兰世界著名的政治家、军事家和宗教改革家。查理曼（Charlemagne, 742—814），法兰克王国洛林王朝国王，德意志神圣罗马帝国的奠基人。

们做的事情。"① 所有这些条件似乎在落后的社会中都是缺乏的。例如，北美的印第安人似乎无法接受任何正规的文职政府，更不用说代议制政府了。根据密尔的说法，他们是不知道何为服从的"野蛮人"②。还比如，"印度人"是"更有意庇护罪犯而无意逮捕罪犯的人民""他们不愿不怕麻烦或挺身而出进行报复，提出罪人的罪证"③。他们不值得信赖。东方人，如那些生活在中国的人，在性情上似乎过于消极被动，以至于无法在公共事务上相互合作。所有这些落后民族所习惯的都是听从他们主人的命令。当然，这种消极被动的性情首先要归咎于糟糕的政府形态，但这仍然使他们不适应自由主义政府。④ 对于野蛮人和未开化的民族，密尔说道："一个文明的政府要对他们真正有利，将必须在相当程度上是专制的，即必须是一个他们自己无法实行控制，却对他们的行动加以大量强制的政府。"⑤

密尔把专制政府分为两种一般类型：仁慈的和邪恶的。显然对野蛮人和未开化的民族而言，只有仁慈的专制主义才能给他们带来某种改善，因此是正当的。但同样明显的是，他们并不总是那么幸运地碰上仁慈的专制统治者。所以，落后的非欧洲人民在如英国等欧洲列强的支配下，会有更多的机会持续进步。正是在这些方面，密尔为英国海外帝国主义扩张辩护。他说道："落后的人民直接隶属于较先进的人民或者处于后者的完全的政治支配之下已经是通常的情况，并将迅速成为普遍的情况。"⑥ 更具体地说，较先进的民族之于较落后民族的统治应该是"引带政府的政府"⑦，引导后者"最迅速地通过在社会进步方面下一步所必需的"，并且"仅仅作为逐步训练人民独自走路的一种手段，引带才是可允许的"。⑧ 密尔和他的父亲在东印度公司工作过很长一段时间，这使他们获得了捍卫大

---

① 〔英〕密尔：《代议制政府》，汪瑄译，商务印书馆1984年版，第7—8页。
② 〔英〕密尔：《代议制政府》，汪瑄译，商务印书馆1984年版，第9、35页。
③ 〔英〕密尔：《代议制政府》，汪瑄译，商务印书馆1984年版，第9页。
④ 〔英〕密尔：《代议制政府》，汪瑄译，商务印书馆1984年版，第7页。
⑤ 〔英〕密尔：《代议制政府》，汪瑄译，商务印书馆1984年版，第7页。
⑥ 〔英〕密尔：《代议制政府》，汪瑄译，商务印书馆1984年版，第249页。
⑦ 〔英〕密尔：《代议制政府》，汪瑄译，商务印书馆1984年版，第33页。"引带"（leading string），指用来教导幼儿走路的牵引绳带。
⑧ 〔英〕密尔：《代议制政府》，汪瑄译，商务印书馆1984年版，第34页。

英帝国的私人利益,但这又不仅仅关乎约翰·斯图亚特·密尔的私人利益问题。他从人类进步方面提出的为英国帝国主义辩护的理由,与他在其他地方更"常规"的自由主义思想中对这一点的强调完全一致。毕竟,如果我们把注意力放在人类进步上,那么所谓的进步很大程度上是根据"功利"(utility)来规定的,而"抽象的权利"将被悬置,一种仁慈的专制主义至少看起来不会那么糟糕。从作为功利的"文明进步"角度看,在欧洲人到来之前,东方人在进步方面似乎没有什么希望。

进步法则是密尔捍卫帝国主义的核心,这也致使他严厉地批评帝国主义和殖民统治的某些方面。例如,他认为英国的统治很大程度上造成了爱尔兰的糟糕状况。他说道:"五个世纪以来,它(英格兰)掌握着对爱尔兰绝对的、不可抵抗的权力,来显示它能对'终结无政府状态'做些什么——其结果是历史上已知的最彻底、最具灾难性、最可耻的失败。"[1] 密尔当然清楚如果不是审慎地引导,较先进民族的统治很可能导致对野蛮民族悲惨的剥削。作为东印度公司的长期雇员,他专门参与了英国为促进进步而对印度的统治。值得一提的是,他总体上赞成一种"分权化"的殖民统治模式,赋予殖民地人民在自己事务上更多的发言权,给予当地习俗更多的尊重。[2] 他似乎认为,来自伦敦的中央集权统治,如果忽视当地人民的文化和情感,将会在管理和改善他们两方面起反作用效果。当伦敦政府试图直接完全接管印度事务时,他在为东印度公司在印度统治中扮演的角色所做的辩护中,也使用了类似的论点。[3] 这种对权力下放的支持确实为密尔"引带"帝国主义的独特立场增加一些细微差别,但它在很大程度上属于统治技艺的范畴。总的来说,他认为野蛮民族需要被先进的民族引导着来摆脱落后的状况。

正如许多评论家所指出的那样,密尔确实可以被视为我们所说的"自由帝国主义"(liberal imperialism)的典型倡导人。密尔确实认为他在《论自由》和《代议制政府》中所讨论的自由制度并不适用于像印度和中

---

[1] John Stuart Mill, *Collected Works XXV*, Toronto & Buffalo: University of Toronto Press, 1986, p. 1096.
[2] John Stuart Mill, *Collected Works XXX*, Toronto & Buffalo: University of Toronto Press, 1990.
[3] John Stuart Mill, *Collected Works XXX*, Toronto & Buffalo: University of Toronto Press, 1990.

国这样的民族。简单地把印度人和中国人视为野蛮和落后的民族,这合理吗?"落后"和"进步"到底什么意涵?密尔似乎十分自信地探寻这类问题的答案。但撇开这些答案的争议性不谈,我们至少可以问:印度人和中国人是否真的如此落后,以至于应该引进一个完全来自外国的力量来"引导"他们?"进步"这个概念在密尔那里不太为人所重视的奇怪之处正在于,它可以用来为最激进的改革辩护,但它也可以成为殖民地专制统治的借口。它使密尔忽视了即使是最"开明"的殖民统治也会给当地人民带来巨大的痛苦。事实上,更为经常的是,仅仅是被外国势力统治,无论其多么"开明",它都是这个民族的奇耻大辱,它也会以各种方式为这个地方的人民带来极大痛苦。即使在今天,这种进步和外国干预的混合仍然存在于我们关于需要何种国际秩序的争论中。对于许多这场争论的参与者而言,用"进步"或"文明"的语汇很容易导向一种帝国主义的统治立场。

五、托克维尔的"现实政治"与帝国构建

如果说约翰·斯图亚特·密尔的政治理论与"进步"这一概念有很大关联——因此是在向前看,阿历克西·德·托克维尔——密尔同时代的老朋友——在某种意义上其政治思想是在"向后看"。他基本的立场是一种"自由理论",通过对民主社会和即将消失的贵族社会的比较,分析现代民主社会的缺点。在《论美国的民主》(*De la democratie en Amerique*)中,托克维尔认为在现代民主社会中,虽然人们彼此大致平等了,但他们的品位和精神似乎平庸了很多。人们更倾向于一种物质主义心态,很少能够做出高尚的行为。托克维尔认为这是有问题的,主要是因为这对人们维持自由的能力和意愿会产生负面影响。在他看来,怀着现代物质主义心态的庸人不愿意参与和自己有关的事务,因为追求自由比追求平等困难得多,因为自由要求人们要捍卫他人的利益。当社会中一些人遭受到了不公正的痛苦时,应该有一些人愿意维护他们的利益,为他们做出一些牺牲。这是现代社会所缺乏的一种高贵的英雄精神。人们倾向于退回到他们的私人领域,并有意或无意地把重要的公共事务留给一个家长式监

护人的统治者。①

以法国为例，托克维尔真实描绘了一幅旧时代的怀旧画面，在那个时代，封建贵族还真正存在，贵族和他们普通臣民之间存在相互的感情。法国大革命前社会蜕变的特征是这种地方公共关系渐进地但似乎又是不可逆转地解体。取而代之的是一个高度集中的权力的崛起——就像国王所体现的那样，它几乎控制了一切。托克维尔哀叹道，在革命之前的旧政权中，地方行政区"必须获得授权来修复狂风对教堂屋顶所造成的破坏"②。正是在此背景下，我们才能理解革命的发生和激进的本质：如果人民在很大程度上被排斥在政治之外，国家怎么可能指望他们在危机到来时支持国家？另一方面，在美国，托克维尔看到了十分不同的场景：当地的乡镇充满了精神活力，那儿的人们愿意并且有能力积极参与事关自身的公共事务，托克维尔对这些地方团体的看法或多或少与欧洲封建贵族团体的看法相同。③ 地方政治团体的运转是制约和抵抗国王权力最有效的源泉，并且还培养了人们彼此之间的感情。

对于许多托克维尔的研究学者来说，有些出乎意料的是，他似乎向国际层面投射了同样的目光，以至于支持法国海外殖民事业和帝国建设。与密尔相像，托克维尔也是国家海外帝国扩张活动的热心拥护者。在他写作其最有影响力的著作《论美国的民主》时，托克维尔已经开始表达了他对法兰西帝国在北非的占领和殖民统治的强烈兴趣。他在1833年写了一篇题为《是什么阻止法国获得好殖民地》（"Quelques idées sur les raisons qui s'opposent à ce que les Français aient de bonnes colonies"）的文章；在1837年，他发表了两篇文章，概述了他关于巩固法国在阿尔及利亚地区殖民统治的最初想法。在1841年和1846年，他两次亲身探访法国占领下的阿尔及利亚地区。每次探访结束后，他都写了长篇严肃的文章，其中有

---

① Alexis de Tocqueville, *Oeuvres Complètes de Alexis de Tocqueville*, Paris: Gallimard, 1951. Alexis de Tocqueville, *Democracy in America*, Harvey C. Mansfield and Delba Winthrop (ed. & trans.), Chicago: The University of Chicago Press, 2000.
② Alexis de Tocqueville, *L'Ancien Régime et la Révolution*, Paris: Michel Lévy frères, Libraires Editeurs, 1866, p. 74.
③ Lucien Jaume, *Tocqueville: The Aristocratic Sources of Liberty*, Princeton & Oxford: Princeton University Press, 2013.

一些是向法国众议院提交的官方报告。这些文章阐述了如何在北非维持和加强法国的统治地位。① "我毫不怀疑",他声称,"我们有能力在非洲海岸上为我们国家的荣耀树立起一座伟大的丰碑。"② 即使在作为民主国家的美国,他说道:"有一个时期,我们也曾可能在美洲的荒野上建立一个大法兰西国,同英国人在新大陆上平分秋色……但是,一连串不胜枚举的原因,使我们失去了这笔可观的遗产。"③

然而与密尔不一样的是,托克维尔并没有试图利用人类进步的理论来为法国对非欧洲民族的帝国主义统治辩护。相反,他主要将帝国的大厦建立在一种现实政治的必要性基础之上。也就是说,欧洲已经进入了帝国主义时代,几乎所有的欧洲主要国家都在争夺海外领土,如果法国退出这场竞争,它将不可避免地在列强中沦为二等国家。对法国而言,这样放弃自己的国际地位代价太高了。在 1841 年《论阿尔及利亚》("travail sur l'Algérie")的文章开头,托克维尔写道:

> 我不认为法国可以认真地考虑撤离阿尔及利亚。在世界的眼中,这一放弃将是我们衰落的清晰表现。……如果法国在这一事业中只面临地形上的自然困难和小的野蛮部落的反抗,却退出了,那么在世人眼中,她就像是屈服于自己的无能和缺乏勇气。任何民族轻易地放弃已获得的东西,选择和平地返回故土,都表明属于它的伟大时代已经结束。它显然进入了衰退时期。④

此外,他指出:"如果我们能设法牢固而又和平地占领非洲沿海,我

---

① 托克维尔关于帝国主义和殖民主义的著作主要收录在 1962 年加利马尔(Gallimard)版的《全集》(Oeuvres Complètes)第三卷第一部分,以及 1958 年版的《全集》第五卷第二部分。在此基础上,詹妮弗·皮茨(Jennifer Pitts)对这些著作单独编辑并翻译成英文,名为《论帝国和奴隶制》(Writings on Empire and Slavery),参见 Alexis de Tocqueville, Writings on Empire and Slavery, Jennifer Pitts (ed. & trans.), Baltimore & London: The Johns Hopkins University Press, 2001。
② Alexis de Tocqueville, Writings on Empire and Slavery, Jennifer Pitts (ed. & trans.), Baltimore & London: The Johns Hopkins University Press, 2001, p. 24.
③ 〔法〕托克维尔:《论美国民主》,董果良译,商务印书馆 1995 年版,第 538 页。
④ Alexis de Tocqueville, Writings on Empire and Slavery, Jennifer Pitts (ed. & trans.), Baltimore & London: The Johns Hopkins University Press, 2001, p. 59. Alexis de Tocqueville, Travail sur l'Algérie, 1841: http://dx.doi.org/doi: 10.1522/cla.toa.tra.

们对世界一般事务的影响力将会大大增强。"① 特别是关于地中海，他认为："在我们这个海洋政治的时代"，米尔斯克比尔港和阿尔及利亚港等战略要点"必定会极大增强法国的实力"，并且"如果这些战略要点不掌握在我们手中，它们必然将落入其他欧洲国家手里"。②

对托克维尔而言，在国际层面，也应该有权力的制衡。民族国家在这方面似乎将成为事实上的"地方性"政治体，没有民族国家，国际秩序就容易为霸权所主宰。因此，虽然他的帝国主义立场似乎和密尔一样激进，但他立场背后的理论基础是相当"防御性的"。其核心是"预防"专断的统治，因此是在"向后看"，而不是旨在进步改善。与这个观点密切相关的是，托克维尔认为国家凝聚力对一个国家的政治和公民自由至关重要。和他强调一个国家内部的地方政治体类似，当他讨论国际政治时，他似乎也把它们的重要性寄予在国家上。在此，我们看到了他一些令人十分惊讶的言论，比如："我不想一般地诽谤战争，战争差不多总能提高一个民族的意志，开阔它的心胸。"③ 值得注意的是，他是在《论美国的民主》中说这句话的。在其他地方，他经常提及国家光荣、伟大或荣耀的重要性，主要集中在他对法国外交事务的评论中。我们发现，在他给约翰·斯图亚特·密尔的一封信中，他是这样说的：

> 亲爱的密尔，我无须告诉你，威胁着如我们一般组织起来的民族的最大弊病是民情的逐渐衰弱、心性的堕落、品位的平庸化……我们不能让这一民族轻易地养成牺牲他们认为崇高的事业以获得安逸、放弃伟大的事物而安于庸碌的习惯；这是不健康的：允许一个民族认为它在世界上的地位比现在更低，她要从先辈为其安排的位置上衰落下来，但她可以从修建铁路、和平地走向繁荣——不管这种和平是在什

---

① Alexis de Tocqueville, *Writings on Empire and Slavery*, Jennifer Pitts (ed. & trans.), Baltimore & London: The Johns Hopkins University Press, 2001, p. 60.
② Alexis de Tocqueville, *Writings on Empire and Slavery*, Jennifer Pitts (ed. & trans.), Baltimore & London: The Johns Hopkins University Press, 2001, p. 60.
③ 〔法〕托克维尔：《论美国民主》，董果良译，商务印书馆1995年版，第816页。

么条件下取得的——以及私人个体的福祉中找到安慰。①

作为回应，密尔直言不讳地指责道：

> 最近，我常常想起你为近期英法纷争中为自由党所做的辩护理由——骄傲的民族情感是公共精神和人类升华的唯一来源，因此它不应该被抹杀。但是……最愚蠢和最无知的人都非常清楚，在外国人眼中，一个国家真正的重要性并不取决于虚张声势，那只是软弱的愤怒的发泄，而不是实力的象征。一个国家的重要性取决于该国的工业、教育、道德和良好的国家治理。②

这两段简要地总结了托克维尔和密尔对帝国主义不同看法的差别。密尔强调"工业、教育、道德和良好的国家治理"方面的进步，托克维尔则主要关注国际层面权力的均衡和民族归属感。由于这个分歧，我们发现托克维尔对非欧洲民族生活方式的态度比密尔更为亲和。尽管托克维尔本人在与非欧洲文明接触时整体而言对欧洲文明感到自豪，并且有时也将前者称为"野蛮文明"，但他从未以"引带"的视角看待这种接触。文化和传统定义了那些地方人民是谁，工业和更好的教育或治理可能给他们带来一种"进步"感，但这也会剥夺他们自己的身份和归属。托克维尔对于先进的欧洲人对非欧洲民族的统治所造成的后者的恐惧更为敏感。换言之，尽管他对法国的海外扩张持强硬立场，他同时也承认了欧洲民族的存在——无论其多么"文明"——基本上对那些非欧洲民族来说都意味着灾难。在考察了法国对阿尔及利亚的统治后，他说到法国人"使得穆斯林社会比接触我们之前变得更为悲惨、更为混乱、更无知和更野蛮"③。此外，他还说："文明的民族经常仅仅只是通过接触，就能压迫

---

① Alexis de Tocqueville, *Selected Letters on Politics and Society*, James Toupin & Roger Boesche (trans.), Roger Boesche (ed.), Berkley: University of California Press, 1985, pp. 150 – 151.
② John Stuart Mill, *Collected Works XIII*, Toronto & Buffalo: University of Toronto Press, 1963, p. 536.
③ Alexis de Tocqueville, *Writings on Empire and Slavery*, Jennifer Pitts (ed. & trans.), Baltimore & London: The Johns Hopkins University Press, 2001, p. 141.

和侮辱野蛮民族；同样的行政和司法制度也许对于欧洲人来说是自由和财产的保障，但对野蛮民族来说似乎是无法忍受的压迫。"① 我们在他《论美国的民主》第一卷的结尾对美国三个种族——白人定居者、印第安人和非洲奴隶——之间关系的描述中也发现了同样的分析，在论述奴隶解放时，他说："你可以让黑人获得自由，但你无法使欧洲人把他们看成是自己人。"② 在谈论印第安人的命运时，他说道："在北美的森林里，自由生活的印第安人是贫困的，但他们在任何人面前都没有感到自卑。自从他们试图进入白人的社会阶梯后，他们总是感到自己处于最下层，因为他们在走进一个被知识和财富所统治的社会时，自己既无知识又一文不名。"③

托克维尔和密尔之间的鸿沟难以逾越。密尔认为北美的印第安人是野蛮人，需要由欧洲人来抚养长大；托克维尔则基本上惊讶于他们的自由精神与欧洲先辈的贵族思想多么相似，同时他也敏锐地意识到他们是十分痛苦地进入"文明"的欧洲人的世界。总之，作为帝国主义者的托克维尔是一个对殖民主义和种族关系十分敏锐而富有洞见的批判性思想家，和我们今天对国际秩序的反思仍然高度相关。

六、结语

约翰·斯图亚特·密尔、托克维尔和黑格尔为帝国主义政治所提出的合理性辩护看上去过时，并且在法理上会招致被前殖民国家的蔑视，但在今天仍然需要对它们加以反思。密尔对英国这样的国家要肩负文明使命的观点，在今天仍然流行，尽管它被普遍认为是傲慢的，并没有得到证据支撑。可以说，西方帝国主义所招致的罪恶并不比它可能减少的罪恶少。密尔的思想中有一种对其他文化的傲慢轻视，而现在西方发达国家的领导人

---

① Alexis de Tocqueville, *Writings on Empire and Slavery*, Jennifer Pitts (ed. & trans.), Baltimore & London: The Johns Hopkins University Press, 2001, p.144.
② 〔法〕托克维尔：《论美国民主》，董果良译，商务印书馆1995年版，第449页。
③ 〔法〕托克维尔：《论美国民主》，董果良译，商务印书馆1995年版，第434页。

应该把这种观念摒弃掉。孟德斯鸠和黑格尔在他们关于竞争性文明的评价中引入了现实主义,他们的现实主义反映了国际关系理论的变化趋势,这在今天仍然是主流。但他们也强调了现实主义思维的缺陷,特别是假如以前被殖民的国家的经济赶上并威胁要超过西方,且对前西方殖民国家采取同样的策略,西方人可能会更加感同身受。没有一个国家、种族或国家集团注定会永远保持领先。马克思和康德继承了他们前辈的现实主义,但马克思特别关注世界工人阶级的国际团结;而康德提出了一个争议较少,或许更容易接受的世界范围内的个人平等和自由原则。毋庸置疑的是,这五位思想家的学说对帝国主义和殖民主义思想产生了意义深远的影响。

Imperialism and Its Critics

Duan Demin　Howard Williams

Abstract: In this article we look at the views on modern imperialism of two distinctive groups of political theorists in the late eighteenth and nineteenth centuries whose ideas both contrast and overlap. The German philosophers Kant, Hegel and Marx form the first group and the English philosopher J. S. Mill and the Frenchman Alexis de Tocqueville the second. All five are key political theorists in the modern period. The influence of their ideas has spread well beyond their own time and context. Mill and Tocqueville are foundational for liberal thought, Marx has the distinction of giving rise to an ideology—Marxism which keeps his thinking at the forefront of politics particularly on the left. Kant and Hegel are more difficult to categorise, though it can be said of Hegel that he made his mark both on state-centred and realist thought, whereas Kant also influences today's liberalism and is a particular inspiration for cosmopolitan thinking. None of these five theorists places imperialism entirely at the centre of their political thinking but all present assessments of its impact which are of lasting significance. Kant and Marx present powerful critiques whereas Mill and Tocqueville (with some caveats) and Hegel draw a positive picture of its role.

Keywords: Empire; Imperialism; State; Political Thinking

帝国认同的建构及其限度

李 剑

厦门大学公共事务学院政治学系副教授

摘要 尽管武力征服是帝国创建和维持的基础，认同感的构建依然是帝国政治中不容忽视的部分。帝国的认同建构一方面以象征塑造、精英吸纳、包容性治理为制度支点，另一方面也借助"秩序"和"文明"等元素来论证自身的正当性。这些制度与话语策略在一定程度上制造出了帝国内部成员的"认同"，是帝国韧性的重要基础。然而，帝国认同的脆弱性也寓于这些话语和实践的内在张力中，如"秩序与强制""使命与自利""融合与排斥""普遍与特殊"等多个维度的矛盾。这些张力的存在既揭示了帝国认同建构的限度，从根本上也表明人类社会建构多元一体的理想政治所面临的困境。

关键词 帝国认同；包容性治理；普遍主义

一、引言：帝国韧性及其认同

在民族国家理念与实践大行其道的现代，帝国被看作一种遥远而过时的政治遗迹。毕竟，历史上的诸多大帝国本质上都是"征服、占领或统治"[1]

---

[1] 俞可平：《论帝国的兴衰》，载《山西大学学报》（哲学社会科学版），2022年第1期。

的产物。尽管存在诸多对帝国的"自然不适"情绪，不容否认的是，作为一种与城邦、国家相对的政治形态，帝国是迄今为止的人类政治发展史中显赫的存在，帝国政治模式的主导地位直到19世纪才随着民族国家的兴起逐渐衰退，而其完全的告别还要等到20世纪。库马尔声称"世界史就是一部帝国史"①并非夸大其词。与之相应而易令人忽视的是，帝国的韧性和再生能力也非人们想象的那么不堪，罗马帝国、奥斯曼帝国便持续了600年之久。一方面，帝国因其"强权"属性备受贬抑，另一方面，作为由不同领土、多种语言文化群体组建，治理形式灵活多样，具有超地区、跨民族统治/管制性质的政治形态，帝国在民族国家林立而问题丛生的当代又令人好奇。如罗马、奥斯曼等帝国式政体，在一定程度上堪称长治久安帝国的模板，其治理技艺、兴衰之谜等问题尤受人关注。

在帝国政治引发的种种疑问中，有一个被人偶尔提及，却又较少得到系统探究的话题——帝国的认同建构。国家认同建构及政治整合被当代政治科学研究者普遍视为国家建设的重要维度和组成部分，是国家建构的一体两面，其原因无非在"人成为主体性力量的时代，国家认同决定着国家的合法性基础，进而决定着国家的稳定与繁荣"②。对于帝国而言，这些挑战同样存在，尤其是帝国进入了需要巩固的阶段，"历史充斥着暴力、征服、强者竞争、弱者消亡的剧目，但接下来的问题才至关重要：是否及如何将多元群体融入一个更大规模的政治体"③？当征服的烟尘散去，新起的帝国畅想千秋万代，便不仅要和地理上的距离做斗争，也要弭平心理上的距离。帝国既要努力赢得被征服者心理上接纳与服膺，也要获取帝国中心民众的认可和支持，这便有了类同于现代民族国家认同建构的需求，"认同感的建构对帝国而言，其重要性至少不在民族国家之下"④，许多帝国命运的起伏不能说与此毫无瓜葛。

---

① 〔美〕克里尚·库马尔：《千年帝国史》，石炜译，中信出版集团2019年版，第7页。
② 林尚立：《现代国家认同建构的政治逻辑》，载《中国社会科学》，2013年第8期。
③ Jane Burbank and Frederick Cooper, "Empires and The Politics of Difference: Pathways of Incorporation and Exclusion", in Peter Fibiger Bang and C. A. Baily (eds.), *The Oxford World History of Empire*, Vol. 1: *The Imperial Experience*, New York: Oxford University Press, 2021, p. 375.
④ 〔德〕于尔根·奥斯特哈默：《世界的演变：19世纪史（Ⅱ）》，强朝晖、刘风译，社会科学文献出版社2016年版，第818页。

除了由"马上打天下"到"马下治天下"的一般政治逻辑外，帝国认同建构的重要性还出自帝国政治形态的特殊性。虽然人们承认帝国是一种特殊的政治组织形式，但"帝国"概念本身在某种程度上也不过是一种充满争议的"理想类型"。帝国数量繁多、类型纷杂，其治理模式各有特色。例如，类型上就有古代帝国与现代帝国、海洋帝国与大陆帝国之分，统治逻辑有正式与非正式之别，治理策略上的差异更令人目不暇接。如此一来，要讨论"理想类型"的帝国的认同问题，唯有从所有帝国共有而突出的基本特性出发：统治对象的多元性。一个地域辽阔、实力雄厚的国家可以偶尔自称或被描述为"帝国"，但这除了表明国家统治者的自得与雄心、观察家的好奇与惊异外，并无益于概念精确性的提炼。当然，"帝国"的多元只是相对的说法，尤其是相对于将自身想象为一个奠基于语言、宗教、生活习俗同质性之上的民族国家，帝国则意味着"对多民族的统治与管理"（库马尔语）。进而言之，现代民族国家是依靠自然同质性、一脉相承的历史文化传统的预设来表明其正当性，辅之以普遍公民权的授予、治理绩效的呈现、国民教育、仪式等纷繁多样的元素，致力于实现政治整合和认同建构。与之相对，以异质性为前提，以文化、族群多样性为基本结构属性，帝国要赢得认同无疑将面临着更多的压力，恰如库马尔所说："成本如此之高，距离如此之长，边境如此之暴露，收入如此之难以捉摸，管理如此之麻烦，怨恨如此之顽固，族群和部落忠诚如此之根深蒂固。"[①] 于是，当将目光投向那些历时久远甚至不断引发后世遥想的帝国，考察其如何建构对自身的认同，对于理解帝国政治的逻辑及其韧性便具有了特殊的价值。

二、帝国认同的制度立基：象征、精英吸纳与包容性治理

在煌煌气象、雄阔规模之外，帝国是一个由种种制度组件构成的政治

---

① 转引自郑非：《帝国的技艺：统治不可统治之地》，广西师范大学出版社2021年版，第52页。

体。帝国的特殊制度体系联结了疆域范围内的群体与个人，搭建了帝国认同得以形成的框架和支点。

1. 象征塑造

不同于民族国家有共同语言、血缘等相对明确或"天然"的共性，多文化、多族群政治体整合之难首先在于找到一种凝聚的力量，从而使之具备一定的共同体属性。这种凝聚力既不自然，必将"人造"。找到一个制度性的、象征性的凝聚点成了帝国认同建构的重要任务。这一认同凝聚点的设定，往往以君主（皇权）的形式出现。毕竟，文化、历史等元素略显抽象，远不如一个具体的角色直观而贴切。罗马史的研究者说："是帝国创造了皇帝，而非皇帝创造了帝国。"[1] 从功能主义的角度，皇帝角色的出现不是简单地来自独裁者的权力欲望，其内在动力还包括：罗马从居于罗马城一隅的共和国变成了地域辽阔、人口众多的帝国后，基于小共同体而设的城邦式、贵族共和制治理模式无法适应统治广阔帝国的需求，皇帝角色某种意义上成了帝国新治理机制的必要组件，或曰"道成肉身"。于是，在罗马皇权的发展中，帝国的大共同体属性、普世性特质体现为了（君权）皇权的普世性，（皇帝）君主以一己肉身承载了帝国治下所有臣民的期待，罗马帝国中后期发展出的"帝王崇拜"，既昭示了皇权的神圣性，也"创造了一条纽带，其价值不可估量：一头连接着象征性的领袖……；而另一头则是数百万几乎不可能一睹龙颜的草民……这种灵活性占据了罗马身份认同的核心位置"[2]。在这方面，后世的诸多帝国有样学样，尽管方式各有不同。维多利亚女王被加冕为印度女皇刻意塑造出印度次大陆臣民的忠诚对象，"将君主与君主制作为帝国的浓缩性象征，有着双重意义的好处：人们既可以用它来团结殖民地的欧洲移民，也可以通过它来强化帝国在当地民众心目中的印象"[3]。哈布斯堡帝国的统治者

---

[1] 〔英〕玛丽·比尔德：《罗马元老院与人民：一部古罗马史》，王晨译，民主与建设出版社 2018 年版，第 256 页。

[2] 〔英〕理查德·迈尔斯：《古代世界：追寻西方文明之源》，金国译，社会科学文献出版社 2018 年版，第 395 页。

[3] 〔德〕于尔根·奥斯特哈默：《世界的演变：19 世纪史（Ⅱ）》，强朝晖、刘风译，社会科学文献出版社 2016 年版，第 818 页。

们分别佩戴象征匈牙利王权的圣斯蒂芬王冠和波希米亚王权的圣瓦茨拉夫王冠来展示帝国的多元及其集聚于皇帝一身的统合性,"帝王巡游""盛大典礼"等林林总总的方式也被用于彰显皇帝与文化各异的臣民间的直接关联,强化皇帝作为所有臣民代表与象征的意义。

君主要更好地承担起帝国认同的象征物与支点作用,常常需要适度抑制自身的"民族性"。哈布斯堡的君主们在这方面堪称楷模,他们对帝国本身的普遍性(或曰超民族性)有着相当强的自觉意识,进而衍生出一种特别的"自赋义务理念":"在一个由许多种族和民族居住的多重帝国中,王朝决不允许将自己专门分配给其中一个。就像一个好母亲一样,它必须对所有孩子表现出同等的爱,不去疏离任何一方。这就是它存在的理由。"[①] 有论者据此指出,哈布斯堡王朝的帝国理念是一种最纯粹的普世帝国理想,"帝国的皇权不是服务于某个民族或阶级的利益,而应该造福整个帝国"[②]。

2. 精英吸纳

对不同族群精英的吸纳和整合是大多数帝国认同建构中重要的部分,"通过与世袭贵族和新赋特权的各类精英同仁的合作建立可控的权力联盟,是巩固帝国政权不可或缺的手段"[③]。在这一点上,罗马依然是榜样。许多历史学家注意到,罗马城兴起壮大的源泉就是不断对外来族群,特别是其精英的吸纳融合,其核心是公民权。罗马公民权意味着被征服者享有了与征服者在法律层面上相对平等的"权利",更重要的是有了在地方及帝国管理层中占据一席之地的机会,故成为新臣服地区精英可追逐之物。马基雅维利便认为,罗马人之所以日渐强大,因为维持了一条为向往归化的人而设的开放且安全的通道,并给予了他们赢得荣誉的机会,其中就包括授予公民权。[④] 一位罗马皇帝曾对公民权授予在笼络被征服地精英方面

---

① 转引自郑非:《帝国的技艺:统治不可统治之地》,广西师范大学出版社 2021 年版,第 263 页。
② 高林:《皇帝圆舞曲:从启蒙到日落的欧洲》,东方出版社 2019 年版,第 259 页。
③ 〔德〕于尔根·奥斯特哈默:《世界的演变:19 世纪史(Ⅱ)》,强朝晖、刘风译,社会科学文献出版社 2016 年版,第 820 页。
④ 〔美〕克里尚·库马尔:《千年帝国史》,石炜译,中信出版集团 2019 年版,第 59 页。

的重要意义做了如此陈述："和平与忠诚才是政权的保障。让他们学习我们的习俗与文化，和我们通婚，带着他们的财富来到罗马，而不是留守当地。"① 这种策略的结果从帝国精英结构的变迁中得以呈现：公元 15 年的罗马元老院中就有来自小亚细亚的元老；从 1 世纪后半叶起，近东地区尤其是来自叙利亚的元老的数量日渐增多；希腊本土则从 2 世纪早期开始产生元老；到公元 3 世纪，绝大多数元老已不是意大利人了；早在公元 98 年，图拉真就成了第一位来自行省的罗马皇帝；公元 247 年一位阿拉伯酋长成了帝国皇帝。来自各地上流社会的成员被不断整合进罗马的政治传统中，帝国的精英阶层由此不断得到补充与更新。② 公民权授予导致了地方精英们有了与罗马城的传统精英们并无二致的身份认同感，将自己的利益与帝国的统一连为一体。③

奥斯曼帝国以其别具一格的德米舍梅制度在精英吸纳及整合方面自出机杼。德米舍梅制度源于中东地区特有的奴隶政治传统，在奥斯曼帝国征服了大片非伊斯兰人群后，演变为帝国扩充军事力量和行政管理队伍的重要途径，进而构成了奥斯曼帝国政府运转的关键制度。④ 苏丹的官员定期来到基督徒居住的村庄，征募多子家庭中 8—20 岁的青年男性充当苏丹的奴隶，被征募者即称作德米舍梅，进入伊斯坦布尔和埃迪尔内的宫廷学校，直至接受严格的训练和培养，学习语言、宗教、骑术和战法，其后或涉足仕途并被委以重任，或加入苏丹的近卫军团。在这一制度体系的运作下，奥斯曼帝国历史的很长时期里，非土耳其裔成为帝国精英阶层的主体。据估算，在 15—16 世纪，大约有 20 万基督教青年通过德米舍梅制度征调入伍或进入政府工作，也不乏有才智卓异者跻身于帝国最高统治阶层，在奥斯曼帝国历史上，大约有 2/3 的大维齐尔（帝国最高行政官员）出自非伊斯兰教家庭。⑤

此外，对于新征服领地原来的统治精英，奥斯曼帝国倾向于采用怀柔

---

① 〔美〕克里尚·库马尔：《千年帝国史》，石炜译，中信出版集团 2019 年版，第 61 页。
② 宋立宏：《对罗马化及罗马帝国文化认同的反思》，载《史林》，2012 年第 4 期。
③ 〔美〕蔡美儿：《帝国的终结》，刘海清、杨礼武译，新世界出版社 2012 年版，第 38 页。
④ 参见张亚培：《奥斯曼帝国的德米舍梅制度》，西北大学硕士学位论文，2020 年。
⑤ 〔美〕克里尚·库马尔：《千年帝国史》，石炜译，中信出版集团 2019 年版，第 104 页。

政策，将其纳入帝国的治理体系内。"无论是埃及的马穆鲁克、拜占庭的王子、保加利亚和塞尔维亚的国王，还是游牧部落的首领，只要对奥斯曼帝国的苏丹宣誓效忠，接受某种附庸地位，就可以继续维持自己的贵族身份，甚至可以管理原来的领地。无论是军事精英还是宗教精英，在奥斯曼征服中，通常会不带歧视地被纳入奥斯曼人的管理体制中，这种做法也有利于奥斯曼人赢得被征服者的民心。"① 与此类似的还有沙俄帝国，帝国新领地传统的统治阶层延续了其特权，"拥有土地和农奴的格鲁吉亚贵族，接受了俄罗斯赋予的新头衔，并继续保有他的土地和农奴"②。大量的非俄罗斯裔精英被引入帝国的统治机器中，波兰人、格鲁吉亚人、波罗的海等地的德意志人在帝国中枢担任要职，"自彼得大帝时代以降，沙皇便高度依赖非俄裔人士。这其中，德国人扮演了突出的角色"③。

3. 包容性治理

"因俗而治"或包容性的治理体制是帝国治理技艺中最为人关注和推崇的部分。正如许多学者观察到的，"近代以前的帝国一般实行的政策大都接近容许保持差别特性……不强迫不同的族裔群体接受强势的语言、文化、宗教信仰的同化"④。公民权的开放性和强大的"地方自治"是罗马帝国式包容性治理的表征，并与精英整合机制高度联结在一起，"罗马人的统治一般是通过地方上土生土长的精英人物，这些人得到了罗马自己的总督、守备队和军团驻军的支持"⑤。原住民的语言、文化、习俗得到了相当程度的放任，并未有"罗马化"的强制性要求，"罗马化"反倒因精英吸纳机制的灵活性成了精英的自觉实践。"他们热切地谋求公职，既是为了荣耀，无疑也是为了能够成为罗马公民……就这样，政府的日常管理不是由官僚来执行的，而是由地方富豪出于尊严和爱国主义义务

---

① 昝涛：《"因俗而治"还是奥斯曼帝国的文化多元主义？——以所谓"米勒特制度"为重点》，载《新史学》第13辑，社会科学文献出版社2020年12月，第189—224页。
② 〔美〕克里尚·库马尔：《千年帝国史》，石炜译，中信出版集团2019年版，第240页。
③ 〔德〕赫尔弗里德·明克勒：《帝国统治的逻辑》，程卫平译，社会科学文献出版社2021年版，第34页。
④ 转引自郑非：《帝国的技艺：统治不可统治之地》，广西师范大学出版社2021年版，第30页。
⑤ 〔英〕迈克尔·曼：《社会权力的来源（第一卷）》，刘北成、李少军译，上海人民出版社2002年版，第366页。

来完成的。"① 奥斯曼帝国在族群治理上形成了独特的"米勒特制度",帝国按不同信仰的人群将臣民划分为有一定自主权的社会—政治组织单位。米勒特的头领直接对帝国负责,管理自身的所有臣民,米勒特的成员根据各自的宗教律法拥有一般意义上的帝国"公民权"。米勒特制度规定了不同信仰者的身份和地位,人口分布也根据宗教归属而划分。② 这种模式大大有助于缓解臣民对帝国的敌意。

三、帝国的正当性建构：秩序与文明

象征塑造为帝国臣民的认同提供了一个具体的焦点,精英吸纳整合与包容性治理结构在某种意义上则为帝国认同的培育铸就了利益基石。然而,"任何支配的持续存在,始终都有着强烈的需要,即通过诉诸其正当性的原则为自己辩护"③。韦伯的这一论断揭示了古往今来所有政治体存续的内在需求即正当性修辞,正当性话语也构成了帝国认同建构的"叙事逻辑",古今帝国的使命性自述多以低阶的秩序与和平逻辑和高阶的文明使命逻辑为中心。

1. 秩序与和平逻辑

当亨廷顿说任何一个国家可以有秩序而无自由,不可有自由而无秩序时,实际上指出了任何政治共同体构建的基本需要或曰"底层逻辑"——秩序。同样,"支持帝国的最好理由是对秩序的支持"④。在帝国的辩护者口中,帝国本身就是实现秩序与和平的核心机制,"××治下的和平"(Pax ××)便成了这一正当性叙事的标准模板。以被称为"帝国之母"的罗马为例,尽管帝国的兴起之路由血腥和暴力铺就,但自从奥古斯都关闭战神马尔斯神庙大门到爱德华·吉本所称颂为"人类最幸福

---

① 〔英〕塞缪尔·E. 芬纳：《统治史：古代的王权和帝国——从苏美尔到罗马》,王震、马百亮译,华东师范大学出版社 2014 年版,第 569 页。
② 昝涛：《现代国家与民族建构：20 世纪前期土耳其民族主义研究》,生活·读书·新知三联书店 2011 年版,第 58 页。
③ 〔德〕马克斯·韦伯：《经济与社会（第二卷上册）》,阎克文译,上海人民出版社 2010 年版,第 1092 页。
④ 〔英〕埃里克·霍布斯鲍姆：《论帝国》,顾晓祺译,上海人民出版社 2022 年版,第 34 页。

时代"的"五贤帝"统治时期,"罗马治下的和平"并非是全然毫无根据的空话,在广袤的土地上实现了和平成为帝国正当性的根据。① 统治者以和平的缔造者、维护者自居,帝国的作家们也对此不吝溢美之词。被誉为罗马帝国"桂冠诗人"的维吉尔便认为,一统天下、统治列国是罗马人的"天命"所系。"罗马人啊,你记住,你们应用你的权威统治万国,这将是你的专长,你应当确立和平的秩序,对臣服的人要宽大,对傲慢的人,用战争征服他们。"②

这种以和平和秩序为根据对帝国的推崇,即便在罗马帝国覆灭多年后,依然深深影响着一些思想者。例如,意大利诗人但丁在其名著《论世界帝国》一书中,将世界帝国视为普世和平与人类福祉的必要保证:"直到神圣的奥古斯都时代才出现一个完整的和一统的世界政体,天下才得以安定。"③ 沃格林指出,但丁对"世界帝国"的畅想是试图建构一个西方世界政治组织,作为高居各特殊政治实体之上的上层建筑……在新秩序中,永久和平将取代当前的政治苦难。④ 秩序逻辑来建构正当性和赢得认同的修辞术延续到了后世的各个帝国。拿破仑三世就曾宣称"帝国即和平",大英帝国的精英们也津津乐道"不列颠治下的和平"。

2. 文明使命逻辑

考虑到帝国兴起与维系中必不可少的蛮横暴力色彩,秩序与和平的正当性修辞是一种极为脆弱的逻辑,因此,"几乎所有帝国都不会单纯将和平作为自我正义性辩护的唯一基石,他们会将和平同特定的使命联系起来"⑤。在古代帝国,帝国曾将"上帝的意志"等超验元素作为自身正当性的根据,但这种说辞负载了太多的宿命论意义,难以明示引导统治者和被统治者的任务所在。因此,更常见的使命逻辑见诸所谓文明教化的话语中。文明与野蛮的分野是一个源远流长的观念意识,在古代东西方世界都

---

① 〔英〕阿德里安·戈兹沃西:《罗马和平》,薛靖恺译,广东旅游出版社2022年版,第12页。
② 〔美〕阿德勒:《维吉尔的帝国》,王承教、朱战炜译,华夏出版社2012年版,第255页。
③ 〔意〕但丁:《论世界帝国》,朱虹译,商务印书馆1985年版,第25页。
④ 〔美〕埃里克·沃格林:《政治观念史稿(卷三):中世纪晚期》,段保良译,华东师范大学出版社2009年版,第34页。
⑤ 〔德〕赫尔弗里德·明克勒:《帝国统治的逻辑》,程卫平译,社会科学文献出版社2021年版,第121页。

曾流行过"华夷之辩"之类的观念，成为理解自身与他者的基本尺度。总体而论，古典的"华夷""文野"之辩，更多意味着文明一方与野蛮一方彼此各守其界，较少有主动而富进取性的"改造""拯救"动机。例如，古希腊人将那些非希腊语系的族群称为蛮族（barbarian），这种概念一开始无非是古希腊人在希波竞争加剧后界定识别泛希腊人身份的工具。只是随着希腊人扩张势头的增强，差异性认知不断转化为优越性的体验，希腊文明的优越性逐渐成为希腊式帝国主义的依据，征服野蛮人本身不仅符合强者统治弱者的自然法则，而且还被认为是为了弱者着想的有益的要求。[1] 在罗马帝国兴起的过程中，以西塞罗等人为代表，"野蛮人"与"文明人"的对立，被转化为罗马人与非"罗马化"人的对立，"文明"（humanus）事实上就被解释为"罗马"（Romanus）的同义词。[2] 教化"蛮人"是罗马人使命与责任的一部分，也意味着罗马之外的他者可以通过对希腊的文学艺术和罗马的政治法律的掌握，实现所谓"罗马化"。

在地理大发现之后欧洲列强陆续建立的殖民帝国为这种正当性逻辑提供了新的表演舞台。文明此时就等同于以科学技术为代表的理性化、现代化程度更高的欧洲文明，成了欧洲人得以占有并瓜分世界的资格认证。殖民帝国本身被赋予崇高的文明教化光环，殖民地人民就如同"无历史的人"，需要依靠帝国的援手被带入现代化的光明之路。于是乎，欧洲帝国在征服过程中所采用种种暴力手段，不过是秉承"过分积极的文明开化使命"[3]。萨义德在其东方主义论述中精辟地勾勒了欧洲殖民帝国文明使命感的源泉："帝国的巨大地理疆域，特别是英帝国的，与正在普遍化的文化语境已经结合在了一起……这一切又产生了所谓对土著的'职责'，在非洲或其他地方为了土著的利益或者为了祖国的声誉而建立殖民地，这是文明人的使命措辞。"[4]

---

[1] 〔美〕威廉·弗格森：《希腊帝国主义》，晏绍祥译，上海三联书店2005年版，第60页。
[2] 李永毅、李永刚："'野蛮人'概念在欧洲的演变"，载《南京大学学报》，2013年第3期。
[3] 〔澳〕布雷特·鲍登：《文明的帝国——帝国观念的演化》，杜富祥、季澄、王程译，社会科学文献出版社2020年版，第160页。
[4] 〔美〕爱德华·W. 萨义德：《文化与帝国主义》，李琨译，生活·读书·新知三联书店2003年版，第151页。

文明使命感甚至带来了一种自我陶醉的感觉："欧洲国家很容易相信，凡是对欧洲有益的事必然更有益于土著……他们应当心存感谢。"①这种自我陶醉的意识凝聚为英国诗人吉卜林所谓"白种人的重担""文明的重担"等略显做作的说辞，帝国高尚的文明使命看似超越了对本民族私利的索求。文明使命这一意识形态在19世纪法兰西殖民帝国的政治想象中体现得更为直白，"法兰西人坚信自己文明的优越性，文明的使命不就是让世界法兰西化吗"②？

四、帝国认同的现实性与脆弱性

到目前为止，笔者尚未对"帝国认同"提供一个完整的定义。最简单的处理方法，是循着"国家认同"的一般性界定，将之理解为个体或群体对国家（帝国）在情感态度上的认可、支持、归属与忠诚等心理特征及相应行为表现。这种定义法的粗略之处在以结果取代了对复杂过程的分析，难以揭示帝国认同的内在逻辑。社会认同理论曾认为，只要个人意识到他（她）自己被分在某一个类别之中，就会自然而然地产生某种"我群"的感觉，对其所在群体有更多正面评价。③按这种理解，帝国成员身份（无论是主动或被动）本身就足以成为认同的重要源泉。然而，所有政治性认同建构过程都是个体和共同体政治信息的双向传递、比较乃至互构等一系列过程的综合，认同产生于建构主体和被建构对象意愿的交汇中，"国家认同的形成并非国家单独建构的产物……国家认同的形成是国家建构、社会塑造和个体自主三方互动的结果"④。在此方面，帝国认同的生成逻辑与其他政治认同并无二致。帝国就如同一个舞台，不同人群的利益与理想在此交汇，帝国认同也在这纷繁复杂的交汇冲击中生成与流

---

① 〔英〕维克多·基尔南：《人类的主人——欧洲帝国时期对其他文化的态度》，陈正国译，商务印书馆2006年版，第28页。
② 〔美〕克里尚·库马尔：《千年帝国史》，石炜译，中信出版集团2019年版，第396页。
③ 〔美〕约翰·特纳：《自我归类论》，高明华译，中国人民大学出版社2011年版，第31页。
④ 肖滨：《公民认同国家的逻辑进路与现实图景——兼答对"匹配论"的若干质疑》，载《中山大学学报》（社会科学版），2011年第4期。

变。当考虑到被建构对象的意愿因素，至少还有两个问题需要厘清：谁之认同？认同什么？

就前一个问题论，帝国由统治阶层、中心与边缘的精英与大众等不同角色组成。帝国构成的多元性并不是理想的现代国家形态中那种均衡式多元，是一种差异性的多元，即存在中心与边缘、主体民族与被征服民族之分，不同群体在权利、地位、资源配置等方面存在差异。因此，一般而言，在帝国的中心地带和主体民族（帝国缔造的原动力）那里，"帝国"作为一项伟大而辉煌的事业似乎无疑应该更易激动人心，而对"被动"卷入这项"事业"的人群（边缘地带、被征服族群）来说，这一工程散发着蛮横、粗暴、强迫的气息，帝国的消亡可能才是幸福的保证。帝国倾向于采用精英吸纳的统治策略，显然是着意于通过对边缘族群精英的文化同化和赋权，强化精英对帝国的认同，从而在更广阔范围内培育和塑造帝国的"代言人"与"代理人"。至于后一个问题，帝国对自身"秩序缔造者"和"文明供给者"形象的塑造，意味着帝国认同应该就是对帝国统治秩序的认可和对帝国文明优越性的景仰。按现代政治认同研究的术语来解析，前者是一种利益、制度认同，后者则属于价值性认同。

认同建构承载了帝国统治者的"帝国太平一统"的信念和美好愿景。但正如前文所言，作为一种特殊政治形态，古往今来的诸多帝国在类型、结构乃至其自我设定的政治愿景上都具有极为多样化的特征，这自然源于每个帝国在创建、维续过程中所面临的局面、挑战各有不同。倘若要一一加以鉴别，也很容易发现，单个帝国在认同建构中援用某些元素的程度、方式不一。从这个意义上，笔者的梳理依然是对帝国认同建构机理的一个"理想型"概括。而问题的重点由此可转换为，作为帝国政体巩固自身的内在需要，这些话语与制度实践是否有效，如何且在多大程度上得到了"被建构者"的积极回应，并形成了足够的"帝国认同"。

我们无法考证古代诸帝国臣民对帝国的心态。对于"帝国之母"罗马，一种说法是，鉴于罗马帝国是一个"统治阶级社会"[①]，具有高度等

[①] 〔英〕迈克尔·曼：《社会权力的来源（第一卷）》，刘北成、李少军译，上海人民出版社2002年版，第402页。

级化的特征，只有精英人物才获准拥有真正的成员身份。以此推理，对绝大多数人来说，帝国认同是个伪命题。例如，历史研究表明，在帝国的不列颠行省中，生活方式趋于罗马化、可能具有罗马认同的恐怕仅仅是占不列颠凯尔特人总数中较小一部分的不列颠贵族，非精英群体不过是"沉默的大多数"，既看不出对帝国有太多抱怨，也说不上太多情感寄托。这种与大多数人无关的"悬浮"式帝国认同结构，在一些学者看来恰是罗马帝国之韧性远不如中华帝国的重要原因。

那么相对晚近的帝国呢？哈桑·卡雅勒（Hasan Kayah）注意到，奥斯曼帝国的精英吸纳模式就造就了一群自称为"奥斯曼人"（Ottoman）的群体，到19世纪，随着帝国体制的一系列调整，"奥斯曼人"的范畴逐步从帝国精英扩展到帝国统治范围内、苏丹权威之下的所有臣民，一种超越信仰和民族身份，建立在共同国民身份基础之上的认同——"奥斯曼主义"日趋成熟。[①] 同为多元政治体的哈布斯堡帝国浇灌出了更令现代民族主义者惊异的帝国认同感。被尊为"捷克民族精神之父"的19世纪捷克历史学家帕拉茨基在帝国风雨飘摇之际宣称："这个帝国的统一与完整，不仅对于我的国家，而且对于整个欧洲，甚至对于人类和文明的发展而言都是至关重要的。"[②] 帝国行将就木前夜，有许多证据表明，远离维也纳、不同民族、不同阶层的帝国臣民依然对帝国保持着强烈的认同感，"帝国的爱国主义"已然成为一股不断增长的力量。[③] 印度的许多精英曾是大英帝国的忠诚子民，国大党的领导人习惯引用莎士比亚，并亲切地将女王比喻为"母亲"，在"一战"爆发，大英帝国与德意志帝国展开较量的紧要关头，甘地还热情洋溢地号召其追随者："我们首先是大英帝国的臣民。为了人类尊严和文明的光荣和荣耀，像英国人一样作战吧！"[④] 法兰西帝国边缘地区的成员也并非如现代反殖民运动的历史叙事所陈述的那般，是独立的民族国家齐心协力、坚定无畏的推进者，而是对维护法兰西

[①] Hasan Kayah, *Imperial Resilience: The Great War's End, Ottoman's Longevity, and Incidental Nations*, Oakland: University of California Press, 2021, pp. 21–22.
[②] 〔美〕克里尚·库马尔：《千年帝国史》，石炜译，中信出版集团2019年版，第190页。
[③] 参见〔荷兰〕彼得·贾德森：《哈布斯堡王朝》，杨乐言译，中信出版社2017年版，引言，第1—10页。
[④] 〔美〕蔡美儿：《帝国的终结》，刘海清、杨礼武译，新世界出版社2012年版，第180页。

帝国存有程度不一的热情："非洲政界人士在一定程度上从实际角度考虑，法属非洲各地领土太小，太穷，无法作为民族国家生存下去……他们认为自己是一个相互依存的世界的一部分。经过改革的帝国为非洲人提供了一个机会，不仅与一个富裕的国家联系在一起，而且能相互联系。他们也认为法国的遗产是宝贵的，特别是人权和公民权的传统。"[①]

帝国认同的打造看来并非仅是帝国"宣传精英""政治精英"们的一厢情愿，帝国认同建构的成就不全是空中楼阁。否则，我们无法解释许多帝国治下人群对帝国的正面情感体验。然而，与之相对立的疑惑依然需要回答：帝国认同的消解。

常见的解释是民族主义。人们之所以不再认同帝国，是因为一个新的认同对象——民族诞生了，帝国认同成了民族认同的牺牲品。例如，维尔默便指出，从帝国到民族国家的过渡是帝国内部的民族主义运动出现并加强的结果，在此框架下，民族主义削弱了帝国统治的合法性。[②] 但是，新近越来越多研究指出，在许多帝国瓦解过程中，民族认同的影响并非如想象的那般有力。[③] 哈布斯堡帝国、奥斯曼帝国都是最典型的例证。与其说帝国认同的失落是因为民族认同的冲击，恐怕倒不如说是民族认同崛起本身是帝国整合机制"失效"的部分结果。

事实上，帝国认同的生成既然托庇于秩序、文明等帝国的话语建构，也有赖于帝国制度实践的支持。那么，帝国认同建构的成就与限度都寓于这些话语、实践之中，正是它们内在所孕育出的种种张力隐含着帝国认同的脆弱性。

秩序与强制。所有帝国都倾向于将自己定位为秩序和和平的慷慨供给者。但究其本质，秩序逻辑仍是一种低阶维度的正当性论证。一方面，秩序逻辑更接近于一种事后辩护，用暴力征服的后果来掩盖帝国构建进程中难以抹杀的"非正义性"；另一方面，秩序逻辑因其浓厚的"实用主义"

[①] 转引自郑非：《帝国的技艺：统治不可统治之地》，广西师范大学出版社2021年版，第247页。
[②] 参见 Yesim Bayar, Nationalism and Empire, *State of Nationalism*, https://stateofnationalism.eu/article/nationalism-and-empire（访问时间：2022年5月16日）。
[③] John Breuilly, "Modern empires and nation-states", *Thesis Eleven*, Vol. 139, No. 1, 2017, pp. 11–29.

性而存在内在的不稳定性,也就是说,在令人忘却帝国起点的不美好画面同时,帝国体制需要不断在实践上证明自身维持秩序的能力,认同便直接与治理能力及绩效等问题绑定。这种兼具"绩效主义"和"事后论证"的逻辑是否足够强大引人生疑。例如,罗马人塔西佗眼中的帝国是一种"德政","罗马治下的和平"同时惠及了征服者与被征服者,让被征服者免于外敌的袭扰与内战的生灵涂炭。而犹太作家约瑟夫斯则对此似乎不以为然,各个民族对罗马帝国的诚服,与其是因为"罗马治下和平"的美好,倒不如说是因为面对其强大军事实力的无可奈何罢了。① 康德与孟德斯鸠等人对帝国崇拜的批判更显犀利,在他们看来,帝国治下的和平以奴役、盘剥被征服者为代价,不啻为"坟墓的安宁"②。

使命与自利。使命是帝国的自我暗示,蕴含着超越物质主义私利的神圣价值,帝国的子民(尤其是帝国中心的精英与民众)从中汲取了推进帝国大业的力量。许多帝国的确也偶尔显示出高尚无私的姿态,例如,英帝国干涉下奴隶制的废除、帝国在印度的部分现代化建设等等,马克思也承认英帝国的扩张"客观上"摧毁了印度社会的传统结构,无意间起到了文明教化的功能。但是,帝国使命与帝国自身利益诉求并不能截然地切割,"英国人的帝国使命是向世界传播他们的现代文明成果,虽然他们政策经常只是为英国商品打开海外市场而已"③。英国人在感慨帝国为印度现代化发展做出的巨大贡献的同时,也不得不承认:"在英国人的统治下,普通印度人并未变得富裕起来……印度经济工业化所带来的利润很大一部分进入了英国管理机构、银行或者股东的口袋。"④ 要摆脱帝国自利性的负面形象,帝国要在边缘投入更多,关注其利益需要,但又会很容易陷入治理成本过高的泥沼,甚至可能在帝国中心引发某种集体质疑:捍卫帝国是否为得不偿失之举?帝国行为逻辑的多重性塑造了帝国形象的多面性,在被统治者心中激荡出爱恨交织的复杂情感也不足为奇了。

---

① 付杰:《约瑟夫斯笔下的罗马帝国》,载《内蒙古大学学报》(哲学社会科学版),2017年第3期。
② 〔德〕赫尔弗里德·明克勒:《帝国统治的逻辑》,程卫平译,社会科学文献出版社2021年版,第119页。
③ 〔德〕赫尔弗里德·明克勒:《帝国统治的逻辑》,程卫平译,社会科学文献出版社2021年版,第132页。
④ 〔英〕尼尔·弗格森:《帝国》,雨珂译,中信出版社2012年版,第186页。

融合与排斥。融合与排斥指向了帝国面临的根本问题：以什么方式对待帝国核心族群之外的共同体成员？大多数帝国的选择是有限融合。古代帝国不像现代民族国家那般，热衷于由多个族群组成的社会的一体化、同质化，而是倾向于对不同族群进行适度"隔离"并"分而治之"，主要在纵向维度通过精英吸纳实现政治性的融合，是一种"不具备社会融合前提的政治融合"①。近代诸帝国在融合选择上甚至可能更为"保守"。帝国边缘族群的精英发现，无论如何努力使自己"帝国化"，依然难以摆脱"次等帝国公民"的身份，帝国统治体系对他们的接纳总显得三心二意，他们对帝国的认同也只能附着于语言、文化和生活习惯。融合与排斥张力之存在，并不简单出自帝国统治者的私意或视野，很重要的原因是帝国核心族群的影响，"帝国的最高统治者和大多数精英都来自这个族群。帝国依赖于这个核心族群的忠诚和奉献。……虽然帝国有时会吸纳外人，但权力与利益分配的偏向性则毋庸置疑"②。任何形式融合要顾及这一群体的特权和优越感，而那些侨居边缘地带的核心族群成员常常是融合最大的阻力。③ 古代帝国的专制皇权，将所有族群都转化为消极平等的臣民（黑格尔称之"平等的奴隶"），一定程度缓解了这一张力。但在大众政治兴起的近代，帝国更无法漠视来自核心族群或隐或显的主体意识，族群利益和意愿的平衡更显艰难，融合的任务愈发沉重。

普遍与特殊。普遍与特殊的张力首先源于帝国总是处于一个尚存其他政治体的世界里，特别是其他帝国的存在，这使得帝国的"普遍性"（普世性）多少有些名不副实，至多是一个有待实现的理想，其实质上仍是一种"特殊主义"的"普遍主义"。当帝国以文明逻辑宣称自身代表了某种普遍性力量的同时，也意味着帝国之间的竞争有亨廷顿所谓"文明冲突"的性质，易成为冲突加剧的助燃料。帝国的普遍性与其内在的多重特殊性构造同样也形成了一种难以化解的矛盾。帝国疆域广袤、族群多

---

① 〔德〕于尔根·奥斯特哈默：《世界的演变：19世纪史（Ⅱ）》，强朝晖、刘风译，社会科学文献出版社2016年版，第817页。
② 参见郑非：《评〈民族国家〉：古代到底有没有民族和民族主义》，https：//www.sohu.com/a/339128408_260616（访问时间：2022年5月15日）。
③ 〔英〕尼尔·弗格森：《帝国》，雨珂译，中信出版社2012年版，第172页。

元，出于有效治理的需求，大多帝国都表现出对特殊文化价值的适度尊重与包容。但是，正因为如此，帝国也需要一种"普遍主义"，才能培育成员之间的普遍联系，赋予帝国"共同体"属性。而"普遍主义"的根本，就在于对特定族群文化价值的超越。于是，普遍性的定义和尺度变成了问题的关键。一些帝国的选择是不在"普遍性"中植入过多明确而实质的内容。罗马将不同民族的神灵引入万神庙，除了反映帝国的兼容并包外，也彰显了帝国早期构建"普遍性"的漫不经心或力不从心。其后的斯多葛学派曾以人的普遍理性为基础，倡导同具理性的人之间的友爱联结，形成了与帝国大共同体形态高度匹配但又相对抽象化的"普遍主义"理论。奥斯曼帝国虽然被看作伊斯兰帝国，但如米勒特等制度所显示的，帝国的宗教热情并不那么强烈，宗教多元主义的特性反倒更为显著。帝国也可将某些特定的文化价值升华为普遍性的载体，转向某种有具体内容的普遍主义，强行推广共同语言、文化、信仰，但又易于激起某种特殊主义情感（如民族主义）的反弹。

在这些张力的拉扯中，古往今来的帝国做出了不同的应对选择，也收获了不同的认同建构成就。帝国认同建构中的成败故事，随着帝国式政体的坍塌，最终都成为历史追忆。帝国认同很难说是帝国兴亡的主要变量。毕竟，影响帝国命运的力量太过纷繁多样（气候、战争、统治者等均可纳入其中），每个帝国的兴衰逻辑也因此各有不同。但是，认同状态至少可以视作帝国兴衰的征兆，考验着帝国政体的拱顶是否能承载自身做出的美好承诺，是否能有效回应帝国成员的想象与期待。就此而言，帝国认同与其说是被其他认同形式所取代的，倒不如说是因帝国无法处理上述张力而逐渐流失的。

虽然人们对帝国是否仍以某种形式存在（如新罗马帝国之类的说法）持有争议，但却无法否认帝国衰亡的余波依旧在现代回荡，其集中表现就是替代帝国成为当代政治生活主角的民族国家政治所面临的种种难题。例如，民族国家体系的天然不稳定缺陷（韦伯称之为"诸神之争"），以及民族国家内部应对多元性、特殊性的困境。就此而言，帝国政治形式令人关注的根本缘由，当是"帝国"理念中蕴含的普世大同愿景，特别是帝国实践中偶尔表露出的包罗万象、多族共存、多元一体的政治经验。然而,帝国认同的脆弱性同样昭示着,这一历史悠久的政治形态恐怕并不能为那些难题提供圆满的答案。或许,可以借用迈克尔·哈特与安东尼奥·奈格里的措辞,人类理想政治的未来需要的是"超越帝国"。

The Construction and Limitation of Imperial Identity

Li Jian

Abstract: Although conquest by force is the basis for the creation and maintenance of empire, the construction of identity is still a part of imperial politics that cannot be ignored. The construction of Imperial Identity is based on imperial symbols shaping, elite absorption, and inclusive governance. On the other hand, empire also makes use of discourses such as "Order" and "Civilization" to justify itself. These institutions and discursive strategies create, to a certain extent, the "identity" of Imperial subjects, which is an important source of imperial resilience. However, the fragility of imperial identity also resides in the inherent tensions of these discourses and practices, such as "Order vs Coercion", "Mission vs Self-interest", "Integration vs Exclusion", etc. These tensions not only shows the limitation of imperial identity, but also the predicament faced by human beings when we are committed to constructing the ideal political system of pluralistic integration.

Keywords: Imperial Identity; Inclusive Governance; Universalism

国家理论

酋邦与前国家政治系统的变迁

何增科

北京大学中国政治学研究中心教授，中心学术委员会主任

摘要 美国人类学家摩尔根1877年出版的《古代社会》一书在氏族部落社会和政治社会之间所做的二分法对国家起源理论产生了深远的影响。随后100多年来国际人类学界对国家起源的研究又有了许多新的重要发现，其中最重要的发现就是在小型的、简单的、平等的氏族部落社会和制度化的、等级分化的、中央协调的政治国家之间存在着一个重要的过渡和桥梁，这就是首领职位常设、政治分级与亲属制度相结合的酋邦或阶等社会。酋邦理论深化了政治学关于国家起源的认识。酋邦类型学研究有助于我们认识国家形态类型多样性的由来和前国家政治社会到国家的多向进化。酋邦研究还揭示了酋邦向国家进化的动力机制和基本路径。酋邦研究者对酋邦的崩溃从考古学、古环境学、气候变迁等诸多方面进行了深入的研究，揭示了大多数酋邦陷入兴起、扩张、崩溃的轮回的基本原因。酋邦研究丰富了我们对人类早期政治发展、政治衰败及其规律的认识。

关键词 前国家政治系统；酋邦；进化；崩溃；轮回

酋邦理论是人类学新进化论代表性学者埃尔曼·R. 塞维斯（Elman R. Service）提出的重要理论，随后又得到其他新进化论学者的丰富和发展。这一理论对于理解前国家政治系统从平等的、无首领的部落社会向不

平等的、官僚制国家社会的进化何以会发生，具有极为重要的意义。酋邦理论有关酋邦类型学和多向进化的研究，关于酋邦向国家进化的条件、动力和机制的研究，关于酋邦的长时段轮回的研究等，对于理解人类早期政治发展及其规律都具有重要的意义。

一、酋邦的概念和特征

"酋邦"这个术语的英文原名是"Chiefdom"。亨利·J. M. 克莱森（Henry J. M. Claseen）根据罗伯特·L. 卡内罗（Robert L. Carneiro）的研究指出，卡勒沃·奥伯格（K. Oberg）1950 年"提出了以政治结构的比较研究为中心的文化形态类型学"，率先将作为这些文化形态之一的酋邦概念引入人类学和考古学之中。[1] 而据我国人类学者童恩正的考察，奥伯格是 1955 年才正式采用了"（政治上组织起来的）酋邦"（Political Organized Chiefdom）这一术语。他进而指出，1958 年，马竭尔·萨林斯（Marshau Sahlins）在研究波利尼西亚（Polynesia）社会时，根据社会分化程度的不同而将之分成四个类型，其中一个类型就属于酋邦社会。1962 年，埃尔曼·塞维斯在其著作《原始社会组织：一种进化的视角》（*Primitive Social Organization*: *An Evolutionary Perspective*）中，将原始社会组织的演进区分为游群（band）—部落（tribe）—酋邦（chiefdom）—国家（state）四个阶段和四种类型并较为系统地阐述了自己的酋邦理论，此后酋邦概念在人类学和考古学界得以广泛流传开来。[2] "Chiefdom"被日本学者翻译为"酋长制社会"，我国学者有翻译为"酋长领地""酋长国"等不同译法，美国哈佛大学学者张光直教授 1983 年在其出版的中文著作《中国青铜时代》一书中将其翻译为"酋邦"，并将塞维斯的酋邦理论系统地介绍给中国读者[3]，

---

[1] 〔荷兰〕亨利·J. M. 克莱森（Henry J. M. Classeen）：《从临时首领到最高酋长：社会政治组织的演化》，郭子林译，载《历史研究》，2012 年第 5 期。
[2] 童恩正：《中国西南地区古代的酋邦制度——云南滇文化中所见的实例》，载《中华文化论坛》，1994 年第 1 期。
[3] 该书自 1982 年出版后多次再版和重印。此处介绍内容参见该书 2013 年版第五次印刷内容。参阅〔美〕张光直：《中国青铜时代》，生活·读书·新知三联书店 2013 年版，第 94—99 页。

此后"酋邦"概念就成为约定俗成的译法在国内学术界传播开来。①

有不少人类学新进化论学者围绕酋邦概念的定义、特征及其与国家的区别和联系进行了探讨。

奥伯格认为酋邦是由一位最高酋长和众多低级酋长进行统治的多村落结构，其中区和村落由低级酋长进行统治，最高酋长通过低级酋长控制着众多区和村落。②塞维斯在其1962年出版的《原始社会组织：一种进化的视角》著作中指出，"酋邦是一个拥有持久的中央协调机构的再分配社会"③。他在1972年出版的另一部著作《文明与国家的起源——文化演进的过程》中进而指出，"酋邦具有一种贵族统治性质的集权趋势和世袭的等级地位排序，但没有武力压迫的正式法定机构。它似乎普遍是神权型的结构，而且对权威的服从形式与宗教信众服从祭司—酋长形式如出一辙。如果这种非暴力组织被赋予一种进化阶段的地位，那么国家的起源就能被大大简化，并将使用武力作为制度化约束来看待"④。概括起来说，塞维斯认为酋邦具有四个特征：集中的管理；世袭等级制；神权权威；非暴力的组织或者说没有正式的、合法的暴力镇压工具。这四个特征将酋邦与在它之前的游群和部落社会及在它之后的国家区别开来。⑤张光直在总结塞维斯的酋邦理论以及最早运用这套概念从考古材料上研究中美洲古代文明的桑德斯（William T. Sanders）和普瑞斯（Barbara J. Price）的成果基础上概括了酋邦的两个特征：认为酋邦具有一个协调经济、社会和宗教活动的中心，该中心里有酋长，有行政助理和服役人员等；酋邦社会的政治分级和亲属制度相结合，酋长占据中心位置，其他人依据与酋长的关系决定其阶等地位。⑥

---

① 陈淳就酋邦理论做了全面而系统的评述。参阅陈淳：《酋邦与中国早期国家探源》，见刘东主编：《中国学术》（第十四辑），商务印书馆2003年版，第214—233页。
② 克莱森：《从临时首领到最高酋长：社会政治组织的演化》，郭子林译，载《历史研究》，2012年第5期。
③ Elman R. Service, *Primitive Social Organization: An Evolutionary Perspective* (Second Edition), New York: Random House, 1972, p. 134.
④ 〔美〕埃尔曼·R. 塞维斯：《国家与文明的起源：文化演进的过程》，龚辛、郭璐莎、陈力子译，上海古籍出版社2019年版，第15页。
⑤ 易建平对塞维斯的酋邦的特征进行了很好的概括。参阅易建平：《部落联盟与酋邦——民主·专制·国家：起源问题比较研究》，社会科学文献出版社2004年版，第197页。
⑥ 〔美〕张光直：《中国青铜时代》，生活·读书·新知三联书店2013年版，第96—97页。

1972年，肯特·V. 弗兰纳利（Kent V. Flannery）论述了酋邦与国家的特点和区别，陈淳对他的观点进行了很好的概括。弗兰纳利指出，酋邦标志着世袭不平等的出现，在酋邦社会中人的血统是有等级的，高贵和贫贱由出身血统决定。酋长既有着高贵的出身，同时又是神的化身。他们与神祇的特殊关系使其权力合法化。酋长通过举办和主持祭司活动来接受贡品和获得民众的支持。他进而指出，国家则是拥有高度集中的政府和专门的统治阶层的强大政体。国家可以发动战争、征募士兵和征收税赋与强索贡品。国家是高度等级制的。经济大部分为上层人物所控制，后者往往还担任着高官。[1]

《简明不列颠百科全书》1986年中文版在"酋长领地"（chiefdom）条目中对酋邦的解释是："Chiefdom，文化人类学理论上人类社会的一种组织类型。其特征是社会具有等级性质，领导职位和权力都是世袭的。酋长领地有常设的领袖和正式律法，但是在实际管理上，传统习惯、社会与宗教制裁都比政治力量更重要些。酋长领地通常是神权政治的社会，个人地位在很大程度上取决于他和酋长有何种亲属关系。在文化进化论者看来，酋长领地是一种原型社会制度，它代表介于原始社会与原始国家之间的一个发展阶段，或者进化上的连续体。酋长领地与原始社会的区别在于，它是具有等级的社会，而且已有法律的雏形。酋长领地与原始国家的区别在于，它对社会的控制不是基于暴力，而且它的行政管理机构也不如原始国家的那样复杂。祖鲁人、波利尼西亚人和北美洲西北海岸的印第安人的社会制度，都相当于民族学中的这种社会类型。"[2] 这个酋邦定义与塞维斯的酋邦理论基本一致。这个定义同时也概括了酋邦的基本特征，并阐明了酋邦与平等的部落社会和原始国家各自之间的联系和区别。

进入20世纪80年代后，卡内罗和厄尔先后详尽讨论了酋邦的概念。陈淳介绍了卡内罗的相关研究。卡内罗给酋邦下的定义是："由一个最高酋长永久控制下的多聚落和多社会群体组成的自治政治单位。"他认为这

---

[1] 陈淳：《酋邦与中国早期国家探源》，刘东主编：《中国学术》（第十四辑），商务印书馆2003年版，第221页。
[2] 《简明不列颠百科全书（卷六）》（中文版），中国大百科全书出版社1986年版，第699页。

种超聚落的社会结构的下限标志着聚落或村落自治的结束，上限标志着向国家进化的开始。卡内罗指出，酋长地位很高但权力有限，酋邦不存在政府来实施有约束力的决定。酋邦一般只有两层等级制，而国家至少有三层等级制。① 厄尔在一篇综述考古学和民族学理论新发展的文献中对酋邦的定义和特征进行了新的概括。厄尔指出，酋邦是跨村落的政治系统，是在一个特定区域中将成千上万人口组织起来的政治实体，其政治结构是由已与其他人口分离的首领集中等级制所组成。② 换言之，"酋邦宜定义为依靠地缘关系组织起来的社会，它拥有一个集中化的等级决策系统来协调若干村落共同体的活动"③。他指出酋邦是无首领社会向官僚国家演化的桥梁，是一种过渡状态的社会。④ 他还从统合的规模、决策的集中化和阶层分化三个维度概括了酋邦的特点。就统合的规模而言，酋邦乃是一个在高于地方层面的区域性范围里组织起来的社会，其政体规模更大也更复杂，人数从1000人到数万人不等，出现了围绕中心聚落的众多聚落的集中布局。就决策的集中而言，酋长等级作为特殊的领导者已经分化出来，但是其内部功能并没有分化，酋邦是高度一般化的领导系统，不同层次的功能相近，各级权威潜在地都是完整的，因而存在着独立的潜力。就阶层分化而言，作为再分配中心的酋长就是原始的贵族，在财富和生活方式上都具有优势，更不用说其在政治上具有更高的等级和地位。⑤ 厄尔在另外一篇文章中阐明酋邦是一种拥有集中组织、世袭社会等级和经济分层的政体，概括了80年代国际学术界对酋邦拥有集中决策的组织、世袭的社会等级和经济分层三个特点的共识。厄尔从人类早期政治发展的视角来概括酋邦的特点，富有启发性。

克莱森在继承酋邦理论基础上提出了早期国家理论，他根据自己的研

---

① 陈淳：《酋邦与中国早期国家探源》，刘东主编：《中国学术》（第十四辑），商务印书馆2003年版，第221—222页。
② 〔美〕蒂莫西·厄尔：《考古学与民族学视野中的酋邦》，沈辛成译，载《南方文物》，2009年第3期。
③ 刘恒武、刘莉：《论西方新进化论之酋邦概念及其理论困境》，载《社会科学战线》，2010年第7期。
④ 〔美〕蒂莫西·厄尔：《考古学与民族学视野中的酋邦》，沈辛成译，载《南方文物》，2009年第3期。
⑤ 〔美〕蒂莫西·厄尔：《考古学与民族学视野中的酋邦》，沈辛成译，载《南方文物》，2009年第3期。笔者对照刘恒武和刘莉的译介，对部分术语改用了后者的译法。有兴趣的读者可参阅刘恒武、刘莉：《论西方新进化论之酋邦概念及其理论困境》，载《社会科学战线》，2010年第7期。

究对酋长和酋邦重新进行了定义,并从酋邦向早期国家进化的角度概括了酋邦的特点。克莱森指出,酋长是对一定数量的人口进行管理的社会政治领导者。酋长是世袭领导者,享有世袭地位,酋长可以把这种"政治职位"在家族内传承,而非被选举或任命的获得性职位。酋长的第二个特征是,他被认为是神圣的,人们相信他继承了神、精灵或神秘祖先的血统,因而拥有某些特殊能力特别是保证丰产的能力。这为酋长的领导权赋予了合法性。酋长还有权收集和分发食品和物品,组织修建防御工事等大型土木工程。[1] 克莱森据此对酋长下了一个定义:"酋长是拥有政治职位的世袭社会—政治领导者,他拥有所谓的增产能力,可以积聚物品,收集食物,用以维持以自己为中心的等级制度,建造大型的土木工程,并掌握着发动战争的最终权力,防御,或者征服。"[2] 在对酋长进行定义后,克莱森进而对酋邦进行了界定。他指出,"酋邦是双重管理层的社会政治组织,它拥有数量不等的地方公社(村落、小村落、家族),每个地方公社都有自己的领导者,他们附属于居于政治中心的领导者"[3]。克莱森的定义简明扼要,同时也吸收了厄尔定义的精华。

从上述酋邦理论代表性人物的论述中,我们可以简要地对酋邦的定义、特征及其与部落社会和国家社会的联系和区别加以总结。酋邦是一种就其政治进化程度来说介于部落和国家之间的社会政治组织类型,它拥有一个政治中心和领导层以协调经济、宗教和军事活动,其中心聚落和其他聚落之间形成一种等级从属关系,出现了一个地位世袭的领导阶层和阶层分化。酋邦的特征包括:酋长通过建立与祖先或神灵的特殊关系而宣称自己拥有特殊的能力从而获得合法性,因而拥有一种表现为神权的意识形态性权力;酋长及其亲属通过将亲属关系分等与政治上的分级服从制度结合起来,而建立起一种世袭的等级地位体制;酋长将通过收集和发放物品与

---

[1] 〔荷兰〕亨利·J. M. 克莱森:《从临时首领到最高酋长:社会政治组织的演化》,郭子林译,载《历史研究》,2012 年第 5 期。

[2] 〔荷兰〕亨利·J. M. 克莱森:《从临时首领到最高酋长:社会政治组织的演化》,郭子林译,载《历史研究》,2012 年第 5 期。

[3] 〔荷兰〕亨利·J. M. 克莱森:《从临时首领到最高酋长:社会政治组织的演化》,郭子林译,载《历史研究》,2012 年第 5 期。

食物而获得了一种具有再分配性质的经济性权力；酋长在调动和组织人力实施防御和建设防御工事过程中而逐步获得了军事性权力。酋邦与部落和国家相比，在政体规模和复杂性上高于前者，又低于后者。酋邦所拥有的人口数量和所控制的地域范围多于部落社会，通常又少于国家层次上的社会。酋邦的政权发育程度高于部落社会，但又低于国家社会，它已拥有常设的首领职位并实现了首领职位传承的制度化（通常是家族范围内世袭），但行政管理尚未出现职能分化和机构专业化。它已拥有武装力量，但尚未实现专职化和转变为常备军。它有自愿奉献和收集物品与食物以供养统治阶层的制度但尚未变为具有强制性的税赋义务。它已拥有法律的雏形，但日常生活主要靠社会礼俗来调节，法律的法典化和第三方强制性实施机制尚未发展起来。酋邦社会不同于平等的氏族部落社会，它已出现政治分级和亲属制度相结合的阶等划分，也因获取基本生存资源权利的不平等而逐步出现了阶层分化，但尚未出现维护分层秩序的合法暴力机关，尚未进化到国家阶段。

有的学者不满意于酋邦理论中酋邦这个术语，他们分别提出了"中阶段社会""不平等聚落社会""史前等级制社会""族邦""类似国家的政治组织"等概念。[1] 提出这些概念的学者也都不否认酋邦理论所阐明的氏族部落社会向国家社会进化过程中这个酋邦阶段和酋邦类型的存在，同时这些替代性术语也都没有像酋邦概念一样得到学术界的普遍接受。

---

[1] 据刘恒武和刘莉介绍，加里·费曼（Gary Fiman）和吉尔·内泽尔（Jill Neitzer）提出了替代性术语"中阶段社会"（Middle-range society，又译为"中程社会"），来指代处于采集狩猎社会和官僚国家这两个演进阶段之间的过渡状态的社会，并从社会首领的职能、社会分化的实质和程度以及政治等级构成等方面进行了深入的探讨。参阅刘恒武、刘莉：《论西方新进化论之酋邦概念及其理论困境》，载《社会科学战线》，2010年第7期。王震中根据区域聚落考古学研究，结合自己作为历史学者的思考，创造性地提出了聚落三形态演进学说并用"（含有初步不平等和社会分化的）中心聚落形态"来取代"酋邦"概念。有兴趣的读者可参阅王震中：《邦国、王国、帝国：先秦国家形态的演进》，载《河南大学学报》，2003年第4期；王震中：《中国古代国家起源、发展与王权形成论纲》，载《中原文化研究》，2013年第6期。我国一些历史学者结合中国远古实际提出了"族邦"的概念。"史前等级制社会"是塞维斯后期对自己的酋邦理论修正后提出的新概念，但这个新概念也没有被学术界普遍接受。王震中对这两个概念进行了评析，参阅王震中：《改革开放四十余年中国文明和国家起源研究》，载《史学月刊》，2020年第9期。格里宁在自己的一篇文章中提到了"类似国家的政治组织"的概念，参阅〔俄〕利奥尼德·艾维莫维奇·格里宁：《早期国家与古代民主政治》，见袁林主编：《早期国家政治制度》（"早期国家政治制度国际学术研讨会"论文集），科学出版社2015年版。

二、前国家政治系统进化中的酋邦：新进化论的贡献

  1859年达尔文《物种起源》一书出版，他的"物竞天择，适者生存"的进化论思想不仅对当时的自然科学而且对社会科学也产生了巨大的影响。19世纪两位人类学家爱德华·B.泰勒（E. B. Tylor）和路易斯·H.摩尔根（L. H. Morgan）成为文化进化论的主要倡导者，他们所创立的文化进化论后来被称为传统进化论或古典进化论，以区别于20世纪60年代以来塞维斯和莫顿·H.弗里德（Morton H. Fried）所创立的新进化论。陈淳对文化人类学进化论的演变做了很好的总结。泰勒认为，人类社会的发展都要经历从蒙昧、野蛮到文明的发展过程。摩尔根在《古代社会》一书中从技术和工具的发明角度，将社会区分为蒙昧、野蛮到文明三个递进的发展阶段。他还将一切政治形态归纳为两种基本方式，即社会和国家，前者以人身和纯人身关系为基础，其基本单位是氏族，氏族、胞族、部落和部落联盟构成顺序相承的古代民族发展的几个阶段；后者以地域和财产为基础，我们名之为国家，它通过地域关系来处理财产和个人的问题，人民按地域分区逐层组织起来。他进而探讨了各自的政治结构以及从前者向后者的转变问题。摩尔根在《古代社会》一书中多次提到氏族社会是自由、平等和民主的，并在全书最后结束语中指出："政治上的民主、社会中的博爱、权利的平等和普及的教育……将揭开下一个更高的社会阶段。这将是古代氏族的自由、平等和博爱的复活，但却是在更高级形式上的复活。"[①] 而他们两人构建了经典的直线文化进化论。[②]

  塞维斯在其著作《人类学百年争论：1860—1960》中概述了摩尔根以来百年间人类学的新发展，对摩尔根《古代社会》一书客观的评述，从而为新进化论的提出奠定了基础。他指出，摩尔根《古代社会》一书"是民族学发展历史上最具影响力的一部著作——即使仅只是就它的推

[①] 〔美〕路易斯·摩尔根：《古代社会》，杨东莼、马雍、马巨译，商务印书馆2012年版，第6—7、637页。
[②] 陈淳：《酋邦概念与国家探源——埃尔曼·塞维斯〈国家与文明的起源〉导读》，载《东南文化》，2018年第5期。

进作用而言"①。同时他指出随着新的事实的不断发现,人类学者随后围绕着摩尔根的亲属称谓、社会结构或"政府观念的产生"、财产和文明社会的起源、进化的一般性理论等问题展开了广泛的争论,他对这些精彩的讨论和争论进行了回顾和总结。他特别指出,一百年来人类学所观察到的大量个案表明,等级、特权、不平等,在前国家社会的许多实例中都大量地存在着。在摩尔根所谓"自由、平等和民主"的氏族部落社会和出现阶级分层与政治等级制的国家之间存在着明显的断裂,很难解释这个鸿沟是如何跨越的。这促使他去思考在平等的氏族部落社会和不平等的国家社会之间是否存在一个处于过渡状态的不平等的氏族部落社会阶段和类型问题,并最终概括出了酋邦理论和新的社会政治组织进化模式。②与他同时代的弗里德则从阶层分化的角度提出了自己的社会政治组织进化图式。他们两个人成为20世纪60年代后新进化论的代表性人物。

塞维斯在《原始社会组织:一种进化的视角》和《国家和文明的起源:文化演进的过程》著作中提出了游群—部落—酋邦—(原始)国家的前国家政治系统进化模式,并做出了系统的论述,虽然他后来又提出了平等社会—等级制社会—早期文明或古典帝国的进化模式,但其影响力远不如前一种进化模式大,其酋邦理论在人类学和考古学领域均产生了广泛而深远的影响。我们首先依据其著作《原始社会组织:一种进化的视角》重点介绍其前一种进化模式特别是其酋邦理论。

(1) 游群(band,又译为游团、群队等)。游群是在一定地域范围内游动的狩猎采集觅食者群体,人数从30人到上百人不等。他们以血缘关系为纽带,夫妻和未婚子女组成的家庭是其基本单位,一个游群是由若干个家庭组成的松散的联合体。塞维斯将游群区分为父系游群、复合游群、

---

① 〔美〕埃尔曼·R. 瑟维斯:《人类学百年争论:1860—1960》,贺志雄等译,云南大学出版社1997年版,第70—71页。
② 塞维斯全面总结了1860年以来人类学对不平等的氏族制度的发现的成果。对人类学百年争论有兴趣的读者可参阅塞维斯的著作《人类学百年争论》。参阅:Elman R. Service, *Primitive Social Organization: An Evolutionary Perspective* (Second Edition), New York: Random House, 1972;〔美〕埃尔曼·塞维斯:《国家与文明的起源:文化演进的过程》,龚辛、郭璐莎、陈力子译,上海古籍出版社2019年版。

不规则游群等不同类型，其中父系游群数量更多更为适应不同的自然环境。父系游群最重要的规则是互惠的群外婚制度和相应的从夫居制度，前者使互相通婚的两个群体之间建立起稳定的关系，后者使丈夫—父亲、妻子—母亲、后代子女组成的家庭成为游群社会中最为基本的单位。一个正常的游群中有 6—18 个男性，总成员数大约 25 人。他们的居住地为经常变换的营地。游群中还有联谊性团体。原始社会人均预期寿命约为 22 岁。所有重要的经济活动和其他许多活动都是由家庭完成的，游群可以说是家庭水平上的团体。塞维斯指出，游群水平上的社会文化整合功能由几个相关的游群承担，而游群由若干个核心家庭组成。除了家庭首领（通常为丈夫和父亲）和短暂的、临时的领导人之外没有政府和法律系统，也没有独立的宗教组织。[①]

（2）部落（Tribe）。塞维斯指出，新石器革命以植物和动物的驯养为基础，允许人们以比觅食更有效的方式控制自然环境，部落社会由此取代了觅食游群。一个部落是由更大数量亲属组成的团体，包括了若干个游群，其联系纽带也更加多样化。动植物家庭驯养提高了生产率，使更多的人聚集生活成为可能，外婚制强化了不同群体之间的联系，进攻和防御的需要促进了联合。不同社会之间的竞争似乎是整合泛部落联谊团体的重要因素。塞维斯认为，部落社会如同从中成长起来的游群社会一样是平等的，其内部仅有家庭中长幼、男女地位的不平等。领导者属于具有超凡魅力的个人，仅服务于特殊的和临时的目的。首领像是顾问，仅可提出建议。部落间的冲突和竞争促使部落内部的团结。泛部落的联谊团体如氏族等发挥了跨家庭和游群的整合作用。共同的祖先把氏族世系团结起来，促使其进行劳动协作和分享食物。当一个世系团体成长繁衍为多个分节团体后，他们仍认为自己是一个亲属团体，拥有虚构的或真实的共同祖先。一个部落有上千人，彼此间因家系世系而关联起来，相邻居住团体因血亲姻亲世系亲情而更容易联合起来对付外来者。建立起分节世系血统的部落相比缺乏分节世系血统的部落在对外扩张或防御方面具有明显的优势。部落

---

① Elman R. Service, *Primitive Social Organization: An Evolutionary Perspective*, New York: Random House, 1972, pp. 46–98.

社会的结构比起游群社会在复杂性上更进一步。塞维斯总结的游群和部落的共同之处在于,他们均为家庭式的、平等的社会,都没有发展出独立的政治控制、经济专业化和宗教职业化的机构。游群和部落均为"分段组织"(segmental organizations),这些基本的居住单位彼此相似,都属于经济上高度自足和享有极大自主权的居住单位。但部落比游群规模更大更分散,因此需要建立更多的泛部落联谊团体来发挥整合作用。其社会团结都还处在机械团结的水平上。①

(3) 酋邦(Chiefdom)。塞维斯指出,酋邦代表着一个比部落更高的文化进化阶段。与部落相比,酋邦拥有更高的人口密度,或许还有更高的生产率。更重要的是酋邦社会更为复杂、更为组织化,并出现了一个协调经济、社会和宗教活动的中心。"酋邦"一词比其他几个替代性术语更好地反映了这一社会政治发明。酋邦社会出现了一个持久的集中协调机构,从而可以促进生产的专业化并进行再分配。因此,其社会整合水平高于部落社会。塞维斯指出,大多数酋邦都起源于地区专业化和地区间贸易的兴盛。专业化和集中指导在增加生产方面有着明显的优势。首领或酋长所拥有的计划、组织和利用公共劳动力的能力也赋予酋邦以明显的优势。酋长地位只有被严格的世袭继承规则稳定化并得到神话、习俗和传统价值等认可,才会变得强有力和具有连续性。不管集中化的领导起源于经济、宗教或战争中哪个领域,都会不断向其他领域延伸,因为其优势太过明显。酋邦相对于部落,其地域和人口规模都会大幅度增长,因其更有竞争优势。塞维斯进而指出,当酋长变成一个常设职位,社会结构中的不平等就会成为这个社会的特征。酋长职位的设立造就了酋邦,造就了以酋长为首的显贵家族或贵族,酋邦因此出现了社会阶等的区分。部落间激烈的竞争和频繁的战争是酋邦兴起的重要条件。在其他条件相等的情况下,拥有计划和协调能力的酋邦在战争中更容易战胜部落组织。酋邦是一个等级化的组织,新加入的组织也很快成为其中次要的微型酋邦,一个金字塔形的组织结构就此建立起来。

---

① Elman R. Service, *Primitive Social Organization: An Evolutionary Perspective*, New York: Random House, 1972, pp. 99–132.

塞维斯指出，酋邦与部落和游群最大的不同之处是社会中个人和团体间无处不在的不平等。酋长在再分配系统中的作用赋予了他高阶等的社会地位。与他关系密切的人的地位随之升高。酋长职位的创立和常设，消费限制规则或禁忌以及酋长及各阶等的继承规则的确立使酋长神圣化与合法化，并创造出了一个独立的高阶等群体。塞维斯特别强调原始酋邦的阶级不是经济意义上的阶级或阶层，其社会阶等将人们按照家庭系谱从上到下进行连续的分级，人人都处在一定的阶等上。人为地创立一个与他人相对分离的高阶等人群来作为一种社会整合的手段，具有重要的政治功能，即建立起一种按阶等划分的等级服从秩序。酋邦就依靠这种阶等距离来建立起权威和服从关系，并使身处阶等社会秩序中的人们自愿认同和服从这种秩序。酋邦拥有集中化的权威和从属的分支，有领土，有成员身份标准。酋邦中也有很多的领域如战争、手工艺等可以凭成就获得较高的社会地位。在社会阶等的决定性因素中，职位开放与职位封闭之争，世袭标准和成就标准之争对于酋邦走向民主与否具有重要的影响。在酋邦中，随着祖先崇拜和保护神的出现，神职人员在社会中占据了一个永久性的职位。酋长职位和祭司职位同时出现，成为权威的双胞胎，祭司通常在一个家族中传承。祭司和首领有时由同一个人担任，有时分别由不同的人担任。塞维斯最后特别强调，酋邦政体仍很原始，仍属一种亲属关系社会尽管是一种不平等的亲属关系，其权威仍是一种调停权。塞维斯总结道，酋邦是家庭式的但不平等，没有政府但有权威和集中指导或中央协调机构，没有私有财产但有对产品不平等的控制，有阶等的差别但没有清晰的社会经济阶级或政治阶级，有流向中心的贡品但也会有回赠的礼品尽管后者更具有象征性。①

（4）国家（state）。塞维斯指出，人类社会随着规模和复杂性的增加，需要不断发展出新的整合手段。亲属关系和婚姻维系的家庭纽带，只能整合小而简单的游群社会。泛部落的联谊性团体如氏族等只能将几个游群整合为一个部落社会。专业化、再分配和权威的集中化可以整合更加复

---

① Elman R. Service, *Primitive Social Organization*: *An Evolutionary Perspective*, New York: Random House, 1972, pp. 133–169.

杂的酋邦社会。国家则发展出了合法的暴力的官僚机构而实现了更大规模和更大范围的整合。塞维斯还区分了原始国家（Primitive State）与现代工业国家（Modern Industrial State）和社会两个在整合机制进化上分属不同阶段的国家。现代工业国家不仅利用国家机关进行整合，还依靠一个专业化的、相互依赖的职业网络进行整合。他指出，即使原始国家也已不同于酋邦，它拥有以合法使用暴力为后盾的特殊形式的控制，对暴力的垄断使用使国家相对于酋邦拥有实力的优势，并因此使政府以外个人使用武力变为非法。国家相对于酋邦出现了政治上的阶级分化。原始国家的贵族是文官、军事领导人和上层祭司。其次是艺术和工艺品的专业制作人员。最后才是一般民众。国家不同于酋邦，它由合法的暴力这种特殊的机制来整合。国家通过依法干预个人之间或法团之间的争端而规定了它自己使用暴力的方式和条件并禁止其他人使用暴力来解决争端，国家由此而合法地垄断了暴力的使用。尽管古代文明在规模、密度和复杂性上差异极大，但都具有同样的整合机制即通过合法的暴力进行官僚治理。原始国家既包括古典中国这样高度发达的前工业国家，也包括许多规模更小、更为短命的国家。现代工业民族国家在整合手段上则进化到了一个新的阶段，工业化创造了空前复杂的职业网络作为整合手段。①

塞维斯在《国家与文明的起源》一书中从权威与影响、强制、领导权、仲裁与调停、对外关系等政治方面阐明了游群—部落—酋邦—国家的进化阶段。我们用表1简要总结如下。

表1 塞维斯的游群—部落—酋邦—国家进化模式

类型 特征	游群	部落	酋邦	国家
	原始平等社会			
政体规模	小型、简单社会，面对面接触		定居酋邦，人口数量更多，居住更为集中，地域范围更大	人口数量和领土范围更大

---

① Elman R. Service, *Primitive Social Organization: An Evolutionary Perspective*, New York: Random House, 1972, pp. 161-174. 陈淳结合其他相关学者的论述，对塞维斯的四阶段进化模式进行了精到的介绍。有兴趣的读者可参阅陈淳：《文明与早期国家探源：中外理论、方法与研究之比较》，上海书店出版社2007年版，第88—101页。

(续表)

类型＼特征	游群　部落　原始平等社会	酋邦	国家
权威	仅有家庭内部权威，家庭外部社会成员平等，首领须拥有超凡魅力，仅拥有个人影响力	等级制社会，魅力型权威在一个世系中传承而被制度化为一种世袭的职位等级制。普遍的贵族制原则即年龄最长、地位最高。酋邦可能普遍是神权制的，酋长世系被神化，从而增强了酋长权力的合法性和集中化。酋长的权威建立在阶等划分和等级服从的基础上而非建立在强制性的暴力之上	等级制政府和集中的官僚制，武力的权力成为国家性的基本要素。拥有正式的政府和官僚制机构
强制	心理、习惯和习俗，家庭内部奖惩系统进行社会化和行为约束，社会心理制裁	酋邦出现了发挥第三方作用的权威结构和社会奖惩系统出现了惩罚"犯上罪"和"亵渎神明罪"等法律，拥有经济惩罚权和来自神职权威的谴责	国家乃是拥有显著的世俗制裁能力并以武力威胁为后盾的压迫性机构
领导权	不存在永久性的和无所不在的领导地位，但需要的时候会有领导，这种领导是临时性的和个人化的，没有制度化	酋长职位成为常设的集中领导职位。首领拥有了仓储、再分配和指挥劳力的经济性权力，可以指挥劳力从事生产。酋长常常兼任祭司或得到祭司的支持。酋邦往往是神权酋邦。酋邦的集中管理体制可以组织比游群和部落更强大的军队，更能在规模和战术上进行合作	国家则进一步实现了集中领导权的制度化和合法化。原始国家的领导人拥有了经济性、军事性和意识形态三种权力
法律	群体内有仲裁和调解机制，但群体间争端难以调解，伤害/报复的循环	酋邦拥有调解争端的权威，因此调解能力更强。酋邦拥有"早期法律"或"类法律"等特点。酋长所处的权威地位使其在对犯罪、惩罚和补偿做出裁决时更加自信	国家用强制手段垄断了法律的制定和实施，拥有了正式颁行的法律和第三方强制实施机制即司法机构
对外关系	通过互惠的交换包括联姻和物品交换来达成和维持结盟	酋邦通过结盟、贸易和建立贸易伙伴关系网等方式来维护和平	国家间的互动关系包括竞争、战争、征服和结盟、贸易、合作、和平

(续表)

特征\类型	游群	部落	酋邦	国家
	原始平等社会			
政治组织的局限性	领导权的短暂性和解决问题的权宜性导致个体化和碎片化，原始分节社会根据情势而联合或分裂，联盟和分裂都是一种适应性反应		酋邦随着规模的扩大，分裂倾向也会增大	国家在整合方面面临着外部战争征服的轮回和内部崩溃解体的威胁

资料来源：笔者根据塞维斯著作内容制作。参阅〔美〕埃尔曼·R. 塞维斯：《国家与文明的起源——文化演进的过程》，龚辛、郭璐莎、陈力子译，上海古籍出版社2019年版，第14—16、46—100、290—307页。

塞维斯从整合论的角度论述前国家政治系统的进化，提出了自己的酋邦理论。弗里德则被公认为是新进化论冲突论的代表性人物，他从冲突论角度阐释自己的政治社会进化四阶段图式，即平等社会—阶等社会—分层社会—国家，提出了阶等社会和分层社会理论。我们用表2来简要概述其理论。

表2 弗里德的平等社会—阶等社会—分层社会—国家进化图式

特征\类型	平等社会	阶等社会	分层社会	国家
一般性质	平等社会基于年龄和性别区分不同成员。性别决定了劳动分工。年龄长幼决定了地位高低。社会重要地位可以由任何胜任的人来担任。经济上奉行平均主义原则，各取所需和平等互惠相结合。平等社会几乎全为狩猎采集群，其规模小，人口分散。这种社会的组织形式为单个的家庭和几个家庭组成的游群	该社会中有价值的地位数量有限，并非全部有才能的人都可占据这样的地位。阶等社会人口数量增多，规模变大，一般为定居的村落。血亲的等级制安排建立在与特定祖先的亲密程度或远近距离上。高阶等的人更少参与生产，更多地从事再分配等管理工作。定居村落是阶等社会中最重要的社团	分层社会是性别相同、年龄相近的成员获得生存所需基本资源的权利不同的社会。每一个"原生国家"都经历了分层化而无国家的阶段。分层化一旦开始，国家很快就会开始形成。因为维持分层化的秩序需要有超出亲属体系资源的制裁性命令权力	国家是一系列正式和非正式的专业机构的集合体，通过这些机构社会政权在超越血缘关系的基础上被组织起来。血亲网络无力处理日益增多的人口产生的问题，由此发展出正式的、专业化的暴力工具以对内对外维持社会秩序。这是国家的首要功能。国家的次生功能包括：控制人口，处置争端，防卫领土和主权。国家建立税赋制度来维持自身运转

（续表）

类型 特征	平等社会	阶等社会	分层社会	国家
冲突的来源	游群内部冲突多由于有人违背互惠的规则而产生，但并不频繁。群队间暴力和性关系上的冲突有关	阶等社会中有更多的消费者财产。围绕财产归属的争执会起冲突。定居的生活方式也会因空间问题而起冲突。村落需要足够多的人口来应付劫掠	获取基本资源权利的分化可归因为：人口扩张，土地紧张，出现控制土地拥有和用益权的规则；早先的居民和后来的居民在占有土地肥沃程度等方面形成差别；管理的专门化促进了生产者和管理者的分层化。阶层分化是引起战争和强化军事地位的原因。同时战争也能使社会分层更趋制度化	在新的分层秩序中人们获取基本资源的权利不同。战争会导致征服并在先前已出现分层化的基础上出现超级分层化。国家产生后就更为追求领土、人口、物质和意识形态权力的扩张。先行完成国家构建任务的社会通常会蹂躏其邻近的社会，将它们并入本国，使之成为下等阶层。对内对外维护分层秩序促成了专门的武装力量的建立
领导权	游群的领导有权威而缺乏权力，有事商量寻求共识而非单独决定。在不同场所由不同的有能力的人来担任领导。领导是间歇性的和仅限于特定方面的，其决定只是劝告而没有约束力	在阶等社会中领导者可以领导但却缺乏有效的制裁来迫使他人遵从。首领在宗教仪式中担任主持角色，在生产活动中担任指挥和再分配者的角色。村落头人等首领依靠声望和权威而非武力来领导。战争越频繁，军事领导人作用相比于和平时期领导人的作用就越重要	古代可能出现过一场"管理革命"。管理的专业化促进了分层化的发展。管理者利用自己所掌握的基本资源如水或高产的土地等可以要求生产者为其工作，或缴纳贡品。战争使得分层社会的首领能够做出经济决策将资源和劳力转向军事行动，因此有更好的基础来建立专门的武装力量	国家的集中化建立在四个基本的组织原则之上：等级制；获取基本资源程度的差异；服从官员；地域防卫。国家必须确立和维护主权，后者是对一个地域及其人口的最高权威的认同和垄断。主权同合法性相关联，而不仅仅依靠赤裸裸的权力。维护国家主权不仅需要军事力量，还需要经济实力，意识形态或合法性，以及对于信息和通讯的控制

（续表）

类型＼特征	平等社会	阶等社会	分层社会	国家
法律	出现争端有调停人，有调停或仲裁方案，但没有强制实施机制。有习俗，尚未出现法律	没有正式的司法机关。社会控制手段包括血亲的协商、调解。违反规则者受公众的嘲笑和排斥，随后是巫术和复仇	为保障基本资源占有的权利和用益权，出现了对相关规则的需求。争端裁决机制也在发展，并构成了管理专门化的一部分	在处置麻烦和争端过程中，法律和司法机构逐步成长起来。制定了民法和刑法，确立了司法程序，任命了法官，建立了法庭
外部关系	游群和部落的领地和边界是相对灵活的，对友邻开放而拒斥敌人。战争的频率和密度不高，伤亡不大。简单社会在军事事务中缺乏领导。外部关系中更多的是和平时期	村落是一个独立自治的社会系统。定居村落间的合作与互惠的交往更加频繁，同时暴力频率也增加了。出现了指挥官和哨兵等角色，有了军事功能的专门化	分层社会为获得战俘做奴隶或祭品而发生劫掠性战争	原生国家的出现触发了国家形成的巨大浪潮。原生国家周边的政体若不想被征服、被蹂躏，就要被迫仿照原生国家的榜样建立起次生国家
向更高类型社会的过渡	从灵长目动物社会向游群平等社会的过渡有赖于分享和劳动分工，婚姻规则的发明，语言等沟通符号的发明，以及工具和火的使用等重要发明	从平等社会向阶等社会的过渡中，生态人口因素和再分配的出现是最重要的两个因素。维持父母聚落与分散开来的子女聚落的关系，维护不同共同体之间的贸易关系，组织劳动力建设灌溉系统，建立跨聚落联盟等都推动着阶等划分和权威服从体制的出现。阶等社会的出现为人们提供了一种经济上互补和再分配的网络	人口规模和密度的增长，社会经济阶级的出现，阶层差异的扩大，使得分层社会内部面临着冲突和争端的压力。单靠血缘组织已无法实现整合。分层社会要么在巨大压力下崩溃，返回简单平等社会；要么为维持自身生存而进化出一种政治控制的权力机构，从而足以维持一个阶等分化的系统。分层社会是孕育国家的摇篮	原生国家是在没有外部榜样和外部影响情况下形成的。它与周边社会通过竞争、贸易、战争等方式发生互动。这种互动有助于分层社会向国家的发展。因为它提出了对更多的政治专业化，更多的职业化组织和更紧密的内部控制的需要。只有建立起一种正式的、专门的强制性机构才能应对这些挑战。而次生国家是在邻近的原生国家的征服威胁和其组织榜样的影响下被迫形成的

资料来源：笔者根据弗里德《政治社会的进化》一书内容制作。参阅：Morton H. Fried, *The Evolution of Political Society: An Essay in Political Anthropology*, New York: Random House, 1967。

艾伦·W. 约翰逊（Allen W. Johnson）和蒂莫西·K. 厄尔（Tinothy K. Earle）在1987年发表的《人类社会的演进：从游团到农业国家》一书，依据规模标准，把人类社会的发展过程划分为三个大的进化阶段：家庭层次上的团体（the Family-Level Group）—地方性团体（the Local Group）—地区性团体（the Regional Group，包括了酋邦和国家）。他们还从人口密度、环境、技术发展水平、战争等方面列表总结了这三类政治实体的特征。易建平将该表翻译成中文介绍给国内读者，我们用表3摘录如下。

表3 约翰逊和厄尔论三类政治实体的特征

特征	家庭层次上的社会	地方性团体	地区性团体
人口密度	每平方英里少于1人	每平方英里多于1人	每平方英里多于10人
环境	资源分散、贫瘠且不稳定	季节性资源和/或可以转化的资源	集中并且可以控制的资源和/或贸易机会
技术	单独劳动与个人所有的工具	资本改善，驯养和/或储备的食物	较大的资本技术
居住方式	营地/小村落	拥有舞蹈广场的村落/小村落群	等级制居住方式
社会组织	家庭和双边网络	共同的防卫性团体	社会分层和地区性的制度
领土	习惯性使用	防卫起来的地方性领土，团体所有	精英和/或机构所有权，受国家保护的私有权
战争	有控制的侵犯活动，冲动性的杀人	团体性的侵犯/防御活动，人民凶猛好斗，议事规则	征服战争，军事专家，内部和平
仪式	家庭仪式，因人因事而区别的仪节	团体仪式，团体和团体间的仪式	目的在于使制度合法化的仪式
领导权	因人因事而区别的领导，习惯性的谦虚	大人之间相互竞争与炫耀，不同形式的成功	世袭精英，制度化的领导权，身份地位竞争
决定性的可变因素	风险	对于农民来说是战争；对于狩猎和采集者以及牧民来说是风险、技术和/或贸易	技术和/或贸易

资料来源：笔者摘录自易建平翻译的约翰逊和厄尔的表格。参阅易建平：《部落联盟与酋邦——民主·专制·国家：起源问题比较研究》，社会科学文献出版社2004年版，第267页。

诚如易建平所言，约翰逊和厄尔的人类社会进化学说虽然并未对塞维斯和弗里德的社会政治进化理论有什么根本性的突破，但他们还是结合国际人类学界的大量田野调查和文化比较研究成果对塞维斯和弗里德的理论做了一些重要的修订，从而有助于深化对人类社会进化理论的研究。①

以塞维斯和弗里德为代表的新进化论是对19世纪以摩尔根为代表的传统进化论的发展。新进化论提出的游群、部落、酋邦向国家直线演进的一般性法则20世纪70年代以来受到国际学术界的批评。陈淳总结了对新进化论的五点批评：（1）新进化论所定义的各阶段特征不易从实证上来衡量，这些具有连续性的特点无法用存在和缺失标准来截然区分；（2）酋邦与国家之间的区别较难分辨；（3）酋邦社会复杂化程度差别很大；（4）缺乏系统论导向的分类，以某些特征的存在或缺失为根据并不一定反映了各部分与整体之间的关系；（5）社会进化存在社会结构不同方面的突进或滞后，因此认为社会各种特征会随整个社会的发展而变化的基本原则是不对的。②新进化论和传统进化论一样也被人诟病具有"单线论"或"直线论"以及定向进化的缺陷。正如刘恒武和刘莉所说，在塞维斯的社会进化图式中，酋邦被界定为一个以生存物资的再分配为核心特征并且已经出现了阶层分化现象的社会发展阶段。20世纪70年代晚期随着考古学和民族学个案研究成果的积累，学者们发现食物的再分配并非酋长的恒常性职责，塞维斯的社会进化假说中酋邦与国家之间缺乏明确的界限，不同酋邦之间在发展水平和规模尺度上存在极大的差异。尽管如此，厄尔和华翰维等考古人类学学者仍认为塞维斯的进化类型归纳工作对于跨文化的社会进化比较研究具有无可否认的意义。③一些坚持新进化论的学者在吸收前述批评基础上开始了酋邦类型学和多向或多线进化的研究，还有些学者从文化形态和阶段研究转向进化的过程和机制的研究，并产生了不少有价值的成果。

---

① 易建平：《约翰逊和厄尔的人类社会演进学说》，载《世界历史》，2003年第2期。
② 陈淳：《文明与早期国家探源：中外理论、方法与研究之比较》，上海书店出版社2007年版，第102—104页。
③ 刘恒武、刘莉：《论西方新进化论之酋邦概念及其理论困境》，载《社会科学战线》，2010年第7期。

三、酋邦的类型学研究与多向进化

约翰逊和厄尔意识到酋邦的复杂性,他们在前述三阶段划分的基础上,将第三阶段地区性团体层次又细分为简单酋邦(the simple chiefdom)、复杂酋邦(the complex chiefdom)和早期国家(the archaic state or the early)三种。厄尔还列了一个表,将他自己以及他与约翰逊的模式同其他一些比较有名的社会演进模式做了一一对应。易建平将该表翻译成中文,我们用表4转录在此。

表4　厄尔的社会进化模式与其他社会进化模式的对照

柴尔德(1936)	塞维斯(1962) 约翰逊和厄尔(1987)	萨林斯(1963) 厄尔(1978)	弗里德(1967)
狩猎者—采集者	游群 (家庭层次)	头人	平等社会
农民	部落 (地方性团体)	大人	阶等社会
文明	酋邦	简单酋邦	分层社会
		复杂酋邦	
	国家	国家	国家

资料来源:笔者录自易建平翻译的厄尔的表格。易建平:《部落联盟与酋邦——民主·专制·国家:起源问题比较研究》,社会科学文献出版社2004年版,第263页。

从上表中可以看出,厄尔对塞维斯的酋邦理论进行了修订,将酋邦分为简单酋邦和复杂酋邦,并在复杂酋邦阶段吸收了弗里德的理论从简单酋邦时期的阶等社会发展到了分层社会,从而使复杂酋邦向原始国家的进化有了更为坚实的基础。他们还根据人口规模将政治实体划分为营地(Camp)、小村落(Hamlet)、地方性团体(Local group)、大人聚合体(Big Man colletivity)、酋邦(Chiefdom)和国家(State)五种类型。[①]厄尔等人主要从发展规模上来区分简单酋邦和复杂酋邦。简单酋邦的政体规

[①] 易建平:《部落联盟与酋邦——民主·专制·国家:起源问题比较研究》,社会科学文献出版社2004年版,第266页。

模只有数千人,已有一个政治决策等级层次凌驾于当地社群之上,等级系统是渐变的。而复杂酋邦政体规模达数万人,有两个政治决策等级层次凌驾于当地社群之上,并且出现了社会分层。① 易建平指出,约翰逊和厄尔过于强调某些复杂酋邦中酋长的最终决定权的特例而忽略了那些权力结构更为"民主"的酋邦的特征②,应当说这一批评是中肯的。

厄尔还介绍了其他几种酋邦类型的划分。就财政基础而言,酋邦可以区分为生计财政型酋邦和财富财政型酋邦。生计财政(staple finance,又译为产品经济)经常没有广泛的交换,而只是用食物和技术产品的收集和支付作为对服务的回报,其常见的形式包括提供宴饮等。在生计财政中,内部资源是酋长等统治者获得资源的主要基础。财富财政(wealth finance,又译为财富经济)是通过长途交换或资助手工业生产,购置具有象征价值的物品,并用它们馈赠支持者。精英们渴望拥有这些贵重物品,它们象征了个人的社会地位和经济特权。外部贸易和关税收入是精英们获得奢侈品等资源的主要来源。③ 从结构上看,酋邦可以区分为集体型酋邦和个体型酋邦。集体型酋邦通过组织集体劳动力在公共工程建设上的投入来获得集体的认同感。个体型酋邦则强调贵族个体的突出地位,通过奢侈品的装饰、特殊的住宅和豪华墓葬的纪念性建筑来彰显其与众不同的地位。④

厄尔还介绍了其他一些酋邦的类型划分。如酋邦可分为神权型酋邦、军事型酋邦和热带雨林型酋邦;复合型酋邦和单独酋邦;阶层酋邦和等级酋邦;至高无上型、等级型和无等级型酋邦等。⑤ 从酋邦进化而来的原始国家或早期国家的形态是多种多样的,而不同类型的酋邦导致进化出来的国家类型存在差异,从而呈现出进化的多线性或多向性。但正如厄尔所指出的那样,酋邦类别分得过细也会造成认识上的混乱。⑥

---

① 〔美〕蒂莫西·厄尔:《酋邦的演化》,陈洪波、陈虹译,载《南方文物》,2007年第4期。
② 易建平:《部落联盟与酋邦——民主·专制·国家:起源问题比较研究》,社会科学文献出版社2004年版,第271—272页。
③ 〔美〕蒂莫西·厄尔:《酋邦的演化》,陈洪波、陈虹译,载《南方文物》,2007年第4期。
④ 〔美〕蒂莫西·厄尔:《酋邦的演化》,陈洪波、陈虹译,载《南方文物》,2007年第4期。
⑤ 〔美〕蒂莫西·厄尔:《考古学与民族学视野中的酋邦》,沈辛成译,载《南方文物》,2009年第3期。
⑥ 〔美〕蒂莫西·厄尔:《酋邦的演化》,陈洪波、陈虹译,载《南方文物》,2007年第4期。

正如克莱森所总结的那样，单线还是多线，是进化论中一个传统的两难问题。不论 19 世纪还是 20 世纪中期绝大多数进化论者为单线定向进化论者。泰勒和摩尔根不能被视为单线进化论者。斯图尔德在 20 世纪 30 年代就提出，进化是沿着不同方向进行的，是多线的。克莱森在此基础上提出了"多向进化"的概念，用于概括不同的独立进化潮流和由此导致的政治实体结构类型的多样性。但他同时也指出，在不同的潮流和不同的时间点中出现的社会政治结构在多样性中也体现出一致性这一事实。各种早期国家政治组织的结构和功能显示出高度的一致性，如都具备官僚制度、政治精英、国教、常备军和集中化的经济等特征。[①]

克里斯廷森（Kristian Kristiansen）在多向进化方面做了可贵的探索，提出了人类社会政治组织进化的两条道路。她认为，人类社会组织最为基本的区别在于部落社会与国家社会，酋邦只是部落社会的一种变体。处于酋邦和充分发展的国家之间的是弗里德所概括的分层社会。分层社会是国家组织的一种原始形式或早期形式（an archaic form of state）。克里斯廷森还把分层社会划分为两大类，即权力分散的分层社会（the decentralized stratified society）或权力集中的原始国家（the decentralized archaic state），和权力集中的分层社会（the centralized stratified society）或权力分散的原始国家（the centralized archaic state）。易建平对克里斯廷森的研究进行了很好的概括。克里斯廷森的权力分散的分层社会的特点是：生计生产（subsistence production）是分散的，村落散落在各个地方。酋长们与国王们通过武士侍从进行统治。地区性和地方性的臣属酋长们行使着政府职责，并在战时提供武士和船只。武士酋长们控制着农村公社，没有土地的农民阶级也发展起来了。贸易主要控制在中心政府手中。从事贸易和手工业的市镇逐渐发展为小的市镇。对长途贸易的控制和征税，对权力分散的原始国家的发展起着重要的作用。榨取贡纳税赋和劳役所获得的收入可用于领土征服活动，以创建更大的王国政体。在权力分散的原始国家的进化过程中，限制了权力集中的政治制度的形成，封建国家的基本特征也逐渐

---

① 〔荷兰〕亨利·J. M. 克莱森：《进化论的发展》，刘冰译，载《社会科学》，2006 年第 2 期。

形成了。欧洲、非洲、亚洲的一些次生国家走的多为这条道路。而权力集中的原始国家把圆锥形或金字塔形的不平等的部落结构形式化了，统治者通过控制宗教仪式使自己的地位合法化。权力集中的原始国家拥有集中的经济，拥有支撑国家的机器与已经仪式化了的统治阶级谱系结构。原始的官僚集团在管理生产、贸易与宗教活动的过程中具备了建立发达的官僚制度的基本构件。克里斯廷森还吸收了集体型酋邦和个体型酋邦、生计财政型酋邦和财富财政型酋邦的研究，提出了酋邦进化为国家的两条路径，可以用表5表示如下。

表5 克里斯廷森的酋邦进化为国家的两条路径

集体性质的（酋邦） 维持生计产品经济财政或稳定的财政	部落制度 酋邦 ←→	个人主义性质化的（酋邦） 财富财政
↓	原始国家	↓
权力集中的（原始国家） 神权政治的	←→	权力分散的（原始国家） 世俗政治的
↓	国家制度	↓
官僚体制的（国家）	←→	封建体制的（国家）

资料来源：笔者根据易建平的翻译制作。参阅易建平：《部落联盟与酋邦——民主·专制·国家：起源问题比较研究》，社会科学文献出版社2004年版，第303—304页。陈淳对克里斯廷森（他译为克里斯蒂安森）的观点也做了介绍并绘制了图表，亦可参阅陈淳：《文明与早期国家探源：中外理论、方法与研究之比较》，上海书店出版社2007年版，第151—152页。

厄尔同样也指出了酋邦进化为国家权力的路径的多样性。他结合酋邦类型、土地产权、资源基础、精英策略等社会、政治和经济诸要素的相互交织和不同组合的动态过程，阐明了通向权力路径的不同和相应的权力结构形态的差异。在生计财政中，当统治者组织劳力修建灌溉设施发展强化农业的时候，生产者为其缴纳的产品或实物更像是一种"地租"。统治者也因掌握了灌溉设施等关键资源而集中了更多的经济性权力。在这种情况下，劳动者应征从事水利等公共工程建设，从统治者那里获得有灌溉系统的土地，作为回报，他们为首领及相关专业人士劳作，提供剩余品供养他们。这种强化农业和对内部资源的依赖支持着经典的合作结构。但当统治者进一步垄断了基本必需品如土地的生产和分配的时候，可以预见将出现一个排他性的政治经济体。首领或国王可以利用武装力量通过劫掠或征服来获得和保持对基本必需品的控制。由此会形成集中的权力结构或王权政体。财富财政通常通过控制交通要道、贸易枢纽或设立关卡等关键资源而获得收入。当精英拥有土地产权，依靠外部贸易关系网络和外部资源获得奢侈品的时候，会采取排斥平民的策略，形成贵族政体。其意识形态也是以贵族的自我服务为中心。当平民拥有土地产权，统治者主要依靠内部资源基础且不掌握关键资源的时候，更有可能对平民采取合作的策略。统治者和平民间也会形成一个合作互惠的意识形态来。当高端商品流向市场并像普通商品一样课税的地方，国家并不掌握关键资源这个瓶颈，这样将会出现一个合作性的政治经济体。在合作型政体里，武装力量的任务是保护平民而非剥夺平民的财产以维护统治者的利益。在合作策略中，权力在社会不同集团中分享以阻止排斥性策略。而在网络策略中，出类拔萃依靠的是发展一种与本地团体之外地方的交换关系网络。在土地肥力不足剩余品有限的情况下，首领会转向利用武士向外扩张以获取土地，高阶武士获得封地，低阶武士管理土地以共同榨取剩余产品。在这种情况下，排斥性或榨取性策略更为常见。领土征服使政府财政收入依赖外部收入，统治者也会因此将征服获得的土地视为自己的私产。权力结构也会因此趋于集中和排他。原生国家是在一个区域内最先和独立出现的国家，它们率先发展出来生计财政和合作策略。地方性农业为主的城市国家本来有潜力发展出合作型的集体行动结构，而帝国征服则抑制了这一趋势。当原生国家发展军事力量扩大权力并最大程度榨取剩余产品的时候，又会形成集中化的权力结构和扩张性帝国。①

---

① Tim Earle, "Pathways to Power: Corporate and Network Strategies, Staple and Wealth Finance, and Primary and Secondary States", in Lane F. Fargher and Verenice Y. Heredia Espinoza (eds.), *Alternative Pathways to Complexity: A Collection of Essays on Architecture, Economics, Power, and Cross-Culture Analysis*, Heredia Espinoza: University Press of Colorado, 2016, pp. 292-308.

四、酋邦向国家的进化：动力、机制和模式

克莱森在提倡重新思考进化等基本概念的时候指出，进化论者长期以来曾用复杂性的增加①和单线的发展来定义进化。复杂性的增加或复杂化的进程最终体现在社会结构的变化上。因此克莱森指出，进化的本质是结构的变化或重组，一个方面结构的变化会逐渐影响到其他的方面从而导致社会整体的变迁，因此进化是一个过程。结构的重组涉及结构的调整和优化，与制度创新和新制度供给有着密切的关系。酋邦向国家的进化是前国家政治系统结构的变化或重组以适应规模和复杂性增加的情势。如前所述，按照克莱森的定义，酋邦是拥有双重管理层的社会政治组织，它拥有一定数量的地方共同体如村落等，每个地方共同体都有自己的领导者，他们附属于居于政治中心的领导者。而早期国家则是一种拥有三个层级的跨区域的权力集中的社会政治组织，其中的统治者拥有政治支配权力，被统治者履行纳税义务，以互惠原则为基础的共享意识形态使得统治者和被统治者的关系具有了正当性。②从酋邦到国家这些结构的变化和重组为什么会发生，又是如何发生的呢？

酋邦向国家进化的起点。正如塞维斯所指出的那样，"在人类历史百分之九十九以上的时间里，人们都是生活在小的、简单的、平等（相互分开）的群体或部落之内。亲历了制度化和集中指导的政府体制产生的这个重大的历史分水岭，显然只是出现在五六千年前"③。克莱森概括出了酋邦发展为国家的必要条件，这些条件包括：（1）必须有足够数量的

---

① 复杂性的增加又可称为"复杂化"（complexity），它是指社会系统各个子系统日趋分化和特化并以更加紧密的方式结合成一个整体。"不平等"和"异质性"是衡量复杂化的两个重要概念，前者指社会纵向的差别，包括等级区分和获取社会资源的差异，后者是指横向组织结构上的多样性和人口分布的多样性。复杂化的过程是一个分异和集中相结合的过程，前者指社会成员之间的分工和专门化程度，后者是指各子系统和最高控制中心之间的关联程度。陈淳对社会文化复杂化理论进行过很好的归纳，有兴趣的读者可参阅陈淳：《文明与早期国家探源：中外理论、方法与研究之比较》，上海书店出版社2007年版，第161—166页。
② 〔荷兰〕亨利·J.M.克莱森：《从临时首领到最高酋长：社会政治组织的演化》，郭子林译，载《历史研究》，2012年第5期。
③ 〔美〕埃尔曼·R.瑟维斯：《人类学百年争论：1860—1960》，贺志雄等译，云南大学出版社1997年版，第223页。

人口（数以千计）以形成一种复杂分层的社会；（2）社会必须控制特定的领土；（3）生产制度必须可以生产出一定数量的剩余产品以供养不从事生产劳动的专业人士和官员群体；（4）必须存在一种意识形态以解释等级管理组织和社会—政治不平等的合法性。① 我们还可以加上第五条，在特定地域范围内存在着众多酋邦或部落社会，他们作为同等的政体彼此之间存在着共生和竞争的互动关系。

酋邦向国家进化的动因。塞维斯在《人类学百年争论》中把19世纪60年代到20世纪60年代围绕政府起源的各种理论争论概括为整合论和冲突论，乔纳森·哈斯（Jonathan Hass）在《史前国家的演进》中同样把相关理论概括为整合论（该书译者翻译为"融合论"）和冲突论。尽管他们两个人一个赞成整合论，一个赞成冲突论并主张在此框架内吸收整合论的部分观点。整合论与冲突论在概括酋邦向国家进化的动因方面非常传神。国家作为一种强制性的管理机构或基于权力关系的整合机制，实际上是整合需求驱动和控制内部冲突赢得外部冲突的需求合力驱动的制度创新。一方面整合需求驱动着政治领导职位的常设化和制度化、中央协调机构、层级管理体制、职能部门分设、职业官员制度等新制度的供给；另一方面应对内部冲突和外部冲突的需求推动着强制性制裁、强制性和固定化的纳税、职业常备军等新制度的供给。

整合论揭示了整合需求驱动政治领导和行政管理制度化建设的动力。霍卡特认为，礼仪组织先于政府而产生，当社会的复杂性增加、专业化增多需要一种中央协调机构和中枢神经系统的时候，礼仪组织会逐渐把这项任务接过来。在祭拜仪式中的领头人或祭司逐渐转变为日常生活中的领导者。这是神权政治和祭司—首领从履行宗教职能逐步发展为履行经济、司法等职能的国家形成路径。② 魏特夫的水源论（或管概论）、拉斯耶的贸易论、塞维斯的再分配论则分别从发展强化农业的治水需求、维持贸易共

---

① 〔荷兰〕亨利·J. M. 克莱森：《从临时首领到最高酋长：社会政治组织的演化》，郭子林译，载《历史研究》，2012年第5期。
② 〔美〕埃尔曼·R. 瑟维斯：《人类学百年争论：1860—1960》，贺志雄等译，云南大学出版社1997年版，第247—251页。

生关系的需求、中心储藏和再分配的风险管理需求等经济技术专门化发展需求则驱动着集中领导权的制度化和中央协调机构、相关职能部门与职业官员制度的供给。① 斯宾塞、奥本海默等战争论和征服论者则从军事保护需求的角度阐述国家的起源。斯宾塞认为，频繁的、组织化的战争导致临时军事领导集团变成了职位世袭的永久性军事组织，这个机构后来在平时的非军事活动中也演变成为管理中枢。社会有机体内部的分化和专业化促成了统治集团内部的专业化分工。冈普洛维茨和奥本海默等征服论派都把在被征服地区强加统治作为国家的开端，同时主张在最初的军事强制后，为维护统治，征服者也开始为被征服者提供军事保护和获取财富的机会，以换取后者的服从。② 总之，经济社会复杂化进程对社会政治组织产生了强烈的整合需求，推动着政治结构的调整和优化。

冲突论则揭示了应对内外部冲突的压力驱动着权力关系构建的动力。塞维斯区分了两种冲突，一种是社会之间的冲突，一种是社会内部的冲突。战争论和征服论是典型的社会之间冲突论。塞维斯指出，斯宾塞是19世纪后半叶最杰出的社会间冲突理论家。斯宾塞的同时代人沃尔特·巴杰特认为早期社会之间好战的竞争会有利于那些有最好的领导和最听话的民众的社会（"最温顺者最强大"）。斯宾塞认为，战争的成功进行使社会成员相互合作并学会"服从强制性命令"。军事部门会依靠战争中的成功优势来增大它的权力，频繁的战争容易导致"首脑职位的长期固定"。斯宾塞明确指出："临时首领由暂时的战争产生；长期的战争行动则产生固定首领。战争通常需要各部门迅速联合行动，因而必须服从。没有多少服从的社会消失了，而让有大量服从的社会巍然屹立，于是就有一些延续下来的社会，在这些社会当中，由战争所养成并在和平时期存留下来的习惯，便造成对于政府的长期服从。"③ 征服论者强调通过征服，征服者和被征服者形成了统治阶级和被统治阶级的征服和臣服关系，国家的出现就

---

① 陈淳：《文明与早期国家探源：中外理论、方法与研究之比较》，上海书店出版社2007年版，第121—124、132—134、88—102页。
② 〔美〕乔纳斯·哈斯：《史前国家的演进》，罗林平等译，求实出版社1988年版，第43—72页。
③ 〔美〕埃尔曼·R. 瑟维斯：《人类学百年争论：1860—1960》，贺志雄等译，云南大学出版社1997年版，第227—231页。

是为了维护这种统治和服从的秩序。恩格斯、弗里德等致力于分析社会内部冲突产生的原因和后果，他们认为经济上的阶级分化或阶层分化（分层化）是产生社会内部冲突的重要原因，国家的产生是为了控制社会内部冲突维护分层社会的秩序。[①] 哈斯在冲突论基础上吸收整合论的要素，根据统治者对民众实施权力的情况分析了国家的形成过程。哈斯指出，在分层社会里首领的权力不断扩张从而其权力基础不断扩大和巩固。首领们在履行经济管理职能的过程中控制了基本生活资料的生产和谋取方式，从而发展出了一个新的经济权力基础并获得了行使权力的强制性经济手段。这个基础也使他们有能力去发展和利用附属的武装权力基础和意识形态权力基础。武装权力基础可用作独立的强制性行政手段，也可用来保护首领的经济权力基础不受外来威胁。意识形态权力基础可以把首领的经济权力和武装权力合法化，也可以成为操纵民众思想和行为的手段。它也可以被经营经济的领导集团用来获得民众的支持，以对抗武装力量的潜在威胁。哈斯认为可以按照权力关系的变化和新的经济权力的发展来概括各种已有的国家起源理论："在战争论中，军事长官靠着控制从战争中掠夺来的财物、土地和奴隶的分配而获得了统治民众的权力；在贸易论中，管理集团由于控制了地区间和地区内的基本生活资料的交换而获得了对民众的统治权；在灌溉论中，管理集团由于控制了基本生活资料的生产渠道，因而获得了对民众的统治权。在每一种情况下，社会的首领都掌握了基本生活资料的生产和谋取方式，所有的社会成员不再有平等的权利获得这些资料。正是这种权力的不同，造成了分层社会中首领们的新经济权力基础与未分层社会中首领们权力基础的不同。这个关节点，在于国家首领能够把剥夺基本生活资料作为强迫民众服从的有力工具。"[②] 首领还会把自己的权力基础从经济领域向其他领域延伸，哈斯指出："一个新兴国家的首领，只要在一种经济系统中取得权力基础，随着社会规模的扩大和复杂程度的提

---

① 〔美〕埃尔曼·R. 瑟维斯：《人类学百年争论：1860—1960》，贺志雄等译，云南大学出版社1997年版，第227—239页。
② 〔美〕埃尔曼·R. 瑟维斯：《人类学百年争论：1860—1960》，贺志雄等译，云南大学出版社1997年版，第157页。

高，他们就会在其他系统中扩大中央集权。"①

我们可以用表 6 简要表示整合需求和应对冲突需求推动制度创新的理论。

表 6 整合需求与应对冲突需求双轮驱动的政治制度创新

整合论	冲突论
经济管理职能：首领职位长期固定，管理职能机构的分设，职业官员制度	经济的权力基础和经济制裁手段
军事保护职能：军事首领、职业化常备军	武装的权力基础 强制性制裁制度 强制性纳税服役制度
意识形态或宗教职能：对首领权力的合法化与神圣化。专职祭司或神职人员阶层	意识形态的权力基础和超自然的制裁，思想观念和象征物的操纵

资料来源：笔者根据上述理论总结制作。

正如厄尔所说，"酋邦演化的两种唯物论视野强调了不同的驱动力——管理论（也即前述整合论。——笔者注）强调了酋长的系统服务功能；控制论（也即前述冲突论。——笔者注）强调了酋长的剥削能力。近期一项融合两种观点的研究显示出生存问题如何产生了对领导权的需求，同时也为控制创造了机会"②。酋邦向国家进化的两种动力共同驱动着国家的形成并塑造了国家的二重属性，即管理性与强制性、公共性与权威性。

酋邦向国家进化的机制。社会科学中的进化论者继承了达尔文的"物竞天择，适者生存"的进化法则，因此又被称为社会达尔文主义者。

---

① 〔美〕埃尔曼·R. 瑟维斯：《人类学百年争论：1860—1960》，贺志雄等译，云南大学出版社 1997 年版，第 158 页。
② 〔美〕蒂莫西·厄尔：《考古学与民族学视野中的酋邦》，沈辛成译，载《南方文物》，2009 年第 3 期。

但社会政治进化中的选择淘汰机制既包括自然环境的选择淘汰机制，同时也包括了社会的选择淘汰机制。乔纳森·H. 特纳（Jonathan H. Turner）和塞斯·阿布鲁丁（Seth Abrutyn）对这方面的研究进行了很好的总结。达尔文的物种进化理论，较好地解释了自然环境选择在促进人类从类人猿向现代智人转变中所成功发生的进化。杜克海姆的选择理论关注的是组织淘汰机制，他指出随着组织内部劳动分工，处于特定资源生态位中的组织的形态在进化，人口的增长和密度增加导致组织之间为争夺资源而展开激烈的竞争，出现了优胜劣汰，但竞争和选择都是在一个制度框架内进行的。斯宾塞关注的是制度选择机制，他指出改革或革命、战争、征服都是一种选择淘汰机制。战争中战胜方淘汰战败方的组织和制度，改革或革命中成功方淘汰落后的组织和制度，征服中战胜方对战败方的"改造"，这些都是制度淘汰机制。马克思主义的选择理论被概括为一种冲突选择理论，在阶级斗争中，革命的成功实现了对社会政治结构的破旧立新，革命在制度系统的改变中发挥了至关重要的作用。① 乔伊斯·马库斯（Joyce Marcus）也指出，相邻政体或敌对政体间的竞争、地方精英间的竞争是国家形成和发展的引擎。竞争驱动着多个敌对政体的成长，直到有一方作为战胜者胜出。战胜方领导人需要建立一个新的政治机构去管理和控制这样一大片区域。邻近政治体之间的竞争可以导致君主制这样的机构和额外的行政层级的出现。② 由此可见，人口增长和资源短缺所导致的同一地域范围内同等政体间的生存竞争优胜劣汰机制是酋邦向国家进化中的重要选择机制。

内部需求和外部竞争压力都只是组织和制度创新的诱因，新制度的供给需要有为的酋邦首领的主动作为。酋邦理论的研究者们围绕"首领们如何获得和扩张权力"进行了探讨，厄尔总结了十项潜在的政治策略，具体包括：（1）施予（放债），宴饮，动员；（2）改善维生产业的基础结构；（3）鼓励限制；（4）对内全力使用武力；（5）缔结外部联系；（6）扩大依

---

① Jonathan H. Turner and Seth Abrutyn, "Returning the 'Social' to Evolutionary Sociology", *Sociological Perspective*, Vol. 60, No. 3, June 2017, pp. 529–556.
② Joyce Marcus, "Competitive versus Peaceful Interaction" (Chapter Title), in Joshua D. Englehardt and Michael D. Carrasco (eds.), *Interregional Interaction in Ancient Mesoamerica*, University Press of Colorado, 2019, pp. 341–364.

附人口的规模;(7)强化对现有的合法性原则的控制(超自然的和自然的);(8)创造或采取新的合法性原则;(9)强化对内部财富的生产和分配的控制;(10)强化对外部财富购买的控制。首领们采用策略(1)和策略(2)通过控制基本生活资料的生产和分配来掌握经济权力,酋长对长途贸易的垄断也提供了对生产技术和口粮的控制。策略(3)到策略(6)讲的是对内进行控制,对外征服和结盟,防卫和战争策略有助于掌握军事性权力。策略(7)到策略(10)则依赖源自意识形态的权力,以强化首领的合法地位。酋邦的政治进程与其权力和控制各种可行的选择密切相关。对维生经济的控制,利用征集的剩余产品发展经济基础并供养保卫和征服土地的武士阶级,举行维护统治者合法性的礼仪,利用战争增强内部凝聚力和社会限制等,酋邦首领对这些策略成功的综合运用和控制权力的能力的增强推动着复杂政治制度的发展。[①] 这表明在酋邦向国家的进化中,那些杰出的酋邦首领在复杂政治制度的创新中所发挥的能动作用。

酋邦向国家进化的模式。弗里德率先将原生国家与次生国家的进化区分开来,并指出原生国家是在没有外来影响和外部榜样的情况下独立完成进化的。他从内部动力的角度区分了原生国家进化的三个不同阶段,即平等社会、阶等社会和分层社会,并指出维护分层社会的秩序、保护统治者自身是原生国家的首要职能。[②] 柴尔德等学者认为国家的形成是一种自然的累进过程:农业会产生剩余产品,然后出现贫富不均,随后出现阶级,最后富有阶级建立国家维护自身地位和财富,国家的进化是一种自发的过程。而坚持系统论的学者如弗兰纳利等则认为,国家的起源是人口、生态和技术等多种因素互动和反馈的结果。[③] 克莱森则从相似挑战导致相似反应的角度来总结酋邦向国家进化模式的一致性,他指出不同酋邦所面临的挑战的相似,如都面临人口增长、资源短缺、社会复杂性的增加和邻近同

---

① 〔美〕蒂莫西·厄尔:《酋邦的演化》,陈洪波、陈虹译,载《南方文物》,2007 年第 4 期。笔者根据英文原文对某些策略的表述进行了改译。参阅:Timothy Earle, "The Evolution of Chiefdoms", *Current Anthropology*, Vol. 30, No. 1, Feb. 1989, pp. 84 – 88。
② Morton H. Fried, *The Evolution of Political Society: An Essay in Political Anthropology*, New York: Random House, 1967.
③ 陈淳对不同进化模式的观点进行了很好的总结。参阅陈淳:《文明与早期国家探源:中外理论、方法与研究之比较》,上海书店出版社 2007 年版,第 116—162 页。

等政体的竞争等压力，都需要解决诸如交流、征税、控制、保护等问题，酋邦向国家的成功进化到处都产生了相似的反应，因此早期国家的政治组织就其结构和功能而言都显示出高度的一致性。① 正如乔纳森·哈斯所说，（早期）国家都具有"诸如官僚制度、统治精英、国教、常备军、集中化的经济等基本特征。这些特征居于国家组织格局的中心，代表一种对类似人口压力、资源短缺、社会复杂性增加等相似力量的跨文化反应"②。

酋邦向国家进化的模式既有一致性或相似性的一面，同时也因进化路径的差异而表现出很大的差异性和多样性。通过水利灌溉、中心储藏、控制内部冲突维护分层秩序、防御等路径兴起的农业型国家，统治者主要依靠内部资源基础而获得和巩固权力，从事社会公共管理。而那些通过掠夺性战争、征服和外部贸易兴起的军事型国家、征服型国家（以游牧民族国家居多）和商贸型国家，则主要依靠外部资源及其收益进行统治。加里·M. 费曼（Gary M. Feinman）和琳达·M. 尼古拉斯（Linda M. Nicholas）分析了内外部不同资源基础和人类治理体制中个人统治与缺少个人崇拜强调权力分享两种基本治理体制的分野。他们指出，统治者如何积聚他们的资源影响着社会契约和领导的性质，权力结构和行使方式差异同权力的基础或收入来源有着强有力的关系。他们绘制了一张表格来展示财政模型和领导权的变异，具体见下表：

表7 财政模式和领导权的变异

独裁的（领导）	集体的（领导）	参考
财政为基础的大人	生产为基础的大人	Strathern（1969）
个人化的酋邦	团体取向的酋邦	Renfrew（1974）
财富财政	生计财政	D'Altroy and Earle（1985）
掠夺性统治	半自愿的遵从	Levi（1988）
排他性/网络型	合作型	Blanton et al.（1996）
攫取性（制度）	包容性（制度）	Acemoglu and Robinson（2012）

资料来源：Gary M. Feinman and Linda M. Nicholas, "Framing the Rise and Variability of Past Complex Societies"（Chapter Title）, in Lane F. Fargher and Verenice Y. Heredia Espinoza（eds.）, *Alternative Pathways to Complexity: A Collection of Essays on Architecture, Economics, Power, and Cross-Cultural Analysis*, University Press of Colorado, 2016, p. 283。

---

① 〔荷兰〕亨利·J. M. 克莱森：《进化论的发展》，刘冰译，载《社会科学》，2006年第2期。
② 〔荷兰〕亨利·J. M. 克莱森：《进化论的发展》，刘冰译，载《社会科学》，2006年第2期。

费曼等人对该表中的内容进行了分析。他们指出，布兰顿等人区分了内部资源基础和外部资源基础，强调统治者依赖内部资源基础的话，就需要提供更多的公共品作为交换，需要更多的官僚化组织来从事经济管理，因而其统治权就会受到更多的制约。而在依赖外部资源基础的国家中，统治者则更容易采取排他性和网络型的治理策略，更多地以自我服务为主。大多数第一代国家依赖的是内部资源基础，因此需要更多地赢得民众的合作。而当国家通过扩张、掠夺、外部贸易减少对内部资源依赖的时候，其治理策略又会发生变化，从而影响到政权组织性质的变化。他们提醒读者关注进化路径的多样性和既往的复杂社会的差异性。[1]

马克斯·韦伯则分别从军事、宗教、经济、社会与政治关系的演进等众多维度进行了卓有成效的政治类型学的分析，为我们进一步认识进化维度的多样性和随后进化而来的国家类型的多样性奠定了坚实的基础。[2]

五、酋邦的停滞、衰弱与崩溃

1954 年埃德蒙·R. 利奇（Edmund R. Leach）在研究缅甸高地的政治制度的时候发现，克钦族人的社会有平等世系群（egalitarian lineage）和等级世系群（hierarchical lineage）两种类型，这两种世系群彼此之间可以相互转变和摇摆，他称之为"钟摆模式"，并在此基础上提出了"动态平衡"理论。[3] 1984 年，H. 赖特（H. Wright）提出了酋邦发展的"轮回"（cycling）概念，用来描述酋邦在区域性简单酋邦群中兴起、扩张和分裂的周期性波动。弗兰纳利进而指出，虽然酋邦具有早期国家赖以形成的世袭不平等和等级结构，但只有极少数的酋邦才能演进到国家。世界上最早

---

[1] Gary M. Feinman and Linda M. Nicholas, "Framing the Rise and Variability of Past Complex Societies" (Chapter Title), in Lane F. Fargher and Verenice Y. Heredia Espinoza (eds.), *Alternative Pathways to Complexity: A Collection of Essays on Architecture, Economics, Power, and Cross-Cultural Analysis*, University Press of Colorado, 2016, pp. 271–289.

[2] 韦伯的政治类型学划分蔚为大观，内容丰富。参阅〔德〕马克斯·韦伯：《经济与社会》（第一卷、第二卷上下），阎克文译，上海人民出版社 2010 年版。

[3] 易建平：《部落联盟与酋邦——民主·专制·国家：起源问题比较研究》，社会科学文献出版社 2004 年版，第 143—144 页。

的国家就形成于酋邦"轮回"的动力环境之中,孤立的酋邦不可能转变为国家。[①] 社会的崩溃不同于停滞和缓慢的衰落,按照戴蒙德(Jared Diamond)的说法,社会的崩溃是指,"在相当大的地域范围内,历经一段时期,人口数量和/或政治/经济/社会复杂性的遽减与衰败"[②]。泰恩特(Joseph A. Tainter)也持类似的看法,他指出,"一个社会在社会政治复杂化的既定层次上出现快速的、实质性的衰败,它就已经衰败"[③]。

进化论者将社会复杂化视为进步的主要表现,泰恩特则认为社会复杂化的投资总会出现拐点,到了这个拐点后投资收益递减最终导致复杂化进程的终止和复杂社会的崩溃。社会复杂化既是社会进化的动力,又是社会退化乃至崩溃的动力。泰恩特的观点新颖而又发人深思。在提出自己的观点之前,泰恩特对已有的崩溃原因研究进行了评述。已有的有关崩溃问题的研究,就崩溃原因提出的观点包括:社会赖以生存的某种资源或多种资源的枯竭或消失;新资源出现、环境减压导致社会复杂性的衰退;某种不可抗拒的灾难的发生;对环境变化反应不力、对策不足出现了"适应失败";其他复杂社会的竞争;外来入侵;阶级矛盾、社会冲突、统治层失职渎职或管理不当;社会功能紊乱;颓废、生命周期、循环论等神秘因素的作用;事件的连锁与巧合;复杂化的优势逐渐减少、劣势逐渐增强、成本日趋增加等经济因素导致崩溃。泰恩特对这些观点进行了简要的点评。他指出,资源枯竭论没有解释是什么因素阻碍一个社会对资源危机做出恰当反应的问题。新资源论仅局限于简单社会,对复杂社会的崩溃缺乏解释。自然灾害论没有解释那些无法应对灾害的社会的具体特征。应对不足论对复杂社会天生脆弱、僵化固执或不会转向的假设不能令人信服。复杂社会间的冲突并不必然导致崩溃。外来入侵何以会成功本身就是一个需要探索的课题。矛盾、冲突和管理不当的观点对这类现象出现的原因本身需要进一步解释。社会功能紊乱论只是描述现象没有解释力。神秘因素说更

[①] 陈淳:《酋邦与中国早期国家探源》,载《中国学术》,2003年第2期。
[②] 〔美〕贾雷德·戴蒙德:《崩溃:社会如何选择成败兴亡》,江滢、叶臻译,上海译文出版社2011年版,第3页。
[③] 〔美〕约瑟夫·泰恩特:《复杂社会的崩溃》,邵旭东译,海南出版社2010年版,第6页。

是缺乏解释力。事件的连锁与巧合论无法以随机因素有效地解释崩溃现象。经济学的阐释比其他观点更有解释力，只是还没有形成一个具有普遍应用价值的阐释框架。① 泰恩特在经济学阐释基础上提出了一个通用的崩溃理论。

泰恩特指出，人类社会和政治组织必须靠持续的能源流动才能维持其生存。维持社会政治体制的运转不仅需要资源流动，而且需要资源充足。维持复杂社会的成本大大高于维持简单社会的成本。随着社会复杂化的增强，需要处理的信息量大大增加，对专职人员的需求也就越来越大。当一个社会向更高的复杂化层次发展时，社会单一个体的负担就会加重，社会也必须将更多的资源贡献给日益增多的专职人员和专门的职能机构。对社会政治复杂化的持续投资将达到一个拐点，此拐点以后的投资回报便开始下降，起初是渐进的，然后会加速下跌。回报递减是社会政治进程和复杂化投资中不断重复的一个现象。社会政治复杂化投资的边际回报递减是理解崩溃现象的一把钥匙。

泰恩特分别从农业和资源生产、信息处理、社会政治控制和阶层特殊化、整体经济产能等四个方面分析了复杂化增长状态下的边际产量和复杂社会边际收益递减现象。我们着重介绍一下泰恩特对社会政治控制和阶层特殊化的边际产量和边际收益递减问题的分析。泰恩特借用帕金森的理论来说明问题，后者认为官僚体制日渐臃肿、不断攫取纳税人成果而创造的价值却日渐降低。增加税收在超过某一拐点后就会出现边际回报递减。政府投资的公共服务产品也受到边际收益递减法则的影响。社会复杂化的增强要求有更高的信息处理能力和协调冲突各方的能力，公司部门管理阶层队伍也因此日渐庞大。行政控制和管理阶层的特化是复杂社会的根本。这种社会政治复杂化投资之所以会出现边际收益递减现象是因为：官僚政体和官僚阶层的规模不断增大；官僚政体专业化程度和官僚阶层职业分化程度日益增强；组织性解决方案的渐进性质；维持合法化和投资高压政策都需要调动更多的资源；安内攘外的成本增加。社会必须承担所有这些重

---

① 〔美〕约瑟夫·泰恩特：《复杂社会的崩溃》，邵旭东译，海南出版社2010年版，第61—130页。

负，办法是增加税收，加重社会成员的负担。这种不断增加机构和人员的组织化投资，迟早会达到边际收益递减的拐点。当复杂化投资边际回报递减的时候，社会面对重大危机或挑战的时候，如果行将耗尽剩余资源将会变得日益虚弱。边际收益递减使得复杂化不再是一个诱人的解决办法，解体的选择变得更加富有吸引力。日趋减少的资源和日渐上涨的边际成本侵蚀着社会经济成本，降低了公共服务的质量，社会成员减少了对政府的支持，最后这个要么在地方实体分离后逐渐解体，要么因过于虚弱而遭外部力量推翻。对一个在复杂化投资中支付了代价而又没有多少回报的民族来说，崩溃是一个理性的、经济化的、可能给大多数人带来实际利益的社会进程。崩溃通常是在没有足够强大的竞争者来填补社会解体导致的真空时才成为可能。在平等政体相互竞争的局势下，农民阶层获得了更大的博弈实力，更有可能出现参与性政府如在古希腊罗马，或出现"仁政""惠民"的思想如春秋战国时代的中国。处于竞争旋涡中的平等政体难以单独从复杂化投资的旋涡中逃脱，其崩溃将是同时共进。泰恩特认为自己的复杂化投资边际回报递减法则有能力融合各种不同的崩溃理论，提供了一个俯瞰全局的理论框架。①

贾雷德·戴蒙德则侧重于从回应之道的角度探讨社会崩溃问题。他指出，生态破坏、气候变更、强邻在侧、友好的贸易伙伴的衰败、面对问题的回应之道等五个方面，特别是最后一个方面把那些崩溃的社会与没有崩溃的社会区别开来。他在利用考古学家、历史学家和其他学者对所分析案例的详尽研究基础上，通过个案研究和比较研究方法来研究社会如何选择成败兴亡问题，建立了自己的崩溃理论。② 如果说在面对自然和生态环境恶化等问题时人类社会的生死存亡取决于自身的回应之道，那么为什么有些人类社会会做出灾难性的决策？戴蒙德给出的解释是，这些社会决策失误的原因有四点：在问题发生之前没有预测到危机；在问题发生之后由于远程管理等原因无法觉察到问题；在看到问题之后出于自私的原因或固守

---

① 〔美〕约瑟夫·泰恩特：《复杂社会的崩溃》，邵旭东译，海南出版社2010年版，第131—284页。
② 〔美〕贾雷德·戴蒙德：《崩溃：社会如何选择成败兴亡》，江滢、叶臻译，上海译文出版社2011年版，第1—20页。

原初的价值观而没有设法去解决问题；即使该社会预见到危机，察觉到问题，并努力去解决它，但由于问题的困难程度超过解决问题的能力，或虽有解决办法但代价过高，或为时已晚，或收效甚微而致问题进一步恶化。① 戴蒙德从对压力和挑战的回应之道角度分析社会的崩溃，凸显了统治者及其决策在过去社会崩溃中所扮演的重要角色。

泰恩特和戴蒙德的崩溃理论并非专门针对酋邦的崩溃的理论，而是关于复杂社会崩溃原因研究的通用理论。酋邦和早期国家研究的学者们努力结合酋邦及其进化的特点来研究酋邦的崩溃问题。

学术界对酋邦轮回原因的探讨有的围绕整合和控制冲突两种动力来探讨。有的学者认为，保持整合的能力要求酋邦领导层必须在服从与抗拒的代价之间保持平衡，一旦失衡，就会从整合走向崩溃。还有的学者认为，酋邦高级职位数量有限，难免会出现争权夺利，从而形成两种对立的力量，一种是集中的趋势，另一种是分裂的趋势，地方首领竭力摆脱上面的统治，建立自己的独立政权。酋邦领导层加强集权消灭叛乱的努力并不总是取得成功。还有的学者主张从外部关系寻找酋邦进化和崩溃的动力，如政治竞争、长途贸易、国际意识形态等。② 这其实是告诉我们面临整合需求和应对内外部冲突需求以及同等政体竞争的压力，通过结构调整和优化取得成功的酋邦会进化为国家，反之则出现停滞、衰落和崩溃。

约翰·H. 布利茨（John H. Blitz）从酋邦面临外部战争威胁和内部资源枯竭压力和威胁解除与新资源发现后，酋邦合作的收益与自治的收益会发生变化的角度，来解释酋邦的分裂与融合。他指出当一些弱小的酋邦面临外部战争威胁或内部资源严重不足的压力的时候，会觉得合作的收益大于自治的收益，因此愿意选择联合、联盟甚至加入其他酋邦，这样就会出现超级酋邦或酋邦联合体。尽管这对一些弱小的酋邦来说意味着处于从属地位和需要进贡，因为他们可以获得生存的机会和安全的保障。而当外部威胁解除，发现了新的资源，纳贡负担越来越重的时候，自治的收益就会

---

① 〔美〕贾雷德·戴蒙德：《崩溃：社会如何选择成败兴亡》，江滢、叶臻译，上海译文出版社 2011 年版，第 1—20、427—460 页。
② 〔美〕蒂莫西·厄尔：《酋邦的演化》，陈洪波、陈虹译，载《南方文物》，2007 年第 4 期。

大于合作的收益，酋邦联合体或超级酋邦就会出现分离和分散化的趋势，因为处于从属地位的酋邦更有动力去追求平等贸易关系而非进贡，追求平等自治而非依附从属。① 这无疑提供了一个新的有益的分析视角。

陈淳从农业酋邦的神权贵族政体特点分析了其崩溃的原因。他指出，作为一种神权型政体，酋长的权力是神授予的。为体现这种权力、威望和地位，酋邦常常会投入大量劳动力来营造大型祭祀建筑和陵墓。贵族与众不同的地位也需要用奢侈品的象征性来加以凸显。相邻的酋邦也会在奢侈品的投入方面相互竞争。陈淳强调，对能量的奢侈浪费最能够从象征性上表达和象征神权。当整个社会为维持神权体制而透支能量与耗竭资源，无法再从物质上来维持统治阶层的神圣象征地位与权力基础时，这个社会的解体就不可避免。神权体制过于僵化也是其崩溃的重要原因。② 应当说陈淳在借鉴齐里格显赫或奢侈消费理论基础上，结合酋邦政体特点和内在缺陷来分析其崩溃的原因是比较深刻的。

六、结论

人类学的酋邦理论深化了学术界对人类早期政治发展及其规律的认识。酋邦理论告诉我们，在从小型的、简单的原始平等社会向大型的、阶级分化的国家水平社会转变过程中，经历了一个首领职位常设、政治分级与亲属制度相结合的阶等社会或酋邦社会阶段，并勾画出了酋邦社会的基本特征。酋邦类型学研究有助于我们认识国家形态类型多样性的由来和前国家政治社会到国家的多向多线进化。酋邦研究还揭示了酋邦向国家进化的动力机制和基本路径。酋邦研究对酋邦崩溃的许多案例从考古学、古环境学、气候变迁等诸多方面进行了深入的研究，揭示了大多数酋邦没有进化到国家还陷入兴起、扩张、崩溃的轮回的基本原因，从而丰富了我们对

---

① John H. Blitz, "Mississippian Chiefdom and the Fission-Fusion Process", American Antiquity, Vol. 64, No. 4, Oct. 1999, pp. 577–592.
② 陈淳：《资源、神权与文明的兴衰》，载《东南文化》，2000年第5期。陈淳对国内外讨论早期国家和文明的崩溃的已有研究进行了系统的梳理和介绍，参阅陈淳：《文明与早期国家探源：中外理论、方法与研究之比较》，上海书店出版社2007年版，第529—553页。

人类早期政治衰退及其规律的认识。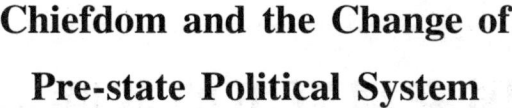

Chiefdom and the Change of Pre-state Political System

He Zengke

Abstract: The distinction between tribal society and political society made by Morgan in his book *Ancient Society* published in 1877 has a far-reaching influence on the theory of origin of state. Since then, many anthropology theorists expanded the research and offered many important new findings on the subject of origin of state. One of the most important findings is that there exists an important middle stage or bridging stage in the evolution from small, simple, equal tribal society to systematic, hierarchical, central political state. Such a middle stage is Chiefdom Society or Rank Society with presence of regular chief position, political hierarch, and kinship system. Chiefdom theory deepened our understanding of state origin. Studies of Chiefdom typologies help us better understand the origin of various state forms and the multiple paths of evolution from pre-state political state to political state. Chiefdom studies also explore the motivation mechanism and basic evolution path from tribal state to state. Chiefdom theorists conducted in-depth studies on the collapse of chiefdom society from perspectives of archaeology, ancient environment, and climate change, and reveals the main reasons that attributes to the cycle of chiefdom society from emergence, expansion, and collapse. Studies of Chiefdom society greatly enriches our knowledge and understanding about political development, political decay and its general rules in the early period of human society.

Keywords: Pre-state Political System; Chiefdom Society; Evolution; Collapse; Cycling

国家视野下的苏联——俄罗斯政治转型

费海汀

北京大学中国政治学研究中心助理教授

摘要 俄罗斯政治在经历30年的转型进程之后呈现出了一种复杂的形态。这一形态的主要特征是各机构和群体主要向上竞逐资源而非向下吸纳参与。这证明当前俄罗斯政治的延续性大于创造性,30年的转型历程没有根本上改变其政治传统与政治结构。本文认为,"转型"一词对于苏联——俄罗斯国家来说不是一个单纯的进程,而是两个同时发生的并行进程,即是指苏联——俄罗斯国家需要同时面对国家重构和政体转型的双重任务。在二者之间,国家权力及国家形态的变迁则应被视为民主化转型的背景和底色。苏联国家本身是一个在农业社会基础上快速工业化和城市化国家,是一个存在显著缺陷的积极行动者。但在30年的转型进程中,苏联——俄罗斯国家的角色和功能发生了从积极行动者向消极场域的跳跃,国家形态则发生了从"深入专断——权威基础"向"广泛专断——弥散基础"的跳跃。这一被压缩在极短时间内的剧烈变革使苏联国家的固有缺陷被迅速放大,地方和社会团体加速俘获国家意志、占据国家权力,使原本政治改革的制度设计完全未能实现,大量国家权力被中间层次所截获,由此形成了众多失控的利益集团。自此以后,俄罗斯的民主化转型就只能在国家重构的基础上缓慢推进。国家重构成为改革的主要目标,而政体转型则更近似于一个在特定条件下才会发生的可能选项。

关键词 国家重构;政治转型;民主化;苏联;俄罗斯

1991年以后,对欧亚大陆上的许多国家来说,民主化都已不再是一种规范性的理论设想,而成为一种必须要面对的政治实践。由于是在旧体制的基础之上探索建立新的体制,因此这些国家的民主化进程和政治改革也被称为制度转型。[①] 世界各国都对苏联地区各个国家的转型进程寄予了极大的关注。最初,一部分乐观的学者认为,这些后苏联国家将会迅速完成转型任务,建立起与西方国家相似的民主制度。但另一部分学者则更加谨慎。他们在看到后苏联地区20世纪90年代的动荡之后指出,转型的任务还远远谈不上"完成",甚至距离建立一个稳定的政治形态都还遥不可及。[②]

在转型进程启动的30年后回溯历史,谨慎地判断似乎更加符合实际。后苏联地区特别是其中最大国家俄罗斯的政治转型现在似乎正在步入一场没有终点的旅途。能够确定的只有"起点"这一历史事实和"探索"这一正在发生的事实。可在起点之后,俄罗斯在探索转型的过程中塑造了极其多样化的政治形态,以至于学界对"俄罗斯是否是一个民主国家"这一基本问题都存在诸多分歧。[③] 而转型的终点不仅模糊不清、充满争议,并且还在不断变化。许多政治、经济与知识精英都强调俄罗斯要在尊重历史与传统的情况下探索自主发展的道路,但道路通向何方则犹未可知。因此,虽然各国学界关于俄罗斯政治转型都已经积累了大量的材料和研究,但其中晦涩难明的困惑远远超过了明确清晰的解答。正如阿奇·布朗所感叹的一样,"描述俄罗斯从何处转型而来要比判断它正转向何方

[①] 参看冯绍雷、相兰欣:《转型理论与俄罗斯政治改革》,上海人民出版社2005年版。
[②] 〔美〕大卫·科兹、弗雷德·威尔:《来自上层的革命——苏联体制的终结》,曹荣湘、孟鸣歧等译,中国人民大学出版社2002年版,第9页。
[③] 俞可平:《俄罗斯民主:中国学者的视角》,载《国际政治研究》,2016年第2期,第20—36页。

要容易许多"①。

一、转型理论的困惑

总体而言，可以用五组关系来概括当前俄罗斯复杂的政治形态。其一，从国家与社会的角度，当前俄罗斯国家并不寻求主动控制或压制社会，而是选择脱离或绕开社会进行决策。但国家仍会注意社会态度，对社会的多元需求采取既鼓励又限制的态度。其二，从政治与经济的角度，俄罗斯的政治经济路线一开始呈现出政治集中、经济分散的形态，经历30年转型后逐渐复归到"上游"集中、"下游"分散的形态，即仍由国家掌控经济命脉，有限放开部分领域给受监管的私营部门。其三，从行政与立法的角度，俄罗斯并没有建立一个平衡的行政—立法关系，立法机关难以决定政府构成，也无法深度影响政府政策。由于立法机构的缺陷和立法实践的缺失，行政权仍处一种缺乏制约和监管的状态。其四，从精英与大众角度，精英掌握主要的权力和资源，但严重依赖国家。且精英与大众处于脱节的状态，无法与大众协调行动，甚至难以深入大众与之沟通。其五，从政党间关系角度，俄罗斯并不是标准的两党制或多党制，而是长期存在一个路线相对居中但没有组阁权的议会多数党和数个并不真正具有挑战能力的反对党，同时各政党普遍与社会联系薄弱。

俄罗斯的国家、政府、精英、社会四个结构则在上述五组关系的影响下表现出相应的特征。（1）俄罗斯的国家结构表现为具有单一特征的联邦制国家。一方面，各个地方并没有建立起有序的地方利益凝聚和表达机制，央地关系仍表现出"自上而下"政策安排而非"自下而上"利益表达特征。另一方面，各个地方又形成了地方利益集团，能够在一定程度上对国家的意志和政策形成抵制，俄罗斯国家也仍需和地方精英合作进行统治。（2）俄罗斯精英结构的特征主要表现为分裂且相互竞争的精英集团。政治精英与经济精英联盟控制社会资源，经济精英则通过政治精英获取庇

---

① Archie Brown, "The Russian Transition in Comparative and Russian Perspective", *Social Research*, Vol. 63, No. 2, 1996, pp. 403–415.

护并争取政策倾斜。政治精英一方面需要面对政治压力，服从一定的权威和规则，但另一方面在服从权威规则的同时也能建立自己的恩庇网络，并在调动资源和实施政策的时候取得更大的自由性。从属于不同精英集团的政治机构常会出台差异显著甚至自相矛盾的政策。(3) 俄罗斯的政府结构也表现为职能交叉与相互竞争的官僚部门。一方面，部门的条块属性与部门首脑的从业经验之间不存在严格的匹配关系，一个政治精英可能在完全不同的部门担任首脑，而一个部门也并不一定从本系统中选拔首脑。另一方面，同一业务领域的部门之间并非合作而是竞争关系，有意无意模糊的权责边界使强势部门与领导人能获取突破科层和条块的能力。(4) 俄罗斯社会结构的特征表现为与社会脱节但相互竞争的利益集团。由于利益代表机构和协商妥协机构的发展都显著滞后，俄罗斯的利益集团并不是围绕社会需求组织而成，而是围绕特定精英或精英集团构建。这就使利益集团既无法表达社会诉求，又缺乏协商一致的有效机制，只能依靠非正式网络展开自由竞争。

上述五组关系和四个结构已经可以充分证明，俄罗斯当前的政治形态并不符合经典的各种民主模式定义。在转型过程中，有的部分似乎有改善，有的部分则更加退步，还有相当部分处于一种延续的状态。换言之，俄罗斯的民主化进程本身即使难以定性，至少可以确定，它没有根本性改变俄罗斯的宏观政治结构和基本政治逻辑。如果按照夏皮罗的定义，民主化的中心任务就是"赋予人们驾驭权力关系的能力，从而最大限度地减少被统治"①，那么显然经历苏联解体之后30年的转型进程，俄罗斯的权力并没有得到更好的驾驭，行使权力的政治精英也没有更好地对权力行使的对象负责。俄罗斯的政治形态已经与苏联时期表现出了巨大的差异，但这些差异并不完全是权力归属方式的转变造成的，并不是纳入更多竞争或参与之后的结果。应该意识到，还有其他因素在作用于俄罗斯的政治变迁。

俄罗斯的地方政府、精英群体、政府机构、利益集团都在不同维度上

---

① 〔美〕伊恩·夏皮罗：《民主理论的现状》，王军译，中国人民大学出版社2013年版，第4页。

展开竞争，并最终造成了俄罗斯政治形态的特异性以及转型进程的曲折性和不均衡性。但显然，俄罗斯当前的竞争并不是良性的竞争，因为它是向上竞逐资源，而非向下竞争支持。根据熊彼特的理论，一个理想的政治状态并不是让民众决定政治问题，而是选举出做出政治决定的人。因此要确保一个政权为民众的共同意志或公共利益服务，最重要的就是要保证它是向民众负责的。而这就需要以竞争的方式获取选民的支持并最终获取政治领导权。[①] 而当前俄罗斯国家完成其责任的方式可以大致分为三步：（1）相互竞争的中层精英提出差异显著甚至矛盾的政策。（2）高层精英选择性采纳并向社会进行试探。（3）如果社会接受，则按照理想的方式落实政策；而如果社会不接受，则抛弃原有政策，进行一定程度的回缩，重新展开中层博弈，并换一种政策方案再行试探。这证明，除了高层精英（或联邦政府）主要承担责任义务之外，当前俄罗斯无论是地方政府、精英群体、政府机构或是利益集团都是向上负责，而非向下负责的。这与转型启动之初俄罗斯的权力结构没有根本性的区别。甚至可以认为，特异性、曲折性和不均衡性的根源正在于权力结构没有变化——早在苏联时期，上述四种主要结构就是向上而非向下竞争的。

换言之，30年来的转型进程并没有从根本上改变俄罗斯的宏观政治结构。俄罗斯30年来的政治现实给政治学研究提出了一个深刻的问题：为什么政治形态的改革并没有，甚至于说并不能触动基本权力结构？而更加深层次的问题在于：后发国家或中等收入国家的政治形态一定会沿着先发国家的轨迹演变吗？如果是，那为什么这些国家的政治发展路径呈现出了如此复杂和多元的形态？如果不是，那会是哪些关键因素导致这些国家做出自己的选择和决策？在上述关键因素的作用下，这些后发或者说中等收入国家的政体未来又会如何发展？这些疑问直接对后苏联地区研究的主题形成了巨大冲击，以至于"转型学"（transitology）这一研究范式的学术贡献都开始遭到质疑。批评者认为，这仅仅是现代化理论的一个简单变种，完全无法解释这些国家的变革。想要理解这些国家的政

[①] 〔美〕约瑟夫·熊彼特：《资本主义、社会主义与民主》，吴良健译，商务印书馆1999年版，第395—397页。

治，应该引入更多的理论模型，例如革命（revolution）、制度崩溃（institutional collapse）、国家建构（重构）[state-(re) building] 甚至去殖民化（decolonization）。①

这一建议也正好回应了齐默尔曼等许多学者的"正常国家"之叹。他曾提到，转型之初，俄罗斯和西方都希望俄罗斯成为一个"正常的国家"。但数十年之后他意识到，俄罗斯所指的"正常状态"意味着稳定、安全、无变化和俄国特色，而不是"政治制度变得与西方相似或部分相似"②。既然俄罗斯的权力结构在30年来没有发生根本性的变化，那么这是否意味着一种可能性：是俄罗斯国家权力结构在影响着转型进程，而非转型进程影响了俄罗斯国家的权力结构？许多学者早已意识到，"国家统一要先于其他所有民主化问题"③，那么是否存在一种可能，并不仅仅是"国家统一"先于民主化，而是"国家建构"先于民主化？国家建构的过程可能正是民主化过程的背景和底色，转型进程本身可能只是最终政治形态的一个中介变量，国家建构过程中的种种因素才是塑造它的主要动因？那么，是否应该将俄罗斯30年来的转型进程置于国家而非单纯体制的视野下进行观察？

二、苏联国家的角色与功能

许多转型理论暗含的一个前提条件是"能够将国家形态视为一个常量"。如果能对"国家"这个变量进行控制，那么讨论政权组织方式的变革问题就会顺理成章。但这一前提条件往往是很难满足的。如前文所述，苏联国家由于政权和国家的高度融合，事实上并不可能将其中一方区隔开来而单独讨论另一方的变革。如果国家本身已经无法维持其基本结构，而

---

① Jordan Gans-Morse, "Searching for Transitologists: Contemporary Theories of Post-Communist Transitions and the Myth of a Donminant Paradigm", *Post-Soviet Affairs*, Vol. 20, No. 4, 2004, pp. 320-349.
② [美] 威廉·齐默尔曼：《统治俄罗斯：从革命到普京的威权主义》，辛亨复译，格致出版社、上海人民出版社2018年版，第2页。
③ Dankwart A. Rustow, "Transitions to Democracy: Toward a Dynamic Model", *Comparative Politics*, Vol. 2, No. 3, 1970, pp. 350-351.

是处于一个重构的过程中，追求重新集权和直接统治，那么这一国家重构的过程就会与转型进程所强调的"引入更多竞争和参与"产生直接的矛盾和冲突。因此，这类国家的转型进程必须将"国家"视为一个变量而非常量。而如果将国家视作一个变量，那么单纯描述国家崩溃的动态过程就依然是不够的。除此之外，更重要的是理解数十年来苏联—俄罗斯的国家形态发生了几次重要变化，苏联解体过程中的国家权力是在什么样的国家形态基础上流失的，经历大面积流失后的苏联—俄罗斯国家又保留了哪些权力、形成了什么样的国家形态、追求哪些权力的恢复以及如何完成其目标。因此，无论分析苏联—俄罗斯的转型进程或是其国家形态的变化，首先就需要对苏联的国家形态做出描述。

本文认为，迈克尔·曼的一句概括可以成为描述苏联国家形态的基本逻辑，他指出："苏联是一个落后的然而快速工业化和城市化的社会。"[①] 迈克尔·曼的这一概括中包含了三个关键信息："工业化和城市化"、"落后"与"快速"。

首先，苏联国家最重要的特征在于它是一个工业而非农业国家，这就意味着苏联国家需要和实践的将是工业社会而非农业社会的一系列组织方式。例如它需要重新划分土地所有权，将大量原先的农业劳动力与土地间的联系断开，以便他们向工业生产的场所集聚；例如它需要使劳动力聚集在一起的工作场所如机械化工厂、造船厂等同时也具备社会行为场所的特质，以改变传统的自由散漫的劳动习惯；例如它需要庞大且覆盖全国的理性官僚体系，以便具有专业知识的公务人员对复杂的生产门类进行分别管理，同时与已经成为各种"单位"的兼具生产生活功能的社会基层组织进行接触；例如它需要在纵向上划分多个行政层级，每一个层级都需要建立横向的地方组织负责辖区的公共事务。

其次，苏联国家在启动工业化进程时的基础是非常薄弱的，这意味着它并不具备丰富的制度资源来应对工业化进程中的社会变迁。沙皇俄国直到1861年才开始解放农奴，直到苏联建立不过50余年。沙俄时期国家并

---

① 〔英〕迈克尔·曼：《社会权力的来源（第三卷）：全球诸帝国与革命（1890—1945）》，郭台辉、茅根红、余宜斌译，上海人民出版社2015年版，第476页。

非持续稳定彻底发挥作用,而是更习惯于通过间接机构(贵族)进行统治。新生的苏联国家还不熟悉如何对大量突然涌现的自由劳动力进行组织,如何对市场进行监督,如何对企业行为进行规范,如何处理垄断性行业组织,如何调解工会与工厂主的矛盾,如何自我约束官僚机构以避免寻租行为的出现。更重要的是,它还没有形成对国家利益与国家自主性的清楚认识,没有将抽象权力观念与具体权力载体区分开来,未能清楚国家利益与部门利益、组织利益、地方利益、群体利益等诸多利益之间的区别。

再次,苏联国家的工业化与城市化进程是快速完成的。在短时间内迅速且彻底地改变整个社会的生活形态,这意味着没有充足的时间和宽松的环境来使国家和社会适应磨合。这就很难让许多组织形态和社会关系自然生成,而只能依靠一个强大外力的持续推动。如果加上工业化基础和制度资源还相对薄弱,那么此类国家就不得不采取一系列相对简单、直接、高度集中的方式来构筑国家权力。例如国家很难通过商会、行会、工会、贸易联盟、市场管理等方式来协调经济活动,而只能通过将政治权力延伸到企业、工厂,甚至集体和个人的方式直接对生产过程进行组织管控。这就会使企业成为一个半经济半商业的组织,也造成市场的各个基本单元都必须通过某种依附网络附着于国家权力之上。

正因如此,迈克尔·曼也指出,"这样的社会缺乏为执行政策所必需的稳定的基础设施"①。这就是指,苏联国家对社会的控制是既严格又松散的。一方面,国家必须主动推进社会生产生活方式的变革,因此会不断提出高远的目标和严格的标准;另一方面,国家又缺乏细致广泛的网络来保证目标的落实和政策的实施。正如迈克尔·曼所总结的那样,此类快速工业化国家的一个重大风险就在于其控制成本过高,上层发出的命令很难在底层得到实际执行。如果想要确保国家意志的贯彻,就需要建立一个庞大的监控机构或激励机制。② 这也能在一定程度上解释苏联国家对行政命

---

① 〔英〕迈克尔·曼:《社会权力的来源(第三卷):全球诸帝国与革命(1890—1945)》,郭台辉、茅根红、余宜斌译,上海人民出版社2015年版,第476页。
② 〔英〕迈克尔·曼:《社会权力的来源(第三卷):全球诸帝国与革命(1890—1945)》,郭台辉、茅根红、余宜斌译,上海人民出版社2015年版,第476页。

令和计划经济的反复强调。因为只有这样的方式才能完成"快速工业化与城市化"的目标。而除了"控制成本过高"这一显著的风险之外，还存在一个潜在的风险，即对国家管控的迷信和依赖。国家权力的巩固并不呈现阶段性变化的特征，而是会呈现一种表现为"棘轮效应"与"路径依赖"的自我强化机制。换言之，在达到一定的阶段性目标之后，国家权力并不会主动收缩以激励社会自我组织、自然发展，而是会依循习惯的路径继续追求权力的扩展。这就可能使国家与社会关系陷入一个恶性循环：国家权力扩展—社会发展不足—无法赋权社会—继续追求扩展。

苏联的国家形态可以将其简单比喻为一个"不在家的严父"，以表征苏联国家的三个主要特征：父爱主义、命令和计划机制与国家意志的衰减现象。首先，苏联国家追求快速工业化并改变社会生产生活形态的目标必然要求国家的强力推动。但同时由于苏联国家本身薄弱的工业基础，使得许多政策不可能得到完全严格的执行，许多目标实际上也并不可能完成。但实际上，国家常常只能被迫接受这种"大打折扣"的完成情况，甚至还需要主动"兜底"以减轻微观组织的压力。这就使得国家在与微观组织之间的关系中必须始终扮演一个父爱主义的角色：国家既会对微观组织提出很高的要求以督促其发展，同时也会主动对其进行保护，以降低其破产或解体的风险。科尔内曾总结了国家与企业间父爱主义的五种程度：自立—无助、自立—有助、货币津贴、实物给予—主动表达、实物给予—被动接受。正像他所指出的那样，父爱主义本身就是体制的一种本质特征，它是使企业的预算约束软化的直接原因。而这种软化一旦发生，就必然导致与短缺相联系的若干现象。例如对劳动几乎不可满足的需求、囤积劳动力的倾向和几乎不可满足的投资饥渴等等。①

但是，父爱主义并不意味着无止境的宽容。国家对企业施予父爱主义只是一种手段而非目的，其最终目标依然是促进企业提高其产量。实际上科尔内本人也曾发现了苏联国家应对软约束的一个重要手段：计划的拉紧

---

① 〔匈〕亚诺什·科尔内：《短缺经济学（下）》，张晓光、李振宁、黄卫平译，经济科学出版社1986年版，第272—273页。

机制①。这也正是前文比喻中所提及的"严父"部分。"严"不仅意味着提出宏大计划和极高目标，同时也意味着反复鞭策企业向目标接近。薄弱的工业和市场基础及快速工业化的目标使国家难以接受企业的自发生长，因此必须使自己掌控的资源得到最大程度的开发利用。国家的目标就是正好把计划"校准"到正常的、可接受的紧度上。这就会令国家促使企业将其生产达到资源约束而非需求约束的水平。在这样的情况下，即使企业正常完成目标，计划也会被认为太"松"了，因为企业仍有余力。国家会通过计划的拉紧机制，让企业始终处于一个虽然碰到资源约束，但通过强制替代、跨时调整、突击加班等各种方法能勉强完成任务的状态。这一现象的本质就是以行政命令通过制订计划以促进经济，也就是以政治意志来推动经济的发展。波奇曾将苏联国家的特征概括为持续性的政治压力和法律对国家活动约束的削弱。② 这也正印证了本文所描述的苏联国家以政治意志而非法律约束、以压力而非规则来左右国家的活动。

而在"强力推动"与"软化约束"两个因素共同作用的情况下，就会造成苏联国家的第三个特征：国家意志的衰减现象。这不仅是指国家意志在不同行政层级上会呈现层层削弱的状态，同时也是指国家意志在面对不同对象、不同领域时会得到有选择的执行，更是指国家意志难以维持一个持续、稳定的实践状态。层层削弱的主要原因可以被归结为各行政层级都会与计划制订者进行讨价还价（plan bargaining）。③ 不同的执行者显然拥有对上级命令不同的抵制能力，从而导致他们所面对的约束情况差异巨大。一部分议价能力强的执行者能获得软约束和充足的资源，但一部分议价能力弱的执行者却会面临硬约束与选择性短缺。这种现象被乔纳蒂总结为"有选择的软结构约束"，并导致"自我再生产陷阱"。④ 在这样的陷阱

---

① 〔匈〕亚诺什·科尔内：《短缺经济学（上）》，张晓光、李振宁、黄卫平译，经济科学出版社1986年版，第59—62页。
② 〔美〕贾恩弗朗哥·波奇：《国家：本质、发展与前景》，陈尧译，上海人民出版社2007年版，第163—165页。
③ 〔匈〕亚诺什·科尔内：《短缺经济学（上）》，张晓光、李振宁、黄卫平译，经济科学出版社1986年版，第63页。
④ 〔匈〕玛利亚·乔纳蒂：《自我耗竭式演进——政党—国家体制的模型与验证》，李陈华、许敏兰译，中央编译出版社2008年版，第37—40页。

中，企业只会追求资源的吸引、攫取和抵制，以便使自身所处依附线网络获得更大的话语权和更强的议价能力，从而获得更软的约束。与此同时，企业却不会浪费资源和时间在追求发展的目标上。因为软结构约束的选择性并不遵循经济理性而是遵循政治理性，良好的效率和产量并不会为企业赢得更好的生产环境。这就造成了"严父"的缺席状态：国家意志并不总能得到持续稳定的执行，因为微观组织只需要应付其压力和要求，而不需要真正完成它所提出的目标。企业只需要好好应对时不时发生的突击检查以证明自己很好地完成了国家的计划、满足了国家的要求即可获得一段时间的软约束，而不必真正地去寻求发展。而这与国家意志促进经济发展的初衷是完全相悖的。

"不在家的严父"至少说明，苏联国家在社会和经济生活中扮演了一个非常积极的角色。它要求国家发挥一个发起者和引导者，而非单纯协调者的作用。实际上这也正是理解苏联国家形态的一个重要线索：它更接近于一个行动者，而非一个各种利益集团或社会组织博弈的场域。迈克尔·曼曾经将主要的国家理论总结为五种：阶级论、多元论、精英论（精英主义和制度国家主义）以及混合理论。[①] 阶级理论把国家还原为经济权力关系，特别是资本主义国家。这样的国家仅仅具有相对的自主性，它不是一个运作者，而是一个各阶级组织运作的场所。多元理论则强调阶级之外其他因素的作用，但同样认为国家是一个场所而不是运作者，其具体表现就是政党与压力集团代表阶级、部门、宗教、地区等因素在国家这一空间中展开竞争。与二者不同，精英主义者关注国家的自主权力。国家被视为一个运作者，国家行为被归纳为国家精英支配社会活动的个体性权力，国家权力体现为国家向社会的外扩而非社会向国家的内聚。制度国家主义则认为"国家本质上是变动的社会关系被权威加以制度化的途径"[②]。国家主要是一种集体性权力，实质上就是把各种社会冲突制度化的结果。因此

---

① 〔英〕迈克尔·曼：《社会权力的来源（第二卷）：阶级和民族国家的兴起（1760—1914）》，陈海宏等译，上海人民出版社 2007 年版，第 51—63 页。
② 〔英〕迈克尔·曼：《社会权力的来源（第二卷）：阶级和民族国家的兴起（1760—1914）》，陈海宏等译，上海人民出版社 2007 年版，第 60 页。

它不是运作者，但也不是一个消极的场所，而是一个积极的场所。相对于之前四种理论，混合理论的定义更加模糊，它认为国家不是一种共谋或工具，而只是一种混杂物——它只是许多相互竞争的部门和派系的总称。复杂的博弈和争端在国家中纠缠在一起，而并不能作为一个统一的凝聚力量采取行动。

本文认为，国家的确是一种"混杂物"，但应该将其视作一个动态而非静态的混杂物。国家在不同时期，追求不同目标时性质完全可能发生不同的变化。这也能在一定程度上解释国家作为行动者或是场域的二元争论。国家在面向一些目标时只是一个部门与群体争论的场域，其行动者的特征完全可能处于休眠状态；但国家在面向另一些目标时却表现出了行动者的显著特征，即使允许部门和群体博弈的存在，也会将其限定在一定程度之内，最终以一个统一的方式采取行动。因此要理解特定国家的国家形态，就需要分析它在面对何种目标时会积极行动，会如何行动，又能行动到何种程度。这就要求研究者对国家的行动能力即国家权力的大小进行分析。

三、苏联与俄罗斯的国家权力分析

迈克尔·曼曾对权力进行过大致的区分。他指出，社会权力首先可以分为个体性（distributive）权力和集体性（collective）权力，个体性权力是指某个主体针对客体实施控制的权力，而集体性权力则是指某个群体共同针对第三方或自然界的权力。进而他又提出了社会权力可以分为两组四类：第一组是深入性（intensive）权力和广泛性（extensive）权力，第二组是权威性（authoritative）权力和弥散性（diffused）权力。在第一组权力中，深入性权力是指紧密组织、高水平指挥动员参与者承担义务的权力，而广泛性权力是指让大量参与者以最低限度稳定合作的权力。在第二组权力中，权威性权力是集团或制度以意志力造成的权力，它体现为明确的命令和有意识的服从；弥散性权力则可能以一种更加无意识、更加本能的方式分散在人口之中。第一组权力强调组织内部的基础结构，第二组权力则强调组织对外部世界的应对方式。第一组权力可以大致对应组织的"个体性权力",即对内部各组成部分的控制能力;第二组权力则可以大致对应组织的"集体性权力",即对外部广泛人口和空间的动员能力。①两组四种权力并不一一对应,反而会各自组合出组织延伸的四种理想形式:深入+权威(如军队)、深入+弥散(如总罢工)、广泛+权威(如军事帝国)、广泛+弥散(如市场交换)。

迈克尔·曼认为,现代国家是具有明确地域性的强制型组织,它试图在更大范围内将例行的、正式的、合理化制度加之于其公民和地域。因此相应地,国家权力可以分为两类:个体性的专断性(despotic)权力和集体性的基础性(infrastructural)权力。专断性权力强调国家对社会的控制,基础性权力则强调国家对地域的贯通。曼在面对国家权力时,只是对专断和基础两种权力进行了程度上的高低区分,并将国家形态按专断和基础两个维度的高低划分为四类:高专断高基础(威权主义国家)、高专断低基础(绝对主义国家)、低专断高基础(官僚政治—民主国家)、低专断低基础(封建制国家)。但实际上按曼对社会权力的定义,国家权力更好的描述方式应该是将专断性权力区分为深入和广泛两类,将基础性权力区分为权威与弥散两类。国家对社会既可能存在紧密组织和高水平动员的领域,也可能存在保持社会各界最低限度合作参与的领域;国家的各个地区既可能表现为央地之间明确的命令—服从关系,也可能表现为各地区无意识地自然行动。

苏联国家即是验证这一描述方式的典型案例,它可以被视作一个兼具深入的专断性权力和权威的基础性权力的国家形态。首先,苏联国家的专断性权力是深入性而非广泛性的。实际上,国家的专断性权力并不仅仅取决于国家对地方和社会的态度。影响专断性权力性质的很大程度上是国家对社会资源的控制方式。苏联国家不是对经济活动进行间接协调,而是对整个生产过程进行全链条的直接管理。苏联时期的数次经济改革,无论是赫鲁晓夫的地区管理体制改革尝试,还是勃列日涅夫时期对部门管理体制

---

① 〔英〕迈克尔·曼:《社会权力的来源(第一卷):从开端到1760年的权力史》,刘北成、李少军译,上海人民出版社2007年版,第8—11页。

的恢复，都没有改变苏联经济体制过度集中管理的特征。① 金挥和陆南泉曾总结，到1972年，仅就苏联的工业和建筑业就已有40多个全联盟部和联盟兼共和国部，在全联盟部管辖下有280个部门性总管理局，在联盟兼共和国部下则有400个总管理局。② 在这一体制之下，社会将很难塑造一个公共空间。苏联国家并不是缺乏公共领域，而是这一公共领域通过两个步骤被国家所吸收。一方面，公共领域被部门管理体制分解成各种专业性的生产条块；另一方面，这些被分解成条块的社会利益又因为集中的体制被国家各相应的部门所统摄。这样一来，每一个生产单位或微观组织抵制不合理命令的抗辩能力都是虚弱的。因为其能力被分解成多个条块，每一个单位或组织都不得不同时应对多个"上级"的指令和要求。这就使得苏联国家对苏联社会具有极强的个体性权力或专断性权力，它不需与任何团体协商即可发布命令，且一定会得到遵守。同时，伴随这一经济管理体制的不会是大量参与者合作的广泛性权力，而一定是由国家各部门指挥动员的深入性权力。

其次，苏联国家的基础性权力也是权威性而非弥散性的。影响国家基础性权力的因素主要是央地关系，也就是中央对地方的管理机制和地方利益的表达机制。苏联国家中，地方利益与经济活动相类似，同样是被条块所分解的。只是由于行政层级本身的固有属性，使地方利益仍能保持在一个被限制但没有完全被消解的状态。地方可以通过多个系统向国家表达意愿，如苏共系统、苏维埃系统、部长会议系统等。例如苏共系统有共和国委员会，有地方党委也有基层党委；苏维埃系统有民族院也有联盟院；部长会议系统既有联盟部也有共和国部，甚至也有联盟兼共和国部。但其中主要起作用的依然是苏共系统。但苏共作为一个政党，其内部遵循的更多是动员整合而非竞争协商的模式，政党纪律不会任由共和国与地方的委员会自由决策，而是会以苏共中央的意志为准统一采取行动。此外，按照政党—国家理论，苏联国家存在一种结构性的不平等。由于行政科层之外政党科层的存在，使得利益的提升和表达都会汇聚在政党科层内进行，这就

---

① 陆南泉：《苏联经济体制改革史论》，人民出版社2007年版，第354页。
② 金挥、陆南泉主编：《战后苏联经济》，时事出版社1985年版，第234—235页。

使科层内每一个节点都拥有潜在的突破科层（即不服从上一级命令）的能力。因此地方利益也会因不同个人所处依附线网络的不同被分解为相互冲突的精英集团利益，而难以得到统一的凝聚和表达。因此，苏联国家拥有对地方的绝对优势，能以明确命令的方式调动地方的资源、协调地方的行动，从而构筑一个强力的集体性权力或基础性权力。且这一权力的性质不会表现为地方自行合作的弥散性，而是会表现为中央统一协调的权威性。

但苏联解体之后，俄罗斯国家在20世纪90年代的国家形态却呈现出与苏联完全不同的特征。如果按同样的描述方式，这一时期的俄罗斯应该被视作一个由广泛的专断性权力和弥散的基础性权力构成的国家。首先，俄罗斯国家的专断性权力从深入性权力转变为广泛性权力。从对社会资源和经济活动控制的角度看，俄罗斯国家此时由于休克疗法和激进的市场化改革，已经基本失去了资源控制权力。一方面俄罗斯国家主动放弃了对企业的管控权力，但同时又还未能形成对市场的监管权力。且由于国家权力的大幅度流失，使资源控制权力被各种地方和社会集团所截取。在解体初期，货币、银行、价格、税收等一系列事关国家主权的权力都已处于失控的边缘，在一些联邦主体的案例中甚至已经出现流失的情形。董晓阳在论述90年代俄罗斯地方利益集团时曾指出，此时的地方利益集团已由被支配力量转型为支配力量，它不仅体现为占据了资源支配权，还表现在获得了政治经济决策的支配权。[①] 税收方面，许多联邦主体多次拒绝向国家预算缴款。货币方面，许多联邦主体通过代用券、票据、债券和支票的形式变相建立了地方货币。企业方面，一些联邦主体主动宣布原有的国有企业转为地方管理。价格方面，联邦主体开始自行对除联邦政府规定的自然垄断产品之外的消费品和服务商品进行价格调控。商品方面，一些联邦主体甚至采取封闭行政边界的办法禁止商品和劳务的自由流通。即使连矿藏等自然资源开采权这类明显属于国家利益的领域也被地方所支配。在这样的情况下，虽然公共领域和公共利益在俄罗斯社会中得以形成，但它迅速与地方利益相结合，并反向分解了国家层面的公共利益。这就使俄罗斯国家

---

① 董晓阳：《俄罗斯利益集团》，当代世界出版社1999年版，第189页。

的个体或专断性权力不可能再具有深入性的性质，而是必然呈现广泛性的形态。国家不可能再对社会直接下达指令，而是只能与各个社会团体，甚至于各地方的社会团体分别进行协商。

其次，俄罗斯国家的基础性权力从权威性权力转变为弥散性权力。从中央对地方的管理机制和地方利益的表达机制看，苏联解体之后苏共系统消失，地方利益不再能由一个遵循动员整合模式的政党系统所统摄，而开始逐渐转入竞争协商模式的行政和立法系统。行政机构方面，联邦政府失去对联邦主体政府的管制能力，为避免进一步解体的发生，只能单独与各联邦主体政府签订联邦协议，主动划分联邦与地方的权力归属。立法机构方面，由于俄罗斯的政党政治遭遇严重危机，虽然政党林立，但少有政党具备全国性的体系和深入社会的能力。这就使两院议会中的下院国家杜马处于不稳定的状态，并不能凝聚和表达地方利益，也无力很好地协调国家与地方利益。更大的转变发生在议会上院即联邦委员会。联邦委员会的代表从1993年的多数制原则选举诞生，到1995年变更为直接由地方执行权力机关和代表权力机关即行政和立法机构首脑担任。值得注意的是，如果联邦委员会代表由地方选举诞生，那么其性质更多是为了向联邦政府表达地方的利益和意愿。但如果联邦委员会代表直接由地方的政治精英甚至两大机构首脑担任，那么其性质就变成与国家协商议价而非单纯表述地方诉求了。此时的联邦委员会不再是传达和执行国家意志的机构，而成为地方代表协调一致，采取集体行动反向施压国家的机构。此时的俄罗斯国家实际上已经形成了多个地方精英群体，以这些精英群体为中心又形成了多个覆盖一个或数个联邦主体范围的地方利益集团。如果按迈克尔·曼最初的分类方式，此时的俄罗斯更接近于一个低专断性权力 + 低基础性权力的封建制国家形态。国家需要依靠以地方和社会利益集团为代表的中间层次完成统治。实际上，也恰好有俄罗斯学者将此时的俄罗斯政治概括为"封建化"，即是指建立数个围绕特定中心的自给自足体系，并反向影响甚至劫持国家利益。[1] 这样一个国家形态下，其基础性权力显然是广泛性而不

---

[1] Oxana Gaman-Golutvina, "Changes in Elite Patterns", in *Europe-Asia Studies*, Vol. 60, No. 6, 2008, pp. 1033 – 1050.

可能是权威性的。

四、苏联到俄罗斯的国家形态变迁

如果依照深入的专断性权力、广泛的专断性权力、权威的基础性权力和弥散的基础性权力对苏联解体前后的俄罗斯国家形态进行描述，那么就可以得到一个四象限的分类框架，如表1所示。按前文所述，苏联国家同时具备深入的专断性权力和权威的基础性权力，而俄罗斯国家权力的特征则主要体现为广泛的专断性权力和弥散的基础性权力。一种理想的发展进程应该是使苏联国家按横坐标进行平移，并大致保持自己在纵坐标上的位置，即逐渐把深入的专断性权力转化为广泛的专断性权力，国家不再直接指挥和动员社会，而是让社会各部门与团体在国家这一平台上展开竞争和协商。此时国家将不再作为一个行动者存在，而只是保持作为一个场域的功能。而另一种理想的发展进程则应该是使苏联国家按纵坐标进行平移，并大致保持自己在横坐标上的位置，即逐渐把权威的基础性权力转化为弥散的基础性权力，国家不再直接向地方发出命令，而是赋权给地方，任由地方自由发展。此时国家也会不再成为一个行动者，而同样成为一个场域。但此场域上的竞争者主要是地方利益的代表们。两种转型路径之间的共识在于消除国家作为积极行动者的功能，将国家变为一个场域；但两种路径之间的分歧在于国家应该由各种地方利益还是各种社会利益构成，也就是国家应该直接赋权给地方还是社会。实际上，两种转型路径都部分地符合了多元理论即自由主义国家理论的设想，前者更容易获得国家性利益集团如金融集团、工业集团、农业集团、知识分子甚至中产阶级的支持，后者则更容易获得地方性利益集团如地方政治、经济、知识精英的支持。传统转型理论暗含的前提之一即是将俄罗斯国家置于自由主义国家观的基本框架之下进行分析和理解。但从表1中不难发现，解体前后苏联—俄罗斯的国家形态截然不同，转型过程并没有使它沿着纵坐标或横坐标做程度上的平移，而是直接实现了一个对角线式的跳转。因此，无论是横向平移或纵向平移的转型设想都遭遇了大量无法解释的现象。

表 1　从苏联到俄罗斯的国家形态变迁

		专断性权力	
		深入的专断性权力	广泛的专断性权力
基础性权力	权威的基础性权力	苏联国家	理想中的民主化国家
	弥散的基础性权力	松散的邦联制国家	俄罗斯国家（20世纪90年代）

笔者认为，这些"无法解释的现象"应该回归到国家作为"行动者—场域"的视角下进行分析。苏联国家是一个积极的行动者，但同时也是一个有缺陷的行动者。薄弱的基础使国家在面对社会与经济生活时缺乏充足的制度资源和治理经验，快速工业化的过程使其未能逐步补齐和完善执行政策所必需的基础设施，路径依赖则使这些缺陷一直保留了下来，成为国家形态的主要特征。结果，国家作为积极行动者在其"力有不逮"的领域表现出了软结构约束的现象，即虽然在标准和要求上不让步，但在执行命令和计划时不坚持，反而主动对一些完不成任务目标的微观组织施以父爱主义的宽容。这种"宽容"由于遵循政治理性，因此也随着不同领域和对象的特征出现了选择性软化约束的现象。一部分组织能获得软的约束，从而增强议价能力使约束日益软化，另一部分组织遭遇硬的约束，从而议价能力削弱使约束日益硬化。"软约束"和"选择性"二者相加不仅使苏联国家的国家意志在执行时存在不同程度的衰减，同时也使其逐渐被部分组织或团体的意志所俘获。而苏联国家的转型进程包含专断性权力转型和基础性权力转型两个部分的内容，且两部分内容之间本身就存在巨大的张力。同时启动的两个方向的转型使苏联国家的两项国家权力同时被削弱，其国家形态从"深入专断—权威基础"直接向"广泛专断—弥散基础"跳跃，国家的功能也从积极行动者直接向消极场域跳跃。在跳跃过程中，苏联国家作为行动者固有的缺陷被迅速放大，地方和社会团体加速俘获国家意志、占据国家权力，使原本政治改革的制度设计完全未能实现，大量国家权力被中间层次所截获。国家自主决策权力分裂的同时，资源控制能力也出现大面积流失。于是苏联解体后，地方利益和社会利益在获取了部分国家权力的联邦主体层面结合，逐渐形成地方利益集团，并开

始反向控制俄罗斯国家。

实际上，迈克尔·曼的理论描述了国家权力对社会和地方的单向作用，但实际上国家与这两个对象间的权力关系完全可能是相互的。国家可以控制社会和地方，社会和地方也可能反向控制国家。前者国家还是一个行动者，后者国家就完全变成了一个场域。在解释苏联解体后俄罗斯的国家形态时，米格代尔的理解方式更为贴切。米格代尔曾对许多第三世界国家进行分析，他指出，国家不是一个固定不变的实体，社会也不是，它们共同在相互作用的过程中改变各自的结构、目标、规则以及社会控制，它们是持续性相互影响的。[①] 米格代尔还认为，国家只是社会的一部分，它具有和其他社会机构差别不大的特征。国家的独特之处仅仅在于它试图在所有社会机构中寻求主导地位，但国家并不总能取代社会中的其他机构。[②] 国家在机构内部缺乏强大政治根基和面对地方控制的压力时就会受到诸多限制。于是其高层政治就会表现为生存政治，产生一系列诸如大清理（经常更换重要机构领导人）、任人唯亲（选择性任命官员）、交叉性官僚部门（限制任何单一分支特权）、卑鄙手段（监禁、驱逐、失踪等非常规措施）、建立联盟及国内权力平衡等反常现象。其行政管理的政治会表现为中层官员与地方强人合作，竭力阻止负面信息向上流动，地方层面的政治则会表现为国家执行者与地方代表相互妥协，导致国家利益在地方层面被俘获。[③] 这些现象或多或少都在解体后即90年代的俄罗斯国家中得到了验证。短短数十年间，俄罗斯国家形态就经历了两个极端的巨大变化，近20年俄罗斯国家也正是在这样的基础上寻找自己的定位。一方面，经历90年代大面积权力流失的俄罗斯国家需要逐渐打破地方利益和社会利益在地方层面的利益集团联盟，逐步回收其专断性权力和基础性权力以保证国家基本权力的稳固。另一方面，90年代两个方向的转型都并没有

---

① 〔美〕乔尔·S.米格代尔：《社会中的国家：国家与社会如果相互改变与相互构成》，李杨、郭一聪译，张长东校，江苏人民出版社2013年版，第58页。
② 〔美〕乔尔·S.米格代尔：《社会中的国家：国家与社会如果相互改变与相互构成》，李杨、郭一聪译，张长东校，江苏人民出版社2013年版，第66页。
③ 〔美〕乔尔·S.米格代尔：《社会中的国家：国家与社会如果相互改变与相互构成》，李杨、郭一聪译，张长东校，江苏人民出版社2013年版，第73—94页。

达成其目的，无论是赋权社会还是赋权地方以弥补政策执行基础设施的努力最终都造成了负面效果，但这一进程又必须继续，否则俄罗斯国家将难以避免重蹈覆辙。按照米格代尔的描述方式，当前俄罗斯国家的转型进程就在这样一个与其他社会机构重新争夺主导权也就是国家重构的基础上继续推进的。

五、结论

"转型"一词对于苏联—俄罗斯国家来说不是一个单纯的进程，而是两个同时发生的并行进程，即是指苏联—俄罗斯国家需要同时面对国家重构和政体转型的双重任务。政体转型的方式和成效很大程度上取决于最初国家权力流失的程度与国家重构所采取的策略与结果。在国家不面临生存危机，国家权力稳固且稳定时，政体转型就会存在更大的空间和可能性。但在国家陷入生存危机，国家权力机构存在缺陷时，政体转型进程同样可能发生，但此时其成功的可能性就会大大受限，并且会进一步加剧国家所面临的危机和缺陷。对于此类国家而言，国家重构是一个必选项，而政体转型是一个可选项；国家重构是改革的主要目标，但政体转型更接近于一个副产品。当这两项任务发生冲突时，政体转型的目标就会妥协甚至于直接被放弃。本文认为，结构（structure）与能动性（agency）的不同组合方式决定了事件的具体走向。在以俄罗斯为代表的苏联国家中，国家权力流失的程度与形态构成了自变量中的结构性因素，而国家重构的策略则构成了其能动性因素。二者不同的组合方式造成了国家重构进程在各地区的不同效果，并由此塑造了国家与地方和社会其他组织在当地的特殊关系，而正是这种特殊关系使转型进程取得了不同的结果。需要特别指出的一点是，结构性因素决定了国家重构与政体转型两个进程的起点，但依然是能动性因素决定了两个进程的最终走向。结构性因素与能动性因素之间并不能描述为简单的因果关系，而是更接近于一种约束和被约束的关系。国家与精英在特定地区的行动需要受到这一地区结构性因素的约束，因此其能选择的选项是多样的但同时也是有限的。换言之，地方权力结构的急剧变革向国家、地方与社会三方都提出了挑战，虽然国家依然具有相对的优势，但地方权力结构如何重塑依然取决于三方的互动、博弈与各自的选择。

Political Transition of Soviet – Russia in Perspective of Theory of State

Fei Haiting

Abstract：After 30 years of transition, Russian politics have taken on a complex form. The main feature of this pattern is that institutions and groups mainly compete for resources upward rather than attracting participation downward. This proves that the continuity of current Russian politics is greater than creativity, and the 30-year transition process has not fundamentally changed its political tradition and political structure. It is believed that the term "transition" is not a simple and single process for the Soviet – Russian countries, but two concurrent parallel processes. The Soviet – Russian countries need to face the dual tasks of national reconstruction and regime transition at the same time. Between the two, the change of state power and state form should be regarded as the background and principle of democratic transformation. The Soviet Union itself is a country with rapid process of industrialization and urbanization on the basis of agricultural society, and it is an active actor with significant defects. However, in the 30-year transition process, the role and function of the Soviet – Russian state have leaped from active actors to negative field, and the state form has leaped from "intensively despotic – authoritatively fundamental" to "extensively despotic – diffusely fundamental". This drastic change, which was compressed in a very short time, rapidly magnified the inherent defects of the Soviet Union. Local and social groups accelerated to capture the will of the state and occupy its power, which completely failed to realize the original system design of political reform. A large number of political power of state was intercepted by the middle level, resulting in the formation of many out of control interest groups. Since then, Russia's democratic transformation can only be promoted slowly on the basis of state reconstruction. State reconstruction is the priority of reform, while regime transition is more similar to a possible option that will occur under specific conditions.

Keywords: State Reconstruction; Political Transition; Democratization; Soviet Union; Russia

海外专稿

专制：近代早期欧洲政治分析的基本概念

〔澳〕约翰·基恩

悉尼大学政治学教授

李 健 译

北京大学中国政治学研究中心博士研究生

编者按

　　严谨而深刻的学术思考离不开基本概念，政治学的大厦便建立在许许多多成熟与定义明确的概念之上，而本文的作者则提醒我们，我们似乎遗忘了一个曾经具有广泛影响力、现在或许也十分重要的政治学与国家研究概念——"专制"。作者向我们展示了一个典型的思想史研究，在这篇文章中，作者致力于澄清"专制"的意涵在历史的长河中经历了怎样的时空变迁，并且如何最终淡出了公众与学者的视野。具体而言，作者尤其关注16—19世纪的思想史，向我们说明在这些世纪里，"专制"多次完成了它在语义上的蜕变，而且由于它被运用的语境在不断变化，"专制"这一语汇也多次在不同的历史情境下催化了政治与社会现象、激发了公众与学者的政治想象力。因此，这篇围绕"专制"这一国家研究的基本概念所展开的思想史研究具有重要的学术价值。

关键词 专制；东方专制主义；专断权力；自愿为奴

"专制"或"专制主义"（despotism）[①] 一词是近代早期欧洲政治词汇中最引人注目但却被严重忽视的词汇之一。它起源于古希腊，在那时，单词"despotēs"（可能来自"do-po-ta"这一迈锡尼线性文字 B 中的词汇）最初指的是丈夫对妻子、孩子和家奴的仁慈统治。这个词在拜占庭帝国时期被用作宫廷头衔，指在位皇帝的儿子或女婿。16 世纪，尤其是在 16 世纪的法国，"专制"这个古老的词汇被激活了，获得了巨大的活力，产生了重要的政治影响。它不仅成为德国学者们所称的"基本概念"（Grundbegriff），引起了许多人的注意，而且在报纸、书籍和小册子中激发了公共争议。一段时间里，"专制"也成了东方学专家（Orientalist）的一个指称，被欧洲学者用来描述和规范地评判土耳其、波斯、印度次大陆，一直到中国和日本的人民和政府。但事实上，这个概念的意涵过于混杂，它也逐渐有了其他更具颠覆性的含义。在 18 世纪，当它被用于指代欧洲君主政体时，"专制"一词成为抵抗专断权力的象征。它引发的政治动荡，促使推翻了美国殖民地、海地和法国的君主制。三个世纪以来，它催生了许多关于权力的本质、政治服从的机制以及好政府意涵的重要公众争论。但作为政治分析的基本概念，它的流行却并没有持续多久。本文表明，在 19 世纪的历史进程中，"专制"这一术语逐渐消失，并不再被使用。这个曾经引起公众极大兴趣、激起许多为争取权力和反对权力而展开生死斗争的语汇，在很大程度上被遗忘了，被留在了历史的垃圾堆里。这一情状为我们留下了这样的问题："专制"或"专制主义"的观念在今天是否仅仅是一个能够满足考古爱好者的文物，还是它仍然与我们在当下理解当代政治的轮廓和冲突的努力密切相关。

"东方专制主义"（Oriental despotism）

　　据史料记载，"专制主义"最初是为了赞美基督教欧洲并将其与东方

[①] 考虑到"despotism"一词具有思想意义上的"专制主义"与制度意义上的"专制制度"两种意涵，故译者在翻译"despotism"一词时，根据语境采用了"专制""专制主义""专制制度""专制政体"等多种译法。

列强加以区分的一个术语。它是一个东方学专家所使用的指称,是一个在欧洲人的想象中富有战斗性的词汇和一个作为基督教世界贬损伊斯兰世界这一悠久传统的新表现形式的关键术语。从 16 世纪开始,借助于驻君士坦丁堡的欧洲大使馆提供的关于大领主苏丹所作所为的各种正式或非正式的官方报告和传闻轶事,奥斯曼土耳其逐渐被视为具有诱惑力的黑暗专制力量的完美化身。① 在许多观察家看来,"专制"是破坏个人财产、因国家禁止出版所造成的普遍无知、残忍苏丹的性变态和专断统治的代名词。"专制"被理解为一种以苏丹的后宫(seraglio)为中心的政治秩序,这是一个超乎想象的奢侈空间,统治者通过臣属管理权力,但这些臣属一旦不幸失宠,就会被勒死。后宫意味着一种不受约束的权力,在后宫中有众多奇特的角色,包括侏儒、哑巴、黑人与白人太监以及一群基督教出身的被俘妇女,他们被精心挑选出来以满足一个更倾向于"反常"行为的统治者的肉欲。18 世纪的法国政治作家孟德斯鸠(Charles-Louis de Secondat Montesquieu)就是这么想的。他掌握的关于波斯人、土耳其人、阿拉伯人、鞑靼人、暹罗人、日本人、中国人和印度次大陆人民的报告使他相信,他们是"专制"的帮凶和受害者。许多其他观察家也同意他的观点,其中包括东印度公司的英国雇员亚历山大·道(Alexander Dow)上校,他的著作《印度斯坦史》(*The History of Hindostan*,1772)被广泛阅读,其中包括一篇《关于印度斯坦专制制度的起源和本质》("A Dissertation Concerning the Origin and Nature of Despotism in Hindostan")的论文。亚历山大·道确信,"穆罕默德的信仰是专门为专制设计的……这是使得东方那种政府能够得以永久延续的最重要原因之一"。上校说,其他原因包括恐惧、频繁洗浴的催眠效果和闷热:"印度炎热的气候引起的倦怠,使当地人倾向于懒惰和安逸",以及"随心所欲的劳动"(the labour of being free)。禁止饮酒更加剧了臣民们的麻木:"它阻止了人们自由地表达情

---

① Franco Venturi, "Oriental Despotism", in *Journal of the History of Ideas*, Vol. 24, 1963, pp. 133 – 142; R. Koebner, "Despot and Despotism: Vicissitudes of a Political Term", in *Journal of the Warburg and Courtauld Institutes*, Vol. 14, 1951, pp. 293 – 296; Patricia Springborg, "The Contractual State: Reflections on Orientalism and Despotism", in *History of Political Thought*, Vol. 8, No. 3, Winter 1987, pp. 395 – 433; and Alain Grosrichard, *Structure du sérail. La fiction du despotisme asiatique dans l'Occident classique*, Paris, 1979.

感,而这种自由表达能够将人类从对他们自然权利(natural rights)的冷漠中唤醒。"他还说,"专制"的受害者"变得冷漠、胆怯、谨小慎微、内向和怀有私心;对那些使人在某种程度上变得真诚坦率的炽热激情和令人愉快的心灵升华感到陌生"。①

"东方主义"认为懦弱的印度教徒沦为穆斯林"专制"的牺牲品,这一观点被广泛接受,但也不无挑战。同时令人惊奇的是:"专制"这个词的意义和政治功能发生了显著的变化。在18世纪,"专制的幽灵"——这是18世纪在印度次大陆的历史、地理、宗教和法学方面的翻译家、作家和学者安克蒂尔-杜佩隆(Abraham-Hyacinthe Anquetil-Duperron)经常引用的一个短语——开始萦绕在欧洲和欧洲以外的地方。由于种种原因,在大西洋地区,尤其是法国,"专制"成为受过教育的特权阶层内部激辩的公共话题。

一个影响深远的原因是,一些更有见地的作家正面提出了挑战,他们质疑孟德斯鸠在他的《论法的精神》(*De L'Esprit des Lois*, 1748)中所提出的有影响力的论断。孟德斯鸠在《论法的精神》中说,"专制"是亚洲主要国家的"自然化"(naturalised)特征。他的著作无疑对许多思考18世纪下半叶亚洲社会的欧洲人产生了影响,学者、商人、旅行者和帝国的缔造者们把"东方专制主义"的论点全盘吞下。但是,当欧洲人开始收到大量来自欧洲以外世界的新报告时,"东方专制主义"这一正统观念遭遇了智识上的商榷。这些挑战行为产生了一种意想不到的效果——让这一类别范畴的边界得以软化:开阔了这一范畴的思想内涵,拓宽了这一范畴的囊括范围。这个类别变得更难以预测、更不稳定以及在政治上变得愈发混杂。

从某种程度上来说,这是因为一些作家敢于质疑关于东方世界的标准叙事图景。那些将注意力集中在亚洲,并与正统观点持不同意见的人所写的最有影响力的杰作之一是安克蒂尔-杜佩隆的《东方法律》(*Législation Orientale*, 1778)。它指责孟德斯鸠和其他人错误地描述了东方的政府和社会,建构了"一个在任何地方都并非真实存在的专制制度体系"(un

---

① Alexander Dow, *The History of Hindostan*, Vol. 3, London, 1772, pp. vii – xxxvii.

système de despotisme qui n'existe réellement nulle part)。杜佩隆强烈主张，土耳其和莫卧儿帝国的政治秩序并不是由被阿谀奉承的官员侍奉的暴君（despot）① 运用专断的和不受限制的权力的案例。亚洲也有奴隶，但不是每个人都被奴役，事实上，这些政体的统治者与他们的臣民借助习俗、成文法和不成文法的力量相互约束。他们的行动受到以下因素的限制：名人和宗教权威的对等权力、寻求正义的请愿者、法院协商会议（court consultations；durbars）的行动以及可以被广泛获取的载有政府事务细节的公报。他们的权力同样受到宗教多样性的民风和法律保护的制约，就像如果身处阿克巴（Akbar）的早期莫卧儿帝国，这一清单还应当再加上土地和贸易的财产权；杜佩隆甚至坚持认为，在奥斯曼土耳其，私人财产权得到了比英国更好的保护。

《东方法律》巧妙地指出了关于"专制主义"的讨论是如何与商人和传教士的欧洲帝国扩张关联在一起的。杜佩隆不仅质疑那些他所言的"没有证据的断言"（assertions sans preuves），而且提供了对东方政体更准确的描述。通过将东方的政治组织描绘成专断权力的不稳定体系，"专制主义"的话语认为，欧洲的殖民是一份慷慨的礼物，因为它为那些一直在专制制度所带来的恐惧、暴力和不平等下受苦的人民带来了社会稳定性和良善、合法的政府。因此，杜佩隆指责他的反对者使用"专制主义"一词作为借口，为欧洲人在亚洲实行的压迫开脱。例如，反对者们坚信东方政体并不致力于保障私人财产权，这就成为殖民者收夺土著人土地的理据。但是杜佩隆预言，通过将被殖民者诽谤为专制制度的受害者，帝国扩张本身反而将给东方人民施加屈辱和苦难。

作为一名学者兼冒险家，安克蒂尔-杜佩隆陈述了他的观点并被后来的杰出学者采纳。② 对他来说，这理应是件好事。但是，命运发生了奇怪

---

① 根据语境情感色彩的不同，译者将"despot"灵活翻译为"暴君"与"专制统治者"。
② Hanna Batatu, *The Old Social Classes and the Revolutionary Movements of Iraq* (Princeton, N. J., 1978) 已经表明，伊斯兰世界的"现代专制主义"是典型的欧洲殖民者们一同培育的毒果，他们以"现代专制主义"为武器摧毁当地的公民社会机构、习俗和法律规范，扶植和支持傀儡国王、沙哈和独裁党的统治者；此外，Mikhail Rostovtzeff's classic *Caravan Cities* (Oxford, 1932) 描述了在欧洲人入侵和征服之前，同一地区致力于保护商人财产和权利的契约法典的悠久历史。

的扭曲，他的案例以一种他绝不希望的方式被一些作家和政府官员接受或延伸了。这些作家与官员认为东方的专制制度有一些具有吸引力的特征，而这意味着，东方专制制度的某些方面是值得欧洲效仿、应当在欧洲大地上生根发芽。他们援引 18 世纪以普鲁士的腓特烈二世（Frederick II，另译"弗雷德里克二世"）为代表的强势君主所推动的改革为例，确信专制可以是仁慈的。最早以这种方式推论的思想家之一，是著名的反对酷刑和死刑的米兰作家切萨雷·贝卡利亚（Cesare Beccaria），在其著作《论犯罪与刑罚》（Dei delitti e delle pene，1764）中，他提出了一种新型的仁慈君主制（benevolent monarchy），在这种君主制中，"许多人的专制只能通过一个人的专制来纠正，暴君的残忍与他的力量不成比例，而是与他必须对付的障碍成比例"[①]。俄国的凯瑟琳二世（Catherine II）仔细阅读并引用了他对未经分割的权力的辩护；也正是这个时候，这本书为贝卡利亚寻得了与哈布斯堡王朝改革派统治者玛丽亚·特蕾莎（Maria Theresa）和约瑟夫二世（Joseph II）共事的机会。毫无疑问，专制政府最具影响力的拥护者是法国的重农主义者们。在路易十五（Louis XV，1710—1774）长期统治的最后几年，他们提倡一种基于他们所描述的"自然法"（natural laws）——比如允许谷物自由贸易——的新型绝对君主制（absolute monarchy）。他们说，政府的工作是保障这些自然的和必要的政府法令以及社会法律的自由运行，他们自豪地称这种基于"自然法"的政府为"合法专制"（despotisme légale）和"开明专制"（enlightened despotism）。按照这些路径，考虑到像凯瑟琳二世和托斯卡纳的利奥波德（Leopold of Tuscany）这样的统治者的例子，米兰贵族朱塞佩·格拉尼（Giuseppe Gorani，1740—1819）同样发表了一个被广泛阅读的"真正的专制"（true despotism）案例，"真正的专制"通过加强致力于积极摆脱束缚性的税收

[①] Cesare Beccaria, *An Essay on Crimes and Punishments*, London, 1804, pp. 11–112. 对专制权力的明确捍卫通常要归功于法国政治作家查尔斯·伊瑞内·卡斯特尔，圣-皮埃尔神甫（Charles-Irénée Castel, abbé de Saint-Pierre, 1658—1743），直到今天，他仍然以其在国际和平方面充满洞见的建议而闻名，他确信一个强大的、不可分割的君主国家可以仁慈地保护其臣民免受小暴君的伤害，这样，"当权力被理性地统一时，它就不会因太大或太专制而不能符合社会的最大利益"（"Pour perfectioner le Gouvernement des Etats", in *Ouvrajes de politique*, Volume 3, Rotterdam, 1733, p. 197）。

体制、规则和规章制度的君主制,来释放贸易和商业的市场力量,反对诸如教会、治安官和地方议会等中间机体(intermediary bodies)的社会等级特权,最终确立"自然秩序"(natural order)。在这一问题上,弗朗索瓦·魁奈(François Quesnay)的《中华帝国的专制制度》(Le Despotisme de la Chine, 1767)的描述更为尖锐。他坚持认为"中国的政府"令人印象深刻,当然也值得效仿,因为它是一个"合法专制"(legal despotism),"帝国的君主将帝国的最高权力完全掌握在他自己手中",并始终运用"明智的和不可更改的法律",即"自然秩序的法律"。[1]

专断权力(Arbitrary Power)

这样的推论角度与蔑视东方专制政体的旧东方学家是完全一致的。它之所以引人注目,是因为一个不那么积极的原因:它证明,在某些时刻,欧洲知识分子很容易被"专制主义"为他们展示的有关不可分割的主权权力、专制庇护和就职的幻想所诱惑。[2] 然而,历史记录显示,知识分子与"专制主义"的共舞激起了公众的愤怒反弹,质疑者认为专制是一种全球现象与威胁。这种语义上的转变有更深的根源,在17世纪下半叶,"专断和专制权力"这一短语首次被小册子作者使用,来攻击太阳王路易十四的"绝对主义"(absolutism)。[3] 18世纪,这一自上世纪下半叶延续下来的麻烦终于爆发,并带来了巨大的政治后果,然而吊诡的是,这一事态却是在格拉尼和魁奈的帮助与杜佩隆的善意下产生的。1727年,"专

---

[1] Guiseppe Gorani, *Il vero dispotismo*, London, 1770, 2 Volumes; François Quesnay, "Foreword", *Le Despotisme de la Chine*, Paris, 1767, in Lewis A. Maverick, *China A Model For Europe*, San Antonio, 1946, pp. 141, 264. 重农主义者的思维方式和行为贡献被这一文献很好地把握到了:Georges Weulersse, *Le mouvement physiocratique en France*, Paris, 1910, 2 Volumes。

[2] 18世纪对将不可分割的国家权力设想为"一个全能教育者"的智识憧憬被这一文献强调:Carl Schmitt, *Die Diktatur: Von den Anfängen des modernen Souveränitätsgedankens bis zum proletarischen Klassenkampf*, Berlin, 1978 (1928), pp. 97 – 129。

[3] 对"法国宫廷专断与专制权力的沉重影响"("les triste effets de la puissance arbitraire et despotique de la cour de France")的攻击被这一匿名出版的系列回忆录或论文领导:*Les Soupirs de la France esclave, qui aspire après la liberté* (*The Sighs of a France Slave Who Yearns After Liberty*), Amsterdam, 1689, 3rd part, 15 September, p. 29。这本书常被认为是法国加尔文教牧师皮埃尔·朱里欧(1637—1713)的作品,尽管它被皇家审查官禁止和焚烧,但它对自私和鲁莽使用权力的抨击引起了巨大的轰动。

制"或"专制主义"这一具有新内涵的单词从更古老的法语"despotisme"进入英语"despotism",它很快便加入了革命的力量。这一转变是由几种因素共同推动的,包括对专制政体所占优势的普遍警惕,越来越多能够证明奥地利、普鲁士和俄罗斯君主政体领土野心的证据,以及一些戏剧性的政治事件,比如路易十五的政变(1771)和波兰—立陶宛联邦的第一次分裂(1772)。在某位在位君主坦率自白的帮助下(腓特烈二世写道:"在君主里面,现在不缺怪物,将来也不会缺。"①),政治激进派开始声称,欧洲的君主制度开始与其他地方的专制政体相似,比如两者都制定了咄咄逼人的税收政策,都致力于镇压宗教上的少数派,以及通过不受限制的专断权力来争取公众舆论。

这种新的解释在很大程度上要归功于 18 世纪杰出的法国政治思想家孟德斯鸠的著作。还是在他那本经典著作《论法的精神》中,他提出了一个著名的观点,专制政体的统治者是无所顾忌、不计后果的(reckless)。"当路易斯安那州的野蛮人想要水果时,他们会把树砍倒来采集果实,这就是专制政府的行为方式。"在专制政体中,弥漫在人与人之间的互相猜疑并对彼此感到恐惧的心理状态不断滋长,没有任何人是安全的,臣民的生命、自由和财产权悬而未决。他们被这个可怕的格言支配:"一个人应该根据他自己反复无常的意愿来统治国家。"② 在他的早期作品《波斯人信札》(*Lettres Persanes*, 1721)中,孟德斯鸠表达了类似的思想,只不过这一次是以书信的形式,通过呈现身处法国的波斯旅行者的寓言,孟德斯鸠描述了被"恐惧、黑暗和惊骇"所笼罩的波斯后宫生活。"专制"(在孟德斯鸠心目中,这种政治制度指的是路易十四和路易十五的君主制)是残酷的专断权力的同义词,意味着为背信弃义和不正义开脱的可憎法律。专制制度培育了对无限财富的盲目渴望以及那些喜欢"战利品和胜利"的君主,这些君主沉醉在自己所谓的"君主荣耀"之

---

① Frederick of Prussia, *Refutation of Machiavelli's Prince*: or, *Anti-Machiavel*, edited Paul Sonnino, Athens, Ohio, 1981, pp. 32 – 33. "就像国王可以随心所欲地做好事一样,他们也可以随心所欲地为非作歹……每个国家都有诚实和不诚实的人,就像每个家庭都既有英俊的人,也有独眼、驼背、瞎子和跛子一样……在君主中间,总有与他们所被赋予的品格不符的怪物。"

② Montesquieu, *De L'Esprit des Lois*, Paris 1979 (1748), Book 5, Chapter 13, p. 185; Book 2, Chapter 5, p. 141.

中无法自拔,滥施恩惠,狂予名誉但"不过问他们的真正功德",甚至"处死所有忤逆与触怒他们的人"。专制政体是由醉心于权力的暴君统治的,"如果三角形能够创造一个神,那么臣民就会形容他们的君主具有三条边"。①

德尼·狄德罗(Denis Diderot,1713—1784),《百科全书》(*Encyclopédie*)这一伟大的启蒙艺术和科学参考著作的著名联合主编,也是向专制政体与专制君主发难的先锋者之一。"一个专制统治者",他写道,"即使他是最好的人,按照他自己的良善意愿统治国家,也是犯罪。"他又说:"第一个专制统治者,公正、稳重、开明,是大灾难;第二个专制统治者,公正、稳重、开明,还将是一个更大的灾难;但是第三个人,如果他能在所有这些伟大的品质上取得成就,这将是一个国家所能遭受的最可怕的灾难。"② 他的同胞记者、国会议员和图书管理员让-路易斯·卡拉(Jean-Louis Carra)呼吁他的公民同伴们抵制专制,因为专制政体威胁要在法兰西国家的民情(mœurs)、财富和自由的废墟下"奴役"他的"美丽"祖国法兰西。在"坦诚与愤怒"的感化下,对压迫法国人民"九百年"的专制制度的反抗终于迎来了胜利的结局。卡拉补充道:"多么伟大的胜利!"③ 虽然由于他的影响力,卡拉后来还是被当地嗜血的雅各宾派革命者送上了断头台(1793年10月),但他的观点在英吉利海峡的对岸产生了回响,被英国作家、英国国教牧师维西西姆斯·诺克斯(Vicesimus Knox)所赞同,诺克斯以法国大革命的原则之名攻击英国君主制,引起了巨大的轰动。"人类美德和幸福的最大敌人是专制(Despotism)",他用大写字母怒吼道:"看看整个地球的表面,再看看人类,这个承载着造物主的荣耀、担当着造物主代表的物种,竟然在专制的影响下萎靡不振,就

---

① Montesquieu, *Lettres Persanes*, Paris, 1873 (1721), Volume 1, Letters 148, 146, 102; and Volume 2, Letters 59 and 37. 比较孟德斯鸠在这本书中的评论: *Considerations on the Causes of the Greatness of the Romans and Their Decline*, New York and London, 1965 (1748)。在专制的境况下,"总会存在真正的分歧。工人、士兵、律师、法官、贵族之所以结合在一起,只是因为有些人压迫其他人而没有遭遇任何反抗。而且,如果我们在那里看到任何联合,那不会是公民团结在一起,而是尸体被一个接一个地埋葬在一起"(Chapter 9, p. 94)。

② Denis Diderot, *Mémoires pour Catherine II*, edited Paul Vernière, Paris, 1966, pp. 117–118;后面的评论可以在雷纳尔神父畅销的反殖民小册子中找到,参见 Abbé Raynal, *A Philosophical and Political History of the Settlements and Trade of the Europeans in the West and East Indies*, London, 1783, Vol. 8, p. 32。

③ Jean-Louis Carra, *L'orateur des Etats-Généraux, pour 1789*, Paris, 1789, p. 12.

像温带气候的植物被炎热地区的太阳炙烤一般!"他还说:"专制政体的确是一株来自亚洲的植物;但是被那些长期生活在亚洲的人带到了这里,那些人将它栽种于温室之中,不知疲倦地培育它。这样,即使在我们这般寒冷、对它并不友善的气候里,它竟不断生长,乃至开花,并最终结果。"① 这种认为专制与气候条件无关,可以传播,并威胁各地的自由的观点,在托马斯·潘恩(Thomas Paine)的羽毛笔下获得了最广泛的普及。他那轰动一时的公开出版物——《人权》(Rights of Man,拥有爆炸性论点与影响力的第一部分于1791年3月在伦敦出版),痛斥各地专制政府的专断权力。"傲慢的政府就是专制",他写道,"但如果加上轻蔑,情况就更糟了;而为轻蔑付出的代价就是过度的奴役。"他还回忆起自己积极参与美国殖民地居民对抗英国帝国军队及其德国盟友的军事斗争时的情景。"这种政府体制……让我想起了一位在战争后期被美国人俘虏的布伦瑞克士兵对我说的话:'啊!'他说,'美国是一个美好的自由国家,它值得人民为之奋斗;因为我也了解我自己的国家,所以我知道这其中的区别:在我的国家,如果君主说吃稻草,我们就得吃稻草。'上帝保佑那个国家吧,我想,不管是英国还是其他自由受到德国政府原则和布伦瑞克君主们保护的地方!"②

这本书的本意是向聚集在杜松子酒馆、咖啡馆里和公共广场上的尚未识字者大声朗读,事实证明,这种修辞非常有力。它展示了,一个过去的意涵带有深刻偏见的术语如何在政治上变得富于攻击性和进步,以支持基于权力分享和民主代表制的政府。在18世纪的最后25年之前,在整个大西洋地区,专制的话语和对其反复无常的专横的谈论已经成为抵抗君主专断权力的致命武器,无论他们的品质是迷人的、仁慈的还是残忍的。专制统治者作为"怪物"的形象成为保卫社会、对抗因一时冲动和野性而

---

① Vicesimus Knox, *The Spirit of Despotism*, London, 1795, pp. 3, 27. 在法国大革命早期,雅各宾主义的势力占了上风,诺克斯(不像可怜的让-路易斯·卡拉)通过回忆这部作品来挽救自己的生命,此后他拒绝出版这部作品,直到1821年出版了一个匿名版本。

② Thomas Paine, *Rights of Man, Being An Answer To Mr. Burke's Attack On The French Revolution*, London, 1791; and see my *Tom Paine: A Political Life*, London and New York, 1995.

"犯罪"的统治者的政治叙事的中心。① 后来，上了年纪的托马斯·杰斐逊（Thomas Jefferson）和曾担任美国第一任副总统和第二任总统的约翰·亚当斯（John Adams）在共同回忆中记录了这种语义上的转变。亚当斯透露说："我的政治信条的基本条款是，专制，或无限主权，或绝对权力，和一个平民议会的多数，一个贵族顾问会，一个寡头联盟和一个单一的皇帝是一样的。他们都同样的专断、残忍、血腥，并且在各个方面都是恶魔。"杰斐逊表示同意："我在即将离开这个世界时不会不抱这样一个希望：光明和自由正在稳步前进……即使野蛮和专制的阴云再次遮蔽了欧洲的科学和自由，这个国家仍然会为他们保留和恢复光明和自由。简而言之，在 1776 年 7 月 4 日点燃的火焰已经蔓延了地球上太多的地方，不可能被专制的脆弱机器扑灭。相反，他们将消耗这些机器和所有使用它们的人。"②

"自愿为奴"（Voluntary Servitude）

随着 18 世纪后期美国和法国的革命性剧变，"专制主义"的整个理念内涵在一段时间内得以延续。除约翰·亚当斯和托马斯·杰斐逊之外，还有人使用"专制主义"这一语汇。苏格兰人詹姆斯·密尔（James Mill）在他于 1818 年首次出版的三卷本《英属印度史》（*The History of British India*）中认为，"专制主义"不仅是来自亚洲的异域产物，而且是一种存在于所有还在形成中的国家的"半野蛮"（semi-barbarous）政府形

---

① Michel Foucault, *Abnormal*: *Lectures at the Collège de France 1974 – 1975*, London and New York, 2003, pp. 94 – 95. "暴君只有通过一种永久的暴力状态才能把他的意志推广到整个社会体上……暴君是永久的逃犯，是没有社会联系的个人。暴君就是一个孤立的人。暴君……犯下了最大的、最卓尔不群的罪行，完全违反了社会体赖以生存和维持自身的社会契约……暴君把他的暴力、奇想和非理性作为普通法或国家理性（raison d'Etat）……第一个怪物是国王。国王……是一个普遍的模型，经过连续的历史变迁和转变，19 世纪精神病学和法律精神病学中的无数小怪兽从历史上衍生出来……所有人类怪兽都是路易十六的后代。"

② John Adams to Thomas Jefferson, (Quincy) 13 November 1815, *Founders Online*, National Archives; Thomas Jefferson to John Adams, (Monticello), 12 September 1821, *Founders Online*, National Archives. 在阿比盖尔·亚当斯（Abigail Adams）对丈夫的著名恳求（1776 年 3 月 31 日）中，专制话语的彼此交合显而易见。"请记住女士们，并且对待女士们要比对你的祖先更加慷慨与友善"，因为所有的男人"只要他们可以，就会成为暴君"。约翰·亚当斯仍然像男人那样回答说，实际上，男人"只有主人的名义"，因此，一旦赋予妇女权力，这将会带来"裙子的专制主义"（Despotism of the Peticoat）（1776 年 4 月 14 日）；Adams Family Papers (Massachusetts Historical Society), available at https://www.masshist.org/digitaladams/archive/doc?id=L17760414ja。

式。在詹姆斯·密尔的观点中,专制制度是不受知识和纪律约束的欲望和想象的产物,它最极端的变体是"印度的政府形式"及其"有辱人格的和有害的从属制度系统"(degrading and pernicious system of subordination)。他的儿子约翰·斯图亚特·密尔(John Stuart Mill)是这一时期最有影响力的自由主义哲学家和国会议员,以一种奇怪而矛盾的方式阐述了这一要点。约翰·斯图亚特·密尔保留了他父亲的思路,他说,由于"人民自身没有自发改善的希望",私有财产权和"好的专制统治者"(good despots)的缺失是亚洲社会的标志,因此,他们在政府和财产事务上的改善需要来自殖民列强和"中间"机体("intermediate" bodies,如东印度公司)的帮助。"专制"这个词曾经被用作东方主义的意符(Orientalist signifier),现在它成为殖民和帝国话语中的一个关键词。约翰·斯图亚特·密尔写到,"专制是应对野蛮人的一种合法政府模式,前提是,他们的目的是改良",为此则需要,他总结到,一个"充满改良精神的统治者"、一个为自身在未来能够被代议制政府取代铺平道路的"充满活力的专制制度"。①

非常有趣的是,在 18 世纪和 19 世纪,"专制"这个词被用于几乎相反的目的,被用来强调一个崭新的现象:臣民对以"人民"(the people)的名义统治的统治权力的自愿服从。横贯大西洋地区的许多思想家、诗人和散文作家的著作都关注到一种我们姑且称之为"自愿为奴"的奇异机制,他们都指出,专制是一种奇怪的和令人费解的统治形式,因为"实行专制"(despotize,这个词已不再使用)的"专制者"(despotists)通过与他们轻信和顺从的臣民签订一份"无声的契约"(silent contract),实际上成功地培养了民众的支持。在人们的心目中,孟德斯鸠更多的是因为他将专制理解为以恐惧为核心要素的专断统治而被铭记,不过,他有时也指出,现代专制制度助长了臣民在错综复杂的权力蛛网中的纠缠。他在自己的文章中多次指出,专制统治者的统治在功能上需要依赖他人,他们靠

---

① James Mill, *The History of British India*, London, 1820, second edition, Vol. 2, pp. 166 – 167; John Stuart Mill, "Considerations on Representative Government", *Collected Works of John Stuart Mill*, edited John M. Robson, Toronto and Buffalo, 1977, Vol. 19, p. 567; "On Liberty", *ibid.*, Vol. 18, p. 224.

向臣属给予恩惠而充满活力，他们以那些勤奋的马屁精的"忙碌的懒惰"（busy laziness）为生。专制统治者们认为，他们的"君主威严"使他们能够对任何表现出忠诚的人施惠，而不管其功德如何，因此，谄媚可以得到回报这一点所依据的规则是，"只要决定赋予他们荣耀，就会使他们变得出类拔萃"。①

这一要点的意涵比孟德斯鸠想象的还要丰富。一个世纪后，颇具影响力的英国自由民主主义者约翰·斯图亚特·密尔在一次辛辣的讽刺中坚持认为，"精妙的专制"（good despotism）将"松弛和削弱人民的思想、感情和精力"的艺术培养到完美。② 德尼·狄德罗简洁地表达了这一点，"一个公正开明的君主的专断统治总是不好的"，他写道，"他的美德是最危险的，也是最可靠的诱惑形式：它们使人民在不知不觉中养成热爱、尊重和服务他的继任者的习惯，无论继任者是谁，无论他是多么邪恶和愚蠢。"③

这里提到的统治者诱惑的政治危险有很深的东方根源，可以追溯到古希腊的"despótēs"（由 dómos "家庭"和 pósis "丈夫，配偶"而来），甚至到它在阿维斯陀语与梵语中的最早的同源词（阿维斯陀语：dəng patoiš，"房子、家庭的主人"；梵语：dámpati-s）。我们要注意"专制统治者"（despot）这个词最初的积极含义，它的意思是主人有责任照顾好他的家庭，这就是为什么，正如我们已经看到的，一些现代早期观察家称赞专制的仁慈品质。④ 但是其他大多数人都厌恶和害怕它对其时的统摄，而"自愿为奴"很快就被大西洋地区的众多政治思想家和作家视为专制的黏合剂，其中不仅包括贵族——费奈隆（Fénelon）和孟德斯鸠也在其中，也包括激进的共和主义者——如托马斯·戈登（Thomas Gordon）和约翰·

---

① Montesquieu, *The Persian Letters*, Indianapolis, 1976, Letter 37.
② John Stuart Mill, "That the Ideally Best Form of Government is Representative Government", in *Considerations on Representative Government*, Chapter 3, in J. M. Robson (ed.), John Stuart Mill, *Essays on Politics and Society*, Toronto and Buffalo, 1977, p. 403.
③ Denis Diderot, "Refutation of Helvétius", in Lester G. Crocker (ed.), *Diderot's Selected Writings*, New York, 1966, pp. 297 – 298.
④ George B. Cheever, *The Hierarchical Despotism*, *Lectures on the Mixture of Civil and Ecclesiastical Power in the Governments of the Middle Ages Etc*, New York, 1844.

特伦查德（John Trenchard），他们担心国王和普通民众可能在恩惠、养老金、操纵和贿选这一组合的基础上结成持久的联盟。① 那些研究"自愿为奴"问题的人经常说，专制远不止是一个人为了他自身的利益而独掌大权，或者是东方土地上的瘟疫。他们坚持认为，现代专制制度真正令人担忧的特点是它引诱和奴役臣民的方式，它通过败坏和摧残语言、家庭生活、伦理和社会习俗与仪式来做到这一点，它破坏了公民之间的平等和友爱。专制使臣民沐浴在恩惠之下——雷纳尔神父（Abbé Raynal）注——而这种恩惠导致"人民的沉沉暮气……被仁慈体贴的行为维持着"②。专制制度养育了专制统治者，它把自己的臣民训练成爬行动物、谄媚小人和马屁精。

狄德罗的同伴，法国数学家、音乐学家与哲学家，《百科全书》的另一位联合主编让-巴蒂斯特·勒朗·达朗贝尔（Jean-Baptiste le Rond d'alembert, 1717—1783）也加入了讨论，他建议进一步研究"恩主专制"（despotisme des bien-faiteurs，基于恩惠、恩宠和恩赐的专制）这一主题。（他说）专制真正令人担忧的是它使公众批评瘫痪的方式，专制统治使作家依赖于他们的赞助人，从而腐蚀了"文学共和国"（republic of letters），摧毁了他们清醒的思考能力、面向公众的雄辩技艺和勇于谴责不受约束的权力的能力。③ 盎格鲁-爱尔兰政治家、令人敬畏的作家埃德蒙·柏克（Edmund Burke）对专制的危险发出了类似的警告。他将其描述为这样一种政府，在这种政府中，"所有低等的权力体都只受最高意志的支配"，他警告说，这种政府的蔓延将使得，"世界上几乎没有任何地方不受它权力的影响，而在少数几个人们仍旧享有所谓自由的地方，自由持续性地处于摇摇欲坠的境地"。虽然柏克大力谴责专制是一种任性、愚蠢和暴力的统治，但他也注意到它具有奇怪的吸引力和无法朽坏的品质："事实是，"

---

① 有关费奈隆和孟德斯鸠，可参见 Louis Althusser, *Montesquieu-Rousseau-Marx: Politics and History*, London and New York, 1972, pp. 82 – 83; 此外，对专制的早期批评，可参见 Thomas Gordon, *The Works of Tacitus…To which are prefixed political discourses upon that author*, London, 1728 – 1731 and (with John Trenchard), *Independent Whig: Or, A Defence of Primitive Christianity*, London, 1721 and *Cato's Letters*, London, 1724。

② Abbé Raynal, *A Philosophical and Political History of the Settlements and Trade of the Europeans in the West and East Indies*, London, 1783, Vol. 8, p. 32.

③ Jean-Baptiste le Rond D'Alembert, "Essai sur la société des gens de lettres et des grands", in *Mélanges de littérature, d'histoire et de philosophie*, Berlin, 1753, especially pp. 384 – 386, 398.

他写道,"这种不自然的力量既腐蚀了心灵,也败坏了人的理解力。为了防止任何改良的希望,国王总是被一群臭名昭著的谄媚者所包围,而这些谄媚者也会发现他们的所作所为使国王失去了理智,直到一切正直和正义的想法被完全从他的头脑中抹去。"①

19世纪中叶的几位主要的公共思想者对现代专制制度的蔓延感到焦虑,他们试图对"自愿为奴"的整个概念进行新的转化。约翰·斯图亚特·密尔担心,生活在代议制政府处境下的公民可能会被国家的官僚机构活活吞噬,在这种政治生活中,"人民的所有集体利益以为人民自身的原则而得到管理,所有与集体利益有关的思想观念也都是围绕这一特征展开的;在这种政治生活中,他们放弃了自主思考的思想活力,这是他们的观念得以被塑造的前提,而此种自我否弃乃是经过了他们的同意"。然后,公民们就会把"事情交给政府处理,就像交给神意处理一样"。他们对政府政策的顺从"意味着他们其实对此毫不关心,并且如果他们对自身的境遇感到不满,他们也会像接受大自然伟力的降临一样接受他们的处境"。② 密尔关于"自然化"(naturalised)奴役的想法是受到了他的熟识亚历克西·德·托克维尔(Alexis de Tocqueville)的启发,后者早些时候曾将专制的腐败效应与代议制民主的动力机制联系起来。③ 他认为,尤其令人担忧的是,一种温和但具有高度侵略性的奴役形式出现了,而这种奴役形式却与民主权利的增长密切相关。他写道:"我认为这种威胁处于民主处境中的人民的这种崭新的压迫形式是前所未有的。"他想到了一种新的民众统治(popular domination)形式,非个人的但具有侵略性的中央集权国家权力的增长促进了这种统治形式。从给饥饿的人提供面包和给失业者提供工作,到照顾病人和教育青少年,在这些范围广泛的事务之中,政府越来越多地插手人们的日常生活。在民主平等(democratic equality)和

---

① Edmund Burke,"A Vindication of Natural Society",1756, in *The Works of The Right Honourable Edmund Burke*, Vol. 1, London, 1899, pp. 80 – 82.

② John Stuart Mill,"That the Ideally Best Form of Government is Representative Government",*Considerations on Representative Government*, 1861, in John M. Robson(ed.),*The Collected Works of John Stuart Mill*, Toronto and London, 1977, Vol. 19, Chapter 3.

③ 下面的引用来自:Alexis de Tocqueville, *De la démocratie en Amérique*, preface by François Furet, Paris, 1981, Vol. 2, pp. 385, 379。所有的翻译都是由我(笔者)完成的。

"人民"的话语（talk of "the people"）下，政府成为人民生活的监管者、检查员、顾问、教育者和惩罚者。这种趋势没有被"罕见而短暂的自由选择实践"——定期选举仪式所干扰，而资本主义制造业的兴起也加强了这一趋势。新生的工业阶级（与马克思不同，托克维尔把资本和劳动力放在一起，并将其称为"贵族"）呼吁政府规范工人的生活，并提供港口、运河、道路和其他被认为是为着创造财富而必需的大型基础设施项目。国家直接参与制造业，雇用大量工程师、建筑师、机械师和熟练工人，托克维尔断言，随之而来的国家行政力量的扩张比以往任何一种形式的专制制度都更具侵略性和控制力。"公民们一天天地落入公共行政的控制之下，他们不知不觉地向公共行政交出了越来越多的个人独立性。而正是这些公民，曾经不时地推翻君主的宝座，践踏国王的双脚，现在却越来越毫无反抗地就服从一个职员最细碎的命令。"这种现代形式的专制以其所具有的温和（gentleness）品性而感到自豪，它声称要废除宗教法庭的火刑（autos-da-fé）、镣铐和刽子手，它的使命是"教化"（civilise）臣民，旨在建立一种能够使人感到仁慈、温和并且生活能够得以改善的、包罗万象的控制技术。这种专制主义抛弃了可被识别的暴君，它使"自愿为奴"的管理艺术臻于完美。它培养了一种形式的规训权力（disciplinary power），这种形式的规训权力将公民视为臣民，却还能赢得他们的支持，并剥夺他们参与政府事务或关心公共利益的意愿。"在这些（公民）之上，一种巨大的、保护性的权力得以抬升，它负责确保他们的快乐，并监视他们的命运。这种力量是绝对的，它关注细节，富有规律性，具有远见并温和"。他补充说："它心甘情愿地为他们的幸福而工作，但它却希望成为这种幸福唯一的代理人和仲裁者。它为他们提供安全，能够预见和满足他们的需要，引导他们处理他们所需要处理的主要事务，指导他们留下临终嘱托，并划分他们的遗产。"在扩大"民主化的平等"（democratic equality）的名义下，新型专制"使自由意志的运用变得不再那么有用，并且更加罕见；它把意志的活动限制在一个更小的空间之内，一点一点地从每个公民那里窃取了这个本该属于他们（原文如此）自己的东西。平等让男人们（原文如此）对所有这些事情做好了准备：它让他们倾向于忍受这些,甚至常常倾向于把它们视为一种好处"。

结 语

詹姆斯·密尔和他的儿子约翰·斯图亚特·密尔以及托克维尔对"专制"这个术语的采纳,最终成为它的绝唱。由于种种原因,专制的概念逐渐从政治生活中消失,这些原因在很大程度上与"自由主义帝国的乐观主义"(liberal imperial optimism) 有关,这种乐观主义认为"自由放任"(laissez-faire) 和代议制政府会在大西洋沿岸地区的中心地带出现。没人能预见即将发生的事情:两场全球战争、空中轰炸、集中营、化学武器、极权主义和原子弹,还有于本世纪初开始抬头的、对美国人后来称为"自由主义民主"(liberal democracy) 政治体制的可行性的新质疑。在19世纪的历史进程中,字典仍在不断重复陈旧的定义,好像它们有义务记录过去的事情似的;此外,学者们也不时对"专制"这个课题产生转瞬即逝的兴趣,但他们对此要么感到轻蔑,要么只是出于对古董的兴趣。例如,19世纪末的一本词典将"专制统治者"定义为"对他人行使或拥有绝对权力"的统治者;"专制"是"对他人的绝对控制"。[1] 这个定义根本就没有什么新鲜之处。一想到一种过时的统治模式已经被自由主义的议会制政府所超越,人们就只会感受到一种对老古董的厌倦之情。

在学术方面,埃米尔·迪尔凯姆(Emile Durkheim,另译"埃米尔·涂尔干")对孟德斯鸠作品的研究是观念转变的征兆。迪尔凯姆的作品指责这位大师误导性地迷恋主权和国家形式,迪尔凯姆帮助埋葬了整个"专制主义"观念。他说,作为深层社会秩序的政治症候的君主制和专制应当被视为副现象,真正需要做的工作是对其特殊的社会动力机制进行真正意义上的社会学解释。迪尔凯姆说,把国家形式"第一眼"视为"最重要"动力机制的坏习惯制造了一个误解。"由于统治者站在社会的'顶峰',可以被理解的是,统治者通常被称为政治体系的'首脑',所

---

[1] Webster's *Complete Dictionary of the English Language*, revised and improved by Chauncey A. Goodrich & Noah Porter, London, 1886, p. 363.

以人们认为一切都取决于统治者。"事实上,迪尔凯姆认为,政治形式是深层社会动力机制的外在表现,君主制就是分化、利益的特殊性和对荣誉的争夺等社会因素的表现。而专制,则与君主制不同,这是一种"废除所有社会秩序、没有劳动分工的君主政体,或者是一种除统治者外人人平等但均处于奴役状态的民主政体。它就像一个只有头活着的怪物,头部吸收了身体的所有能量"。①

在20世纪早期,这样的处理确保了"专制"成为一个只属于过去政治语言的僵尸术语。还有一些并非主流的政治科学家、律师和记者继续使用这个词,尽管他们的出发点是好的,但他们明智的建议却被忽视和遗忘了。② 像"专政"(dictatorship)、"统合主义"(corporatism)、"独裁"(autocracy)、"全能国家"(total state)和"极权主义"(totalitarianism)这样的术语盛行。"专制"或"专制主义"成为一个已然被遗忘的、属于过去时代的关键词。

Despotism: A Basic Concept of Political Analysis in Early Modern Europe

John Keane

trans. by Li Jian

Editor's Note: Rigorous and profound academic thinking cannot be sepa-

---

① See Emile Durkheim, *Montesquieu: Quid Secundatus Politicae Scientiae Instituendae Contulerit*, edited W. Watts Willer, Oxford, 1997 (1892), 29e, 31e, 39e – 40e and 41e.
② 值得提及的几个例子包括:英国首席大法官赫华特勋爵(Lord Hewart)抨击威斯敏斯特议会将其宝贵的立法权拱手出让,向臃肿的行政部门官僚无法无天的行为妥协, in *The New Despotism* (London, 1929);对"老美国以宪法为基础的'马与小汽车'(horse and buggy)式民主"的托克维尔风格的辩护,以反对"新政的先知"(Prophets of the New Deal)崇拜国家权力, in Raoul E. Desvernine, *Democratic Despotism* (New York, 1936), pp. 231 – 243;Charles E. Merriam 的反法西斯思考, *The New Democracy and the New Despotism* (New York and London, 1939);Harold D. Lasswell, "Democracy, Despotism and Style (1949)", in *On Political Sociology*, Chicago and London, 1977, pp. 251 – 256, who was the consultant for the short documentary, "Despotism", Encyclopaedia Britannica Films, 1946, available at https://www.youtube.com/watch? v = 2L3N0StxYSw;以及罗伯特·尼斯贝特(Robert Nisbet)对中央集权化的"军事、警察与官僚权力"对一个"自由社会"所造成的危险的描述, in "The New Despotism", *Commentary*, June 1975, pp. 31 – 43。

rated from basic concepts. The edifice of politics is built on a number of mature and well-defined concepts, and the author of this article reminds us that we seem to have forgotten a once influential and now perhaps also important concept of politics and state studies: "despotism". The author shows us a typical intellectual history research. In this article, the author is committed to clarify what the implication of "despotism" has experienced with space and time changing in the long river of history, and how this term eventually faded from the public and scholar view. Specifically, the author looks in particular at the intellectual history of 16th to 19th century. The author explains to us, in these centuries, "despotism" has completed its semantic transformation for many times, and since the context in which it has been applied was constantly changing, this term also repeatedly inspired political and social phenomenon and motivated the political imagination of the public and scholars. Therefore, this intellectual history research concentrating on "despotism" —this basic concept of state studies—has significant academic value.

Keywords: Despotism; Oriental despotism; Arbitrary Power; Voluntary Servitude

社会中的国家2.0：
迈向第四代国家理论

王裕华

哈佛大学政府系教授

刘燚飞　译

北京大学政府管理学院研究生

编者按

　　国家是人类历史上最强大的政治组织，国家因何而出现？为什么有的国家强大，有的国家弱小？王裕华教授将"二战"后社会科学中关于国家的理论研究分为三代，分别是：多元主义、结构功能主义和新马克思主义传统代表的社会中心观点；20世纪80年代兴起的"找回国家"的国家中心主义观点；以乔尔·米格代尔等学者为核心的"社会中的国家"观点。作者认为"二战"后的这些关于国家理论的研究，局限于相对较短的时间和特定的地区。在此基础上，作者对三本关于国家理论的著作进行了述评，分别是詹姆斯·C.斯科特的《反对谷物：早期国家的深刻历史》（耶鲁大学出版社2017年版）、大卫·斯塔萨维奇的《民主的兴衰：从古代到今天的全球历史》（普林斯顿大学出版社2020年版）以及达龙·阿西莫格鲁和詹姆斯·A.罗宾逊的《狭窄的走廊：国家、社会和自由的命运》（企鹅出版社2019年版）。这三本书一个重要的创新之处在于将国家发展作为一个动态的过程来看，为了深刻理解国家与社会的关系，需要将国家与社会视为相互转化的实体，由此作者在分析中国古代精英结构的基础上提出了"社会中的国家2.0"模型，包含三种理想的国家—社会联系类型，分别是星型网络、领结型网络、指环型网络。本文对于国家理论的文献做了系统全面的纵览和深描，在此基础上对新进国家研究的突破进行了理论定位，提出的"社会中的国家2.0"分析框架对于我们进一步认识国家与社会之间的互动关系具有重要意义。

关键词 国家；国家形成；国家发展；民主；国家—社会关系

国家是人类历史上最强大的组织。自公元前4000年至前2000年美索不达米亚地区出现早期国家的迹象以来，国家作为一种制度结构，在规模、功能、形式和力量方面经历了多次变革，成为我们生活中不可或缺的组织。

国家是如何形成的？为什么它们选择了不同的发展道路？为什么有的国家强大，有的国家弱小？为什么有些国家由民主选举的领导人统治，而另一些国家则由独裁者统治？这些久经时间磨砺的问题已经在社会科学领域催生了几代杰出的学术传统。

我认为关于国家的现代社会科学研究由三代学者组成。20世纪50—70年代，以多元主义、结构功能主义和新马克思主义传统为代表的第一代学者采取了一种以社会为中心的观点：他们将国家视为不同社会群体和阶级争夺权力的舞台。20世纪80年代的"找回国家"运动最好地反映了第二代学者所采取的以国家为中心的观点：将国家视为独立于社会的行为体。这种专注于国际竞争和统治者与精英讨价还价的理论分支，产出了一些关于国家建设的最有影响力的论点。第三代学者反思了以国家为中心的观点，承认国家不是独立于社会的，而且必须经常与社会竞争以获得主导地位。利用"社会中的国家"观点，这一代学者将其见解应用于非洲、亚洲、拉丁美洲和中东的新独立国家的国家建设进程，并在20世纪80年代和90年代产出了令人印象深刻的系列研究成果。

然而，现有的大部分学术研究都集中在相对较短的历史时期和特定的世界区域。这种狭隘的时空聚焦引发了人们对国家理论学者过去论点的

"应用范围"的质疑。他们的争论有可能只是反映了他们所研究的国家发展的不同阶段。

斯科特、斯塔萨维奇以及阿西莫格鲁和罗宾逊最近出版的三本书通过考虑整个人类政治发展的历史而推进了这部分文献。这三本书认识到国家发展的主要驱动力需要几个世纪的时间来展开,因此回归了社会科学理论创始人卡尔·马克思、涂尔干和马克斯·韦伯的宏大理论方法。

这些书籍从理论上探讨了国家与社会在数千年间的关系(而不是像"二战"后关于这一主题的大多数开创性著作那样,只专注于几十年或几个世纪)。① 以前的大多数研究假定现代国家已经形成并且相对稳定,但这三本书追溯到悠久的历史,探讨了不同类型的国家是如何产生的。它们还质疑了国家独立于社会的流行假设;认为这两个行为体是相互转化的,并评估了国家与社会的互动。这些书统合了以国家为中心的观点和"社会中的国家"观点(来自上文讨论的第二代和第三代),在论证社会能够影响国家的条件时也更加明确。它们对以前的作品进行了创新的综合,代表了第四代国家理论的进展。

这些书还指出了国家理论可能发展的两个潜在新方向。第一,这些书倾向于回溯悠久的历史,不可避免地要优先考虑政治发展的起源。在这三部作品中,初始条件,也就是国家形成过程中国家与社会之间的相对权力,在很大程度上决定了一个国家后来的政治发展。这种倾向可能低估了一个国家在走上特定轨道后其政治发展过程中发生变化的重要性。例如,将中国的政治历史定性为从秦朝开始的不间断的国家对社会的统治,对于对中国历史的关键转折点感兴趣的比较政治学家来说,肯定是过于一般化的。

第二,虽然这三本书在更广泛的社会背景下评估国家的发展,但它们的框架将国家和社会视为两个独立的、相互竞争的实体。它们的论述将国家视为一个统一的行为体,将自己置于社会之中,试图改造社会;由各种社会团体代表的社会反过来又阻碍或促进一个有效国家的发展。然而,正

---

① 最近的研究持有长期主义观点的包括 Francis Fukuyama, *The Origins of Political Order*, New York: Farrar, Straus and Giroux, 2011; Francis Fukuyama, *Political Order and Political Decay*, New York: Macmillan, 2014。

如许多前现代社会和发展中国家的经验所显示的，国家和社会之间的界限往往是模糊的。① 国家精英往往因其社会关系而具有不同的利益，然而社会精英往往被赋予国家职能，并作为国家代理人行事。在这个意义上，韦伯对国家垄断暴力的定义只是一种理想型。② 在现实中，国家与社会合作，提供保护和正义。同样，社会也不应被视为与国家竞争；按照社会学传统，一个更有用的概念化是将社会视为"一个模式化的互动网络"，突出其关系性特征，包括其与国家的联系。③

沿着这两个方向推进国家理论，在该领域最近的贡献基础上，我提出了一个我称之为"社会中的国家2.0"的框架。在这个框架中，国家与社会的联系通过精英社会网络来塑造国家的力量和形式。该框架提供了一个潜在的分析视角，对连接国家—社会关系的"中观"动力有了新的认识。这种互动将国家—社会关系中的广泛历史趋势与影响特定时间和地点日常生活的结果联系起来。

一、三代国家理论

为了更好地理解这三本书的贡献，我首先将现代社会科学关于国家的文献分为三个视角：社会中心、国家中心和社会中的国家。下面对每个视角依次进行讨论。

（一）社会中心的视角

"二战"后，现代社会科学摆脱了对宪法原则的旧制度主义研究，而转向更加注重对人类行为经验的调查。在这场行为主义革命中，以社会为中心去解释政治和政府活动的方法在20世纪50年代和60年代成为美国政治学和社会学的主流。政府是社会和经济团体争夺权力和影响力的竞技

---

① 对国家与社会界限模糊的问题进行的理论探讨，参见 Anna Grzymala-Busse and Pauline Jones Luong, "Reconceptualizing the State: Lessons from Post-Communism", *Politics & Society*, Vol. 30, August 2002, pp. 529 – 554。
② Hans Heinrich Gerth and C. Wright Mills, *From Max Weber: Essays in Sociology*, New York: Oxford University Press, 1976, p. 78.
③ David Frisby, *Georg Simmel*, London: Psychology Press, 2002, p. ix.

场。这一代的学者们主要把政府的决策和公共政策作为利益的结果。因此,他们研究谁参与了决策过程,他们的"输入"如何转化为政府的"输出",并评估政府代表了谁的利益。

多元主义传统利用社会团体来解释政治。在一项开创性的贡献中,罗伯特·达尔(Robert Dahl)研究了不同群体如何参与和影响决策,并表明权力分散在相互竞争的多个群体中。① 在一项理论综述中,大卫·杜鲁门(David Truman)提供了一个关于利益集团如何对其他群体和政府机构提出某些要求的框架。他认为国家没有独立的利益,并提出应该把属于同一群体的个人视为政治活动的基本参与者。②

结构功能主义传统采用更宏观层次的分析。深深扎根于社会学的结构功能主义者认为社会是一个复杂的系统,就像一个拥有不同部分或"器官"的"身体"。根据这个观点,机构的存在是为了履行一定的职能,政府机构是系统的组成部分,每个单位都有自己的作用。社会和经济团体为政府提供输入,然后政府产生输出。③

新马克思主义者认为国家是阶级统治的工具。随着生产方式的变化,社会中各阶级的构成和权力关系也随之变化,占统治地位的阶级利用国家机器支配其他阶级,并保持自己所青睐的生产方式。佩里·安德森(Perry Anderson)在一部关于欧洲历史发展的宏大叙述中指出,拥有土地的精英们创造并利用了"专制国家"来剥削农民。④ 伊曼努尔·沃勒斯坦(Immanuel Wallerstein)在国际政治上运用阶级中心的观点,提出了世界体系理论(World System Theory),认为"核心"国家是占主导地位的资本主义国家,剥削"外围"国家的劳动力和原材料。这一理论认为,边缘国家产业欠发达是因为它们依赖核心国家的资本。⑤

在这三种理论观点中,国家都不是一个独立的行动者:它是一个社会

---

① Robert A. Dahl, *Who Governs*? New Haven: Yale University Press, 1961.
② David Bicknell Truman, *The Governmental Process*, New York: Alfred A. Knopf, 1971, pp. 33 – 48.
③ 结构功能主义的综述,参见 Gabriel Abraham Almond and G. Bingham Powell, *Comparative Politics*, Boston: Little, Brown and Company, 1978。
④ Perry Anderson, *Lineages of the Absolutist State*, New York: Verso Books, 1979.
⑤ Immanuel Wallerstein, *The Modern World-System I*, Berkeley: University of California Press, 1974.

群体竞争的舞台（多元主义者的观点），是一个将输入转化为输出的组织（结构功能主义者的观点），或者是反映统治阶级利益的阶级斗争的工具（新马克思主义者的观点）。

（二）国家中心的视角

随着战后时代的展开，以社会为中心的观点越来越无法解释发达国家和发展中国家出现的社会和政治变化。战后许多发达国家继续奉行战时施行的凯恩斯主义经济政策。随着国家成为福利和服务的主要提供者，这些国家的公共支出继续增加。独立浪潮下非洲、亚洲、拉丁美洲和中东产生了几十个新国家，这些国家努力摆脱殖民历史，建立自己的民族国家。欧洲和北美的发达国家开始面临来自东亚新兴工业化国家的激烈竞争，这些国家依赖"发展型国家"来引导其经济。[1]

1983年，社会科学研究理事会成立了国家和社会结构研究规划委员会。该委员会旨在"促进来自多个学科的学者之间的持续合作，这些学者对国家作为行为体和制度结构的兴趣日益浓厚"[2]，它的第一份出版物是一本开创性的著作：《找回国家》。

在这本书的序言中，彼得·埃文斯（Peter Evans）、特里希·鲁施迈耶（Dietrich Rueschemeyer）和西达·斯考契波（Theda Skocpol）指出："直到最近，在比较社会科学中占主导地位的理论范式并没有强调国家作为组织结构或潜在的自治行为体。"[3] 在导论章中，西达·斯考契波认为，国家制定和追求的目标不是简单地反映社会群体、阶级或社会的需求。当"与目前占主导地位的社会经济利益隔绝"的"国家官员组织一致的集体"推出独特的国家战略时，国家就能获得自主性。[4]

一旦国家可以被视为一个统一的官员集体，研究人员就可以将其作为

---

[1] 参见 Chalmers Johnson, *MITI and the Japanese Miracle*, Palo Alto: Stanford University Press, 1982。
[2] Peter Evans, Dietrich Rueschemeyer, and Theda Skocpol, *Bringing the State Back In*, New York: Cambridge University Press, 1985, p. vii.
[3] Peter Evans, Dietrich Rueschemeyer, and Theda Skocpol, *Bringing the State Back In*, New York: Cambridge University Press, 1985, p. vii.
[4] Peter Evans, Dietrich Rueschemeyer, and Theda Skocpol, *Bringing the State Back In*, New York: Cambridge University Press, 1985, p. 9.

一个单一的参与者进行分析。这种方法的回报是巨大的。这个阵营中最有影响力的论点之一是国家间竞争推动了国家建构。由奥托·辛策（Otto Hintze）提出，由查尔斯·蒂利（Charles Tilly）推广，人们普遍认为，外部战争会激励国家精英发展中央财政体系、现代官僚制度和常备军。① 正如蒂利简明扼要地总结的那样，"战争造就了国家"②。

战争主义者为后来的研究设定了议程，许多后续工作都集中在战争（或战争的缺席）如何影响欧洲以外的国家建构。例如，学者们用战争解释中国秦代的统一，并用撒哈拉以南非洲和拉丁美洲的负面案例证明了蒂利的观点：那里没有（大规模）战争，因而也没有国家建构。③ 随着时间的推移，这个阵营中的许多学者从以国家为中心的结构主义发展到强调关键节点和路径依赖重要性的历史制度主义方法。④

这个以国家为中心的阵营的另一个分支是国家建构的制度主义方法。这种方法以理性选择为视角，关注国家精英及其与统治者讨价还价的能力。玛格丽特·列维（Margaret Levi）将这种做法背后的推动力称为"把人带回国家"⑤。对于理性主义国家理论家来说，构成国家的代理人，而

---

① Otto Hintze, *The Historical Essays of Otto Hintze*, New York: Oxford University Press, 1975; Charles Tilly, *Coercion, Capital, and European States, A. D. 990 – 1992*, Oxford: Blackwell, 1992. 参见 Brian Downing, *The Military Revolution and Political Change*, Princeton: Princeton University Press, 1993; Hendrik Spruyt, *The Sovereign State and Its Competitors*, Princeton: Princeton University Press, 1996; Timothy Besley and Torsten Persson, "Wars and State Capacity", *Journal of the European Economic Association*, Vol. 6, May 2008, pp. 522 – 530; Mark Dincecco, *Political Transformations and Public Finances*, New York: Cambridge University Press, 2011; Lisa Blaydes and Christopher Paik, "The Impact of Holy Land Crusades on State Formation: War Mobilization, Trade Integration, and Political Development in Medieval Europe", *International Organization*, Vol. 70, Summer 2016, pp. 551 – 586。批评意见参见 Didac Queralt, "War, International Finance, and Fiscal Capacity in the Long Run", *International Organization*, Vol. 73, September 2019, pp. 713 – 753; Mark Dincecco and Yuhua Wang, "Violent Conflict and Political Development over the Long Run: China versus Europe", *Annual Review of Political Science*, Vol. 21, May 2018, pp. 341 – 358; Anna Grzymala-Busse, "Beyond War and Contracts: The Medieval and Religious Roots of the European State", *Annual Review of Political Science*, Vol. 23, May 2020, pp. 19 – 36。
② Charles Tilly, *The Formation of National States in Western Europe*, Princeton: Princeton University Press, 1975, p. 42.
③ Victoria Tin-bor Hui, *War and State Formation in Ancient China and Early Modern Europe*, New York: Cambridge University Press, 2005; Jeffrey Herbst, *States and Power in Africa*, Princeton: Princeton University Press, 2014; Miguel Angel Centeno, *Blood and Debt*, University Park: Pennsylvania State University Press, 2002.
④ 案例参见 Thomas Ertman, *Birth of the Leviathan*, New York: Cambridge University Press, 1997; Daniel Ziblatt, *Structuring the State*, Princeton: Princeton University Press, 2006。
⑤ Margaret Levi, "The State of the Study of the State", in Ira Katznelson and Helen Milner (eds.), *Political Science: The State of the Discipline*, Washington, D. C.: American Political Science Association, 2002, p. 37.

不是国家本身，才是行动者。这种机构焦点将理性主义者与结构主义者区分开来，后者专注于人口、地理和地缘政治等宏观层面的因素。

在一项有影响力的研究中，道格拉斯·诺斯（Douglass North）和巴里·温加斯特（Barry Weingast）认为，英国的光荣革命确立了议会主权，这巩固了国王对精英阶层的承诺，这些精英阶层急需财政支持来资助战争。① 罗伯特·贝茨（Robert Bates）和唐纳德·莱恩（Donald Lien）研究了资本流动性如何影响精英们的议价能力，提出对商业（流动资本）征税产生了英国早期的民主，对土地（固定资本）征税则产生了法国的专制主义。② 对玛格丽特·列维来说，统治者是收入最大化者，但受制于议价能力、交易成本和在位时间。③ 根据芭芭拉·格迪斯（Barbara Geddes）的说法，通过将精英招聘和晋升制度化来建设国家能力，将剥夺统治者利用这些职位作为奖励的机会，从而造成"政治家的困境"④。

战争主义者和制度主义者都分析了独立于社会的国家建构。由于国家精英是独立于社会的，国家间的关系和国家内部的谈判最终决定了国家的组织方式和强大程度。⑤

（三）社会中的国家视角

在国家中心主义的鼎盛时期，一些研究非洲、亚洲、拉丁美洲和中东新独立国家的学者发现，这些国家往往需要在与强大的社会力量的竞争中努力建立权威。这些社会力量（如部落、宗族或酋长）要么是过去的遗产，要么是最近被殖民列强授权的。尽管这些国家已经建立了中央政府，

---

① Douglass C. North and Barry R. Weingast, "Constitutions and Commitment: The Evolution of Institutions Governing Public Choice in Seventeenth-Century England", *The Journal of Economic History*, Vol. 49, December 1989, pp. 803 – 832.
② Robert H. Bates and Da-Hsiang Donald Lien, "A Note on Taxation, Development, and RepresentativeGovernment", *Politics & Society*, Vol. 14, March 1985, pp. 53 – 70.
③ Margaret Levi, *Of Rule and Revenue*, Berkeley: University of California Press, 1988.
④ Barbara Geddes, *Politician's Dilemma*, Berkeley: University of California Press, 1994.
⑤ 值得注意的是，最近一些关注社会或公共精英在国家建设中的作用的作品，参见 Marcus J. Kurtz, *Latin American State Building in Comparative Perspective*, New York: Cambridge University Press, 2013; Dan Slater, *Ordering Power*, New York: Cambridge University Press, 2010。关于思想如何影响精英们启动国家建构项目的决定的重要讨论，参见 Hillel David Soifer, *State Building in Latin America*, New York: Cambridge University Press, 2015。

在首都有一个人手充足的官僚机构，但中央往往发现很难将其权力投射到国家的偏远角落。在那里传统的权威仍然控制着人们的生活。

在1989年出版的《强社会与弱国家》一书的序言中，乔尔·米格代尔（Joel Migdal）指出，"至少对于第三世界来说，以国家为中心的方法有点像在不了解老鼠的情况下设计捕鼠器"。他坚持认为，当时的文献"似乎把"值得质疑的东西"视为已知"：国家的自主性和国家力量。[①] 米格代尔接着提出，许多第三世界国家在成为有效建立行为规则的社会组织方面存在严重困难。在他的国家—社会关系模型中，国家并不是孤立存在的：它与其他社会组织共存，这些社会组织都努力通过使用各种制裁、奖励和象征来行使社会控制，诱使人们遵守某些规则或规范。这些社会组织从小型家庭、社区团体到大型外资企业都有。国家能否战胜这些组织，取得优势，取决于它能否最好地满足人们的"生存战略"[②]。

米格代尔的"社会中的国家"方法提供了一种研究国家的新方法。关键的见解是，我们应该研究国家与社会的关系。使用定量社会科学术语，米格代尔指出以国家为中心的文献出现了"遗漏变量偏差"。例如，他的案例研究表明，国家能力即实施政策和动员公众的能力，取决于社会的结构。当社会强大时，国家往往难以确立主导地位。一个强大的社会只能被"灾难性事件"削弱，比如自然灾害或战争。[③]

国家—社会关系这一传统产生了富有成效的文献。有些学者探讨了社会力量如何制约国家权力。在许慧文（Vivienne Shue）对中国政府的研究中，她认为帝国政府的"触角"受到了由士绅家庭组成的农村"蜂巢"结构的限制。[④] 文献的另一部分研究了将社会力量纳入国家如何塑造国家目标和能力。例如，裴宜理（Elizabeth Perry）指出，中国共产党在革命期间将工人阶级纳入其领导，这影响了共和国成立后的国家目标。[⑤]

1994年，米格代尔、阿图尔·科里和许慧文主编的《国家权力和社

---

① Joel S. Migdal, *Strong Societies and Weak States*, Princeton: Princeton University Press, 1988, p. xvi.
② Joel S. Migdal, *Strong Societies and Weak States*, Princeton: Princeton University Press, 1988, p. 29.
③ Joel S. Migdal, *Strong Societies and Weak States*, Princeton: Princeton University Press, 1988, pp. 34-35.
④ Vivienne Shue, *The Reach of the State*, Palo Alto: Stanford University Press, 1988.
⑤ Elizabeth J. Perry, *Shanghai on Strike*, Palo Alto: Stanford University Press, 1993.

会势力》一书正式提出了"社会中的国家"视角，展示了这种方法解释发展中国家各种现象的能力。[1]

二、新一代国家研究学者

这里评论的三本书代表了新一代的国家研究。与"二战"后有关国家的文献不同，这三本书分析了蒂利所说的"大结构、大过程、大对比"。"二战"后的文献研究的是相对较短的时期和特定的世界地区。[2] 使用博弈论术语，这三本书都描述了多个稳态均衡，并详细说明了在何种条件下，各个状态沿着特定的轨迹走向不同的平衡。这种动态的观点有助于调和早期以社会为中心和以国家为中心的方法之间的争论。这些早期的方法可能只是描述了国家发展的不同均衡状态。社会导向的学者可能看到了一个强大的社会和一个被动的国家，因而决定关注社会，而国家导向的学者可能看到了一个更活跃的国家，并认为国家是一个独立的行动者。

均衡是慢慢转变的。正如这三本书所显示的那样，推动政治发展的结构性变革需要几个世纪展开。这种时间上的跨度需要研究人员深入研究历史。这三本书都涵盖了至少两千年的时间跨度，但作者们超越了事件的编年史：他们增加了一个分析的视角。只有当我们用这台移动缓慢、时间遥远的望远镜来审视政治时，我们才能清楚地看到事物的变化。正如黑格尔的格言所说："密涅瓦的猫头鹰只有在黄昏来临时才开始飞行。"[3]

（一）《反对谷物》

关于早期国家出现的标准说法是这样的：智人以分散的、游牧的狩猎—采集群体的形式存在了数百万年。渐渐地，他们发明了定居农业，开始享受粮食剩余，并发展了社会等级制度。一个领导者——牧师、战士、

---

[1] Joel Migdal, Atul Kohli, and Vivienne Shue (eds.), *State Power and Social Forces*, New York: Cambridge University Press, 1994.
[2] Charles Tilly, *Big Structures, Large Processes, Huge Comparisons*, New York: Russell Sage Foundation, 1984.
[3] Georg Wilhelm Friedrich Hegel, *Elements of the Philosophy of Right*, New York: Cambridge University Press, 1991, p. 23.

管理者或有魅力的人——走到前面,开始使用他们的权力。这种政体的组织逐渐发展成一种早期的国家。① 这是一种关于进步的叙述:农业使定居成为可能,提高了生产力,帮助创造了一种远远优于"原始"生存的生活方式。

这种叙述仍然是现代社会科学为国家辩护的基本前提。托马斯·霍布斯(Thomas Hobbes)将"自然状态"下的人类状态描述为:"人的生活孤独、贫穷、肮脏、野蛮和短暂。"② 霍布斯认为,利维坦会带来秩序,保护人们不受彼此和这种可怕命运的伤害。

詹姆斯·C. 斯科特(James C. Scott)的《反对谷物》(*Against the Grain*)为这种国家即文明的主题提供了另一种强有力的叙事。他综合了来自美索不达米亚的人类学证据,在公元前 6500 年到前 1600 年,这一地区是第一个"原始"国家的心脏地带,然后提出了一个具有挑衅性的问题:国家真的让我们活得更好吗?

延续他早期作品中的一个主题,斯科特展示了在数百万年的人类进化过程中,国家从来都不是自然或不可避免的。③ 如果我们确定国家主导的时代开始于公元 1600 年左右,并考虑到智人在大约 20 万年前作为亚种出现,那么国家只主宰了我们物种政治生活的最后 1% 的 1/5。在人类的大部分经历中,我们生活在小型的、流动的、分散的、相对平等的狩猎和采集群体中。

国家形成的过程也与我们从传统智慧中所知道的相差甚远。第一个国家出现在底格里斯河和幼发拉底河流域,大约在公元前 3100 年,在第一批作物被驯化和人们开始建立永久定居点的 4000 多年后。斯科特认为,这种巨大的滞后表明,农业和定居人口是"形成国家必要但不充分的基础"④。

这些早期国家究竟是如何形成的?一种可能的解释是,气候的变化限制了人类的生存选择。斯科特引用了考古学家汉斯·尼森(Hans Nissen)

---

① 参见 V. Gordon Childe, *Man Makes Himself*, London: Watts, 1965。
② Thomas Hobbes, *Leviathan*, New York: Cambridge University Press, 1996, p. 96.
③ 参见 James C. Scott, *The Art of Not Being Governed*, New Haven: Yale University Press, 2010。
④ James C. Scott, *The Art of Not Being Governed*, New Haven: Yale University Press, 2010, p. 117.

的著作，指出从公元前3500年到公元前2500年，海平面急剧下降，幼发拉底河的水量减少。河流收缩回它们的主河道，随着人们越来越多地聚集在剩余的水资源周围，人口越来越集中。"气候变化"，斯科特断言，"强化了谷物和人力要素，这对国家的形成是理想的。"①

《反对谷物》中的一个重要观点是谷物与早期国家形成的关系。斯科特指出，所有古代国家，包括美索不达米亚、埃及、印度河流域和黄河流域国家，都是谷物：小麦、大麦和小米产地。没有木薯国家，没有西米国家、山药国家、芋头国家、大蕉国家、面包果国家或甘薯国家，当然也没有香蕉共和国。原因在于它们的"易读性"：谷物最适合集中生产、税收评估、划拨、地籍调查、储存和配给。相比之下，块茎木薯（又名木薯、丝兰）生长在地下，不需要什么照顾，很容易隐藏，一年就成熟，最重要的是，可以安全地留在地下，可以食用长达两年。如果政府想要你的木薯，它就必须来把块茎一个个挖出来，这样一来，它就成了一车价值不大、运输起来重量很大的东西。从前现代"税务员"的角度评估作物，谷物是最受青睐的，而块根和块茎是最不受青睐的。因此，斯科特总结道："谷物造就国家。"②

按照传统的说法，文明始于国家形成之后。政治秩序取代了残酷、野蛮、原始、无法无天、暴力的狩猎者和游牧者的世界。斯科特最有趣的见解是，世界各地的人其实通常都抵制被国家统治，而那些无法逃离国家的人会遭受痛苦。③

一旦一个国家形成，它就会努力营造一个清晰的、可征税的、统一的作物图景，并通过强制和限制来控制人口。引用欧文·拉铁摩尔（Owen Lattimore）的话，斯科特认为中国的长城不仅是为了阻止北方游牧民族的入侵，也是为了阻止中国纳税人的逃离。④ 政府不必费事自己种庄稼，只需从居民手中征收即可。国家还创造了"奴役制度"——强迫劳动、债

---

① James C. Scott, *The Art of Not Being Governed*, New Haven: Yale University Press, 2010, pp. 121–122.
② James C. Scott, *The Art of Not Being Governed*, New Haven: Yale University Press, 2010, p. 128.
③ 也可以参考 James C. Scott, *Weapons of the Weak*, New Haven: Yale University Press, 2008。
④ James C. Scott, *Weapons of the Weak*, New Haven: Yale University Press, 2008, p. 30.

务奴役、农奴制、公共奴役和贡品,以及各种形式的奴役——以控制生产资料,创造盈余。传染病也更有可能在定居人口中传播,这往往会导致国家崩溃。与没有国家的霍布斯世界的肮脏生活对比,在国家控制下的世界同样充满了苦差事和疾病。

斯科特认为,国家以外的生活反而是自由和健康的。农业国家形成后随之而来的是"野蛮人的黄金时代"。游牧文明可以与农业国家进行有利可图的贸易,必要时增加贡品和掠夺,避免税收和农业劳动力的不便,享受更有营养和多样化的饮食,以及更大的流动性。① 这种"自然状态"听起来比传统叙事描述的要愉快得多。

詹姆斯·斯科特的《反对谷物》是一本发人深省的书,它将各种证据编织在一起,形成了一个强有力的叙事。这种叙事对研究中东的人类学家来说可能很熟悉,但对社会科学家来说却很新鲜。他那通俗而优美的散文,加上他那辩论导向的语气,使读者在关于早期国家历史的学术辩论中感到愉悦和轻松。最重要的是,通过关注"过于"强大的国家,这本书为不断增长的关于国家政治经济的文献做出了非常重要和原创的贡献。

(二)《民主的兴衰》

各国采取了不同的发展道路,特别是在组织方式方面。一些国家发展成为民主国家,实行竞争性选举和普选,而另一些国家则成为专制国家,政治权力不受限制地集中在一个人、一群精英或一个政党手中。有几项研究探讨了为什么会出现这种情况。从20世纪60—70年代的现代化理论,到巴林顿·摩尔的社会解释,再到对不平等和再分配的关注,学者们研究了经济发展、社会阶级和精英激励在民主化过程中的作用。②

---

① James C. Scott, *Weapons of the Weak*, New Haven: Yale University Press, 2008, p. 35.
② Seymour Martin Lipset, "Some Social Requisites of Democracy: Economic Development and Political Legitimacy", *American Political Science Review*, Vol. 53, March 1959, pp. 69 – 105; Barrington Moore, *Social Origins of Dictatorship and Democracy*, Boston: Beacon Press, 1993; Carles Boix, *Democracy and Redistribution*, New York: Cambridge University Press, 2003; Daron Acemoglu and James A. Robinson, *Economic Origins of Dictatorship and Democracy*, New York: Cambridge University Press, 2006; Ben W. Ansell and David J. Samuels, *Inequality and Democratization*, New York: Cambridge University Press, 2014; Daniel Ziblatt, *Conservative Political Parties and the Birth of Modern Democracy in Europe*, New York: Cambridge University Press, 2017.

大卫·斯塔萨维奇的《民主的兴衰》是一部雄心勃勃、深入透彻的著作，分析了从古代到今天民主的早期和现代形式的演变。他介绍了一个新的和独特的框架，强调了政体的规模和社会是否有国家迫切需要的东西，如信息、税收或人力。然后，斯塔萨维奇使用这个框架来说明欧洲、中国、中东和美国的国家发展路径。

传统观点似乎认为欧洲是民主国家的诞生地。民主政治的迹象可以追溯到雅典，13世纪西欧出现的议会为现代民主铺平了道路。然而，斯塔萨维奇的研究表明，早期民主比我们之前想象的更为普遍。

如果我们将早期民主定义为统治者必须获得议会或集会同意的一种政府形式，我们可以在不同的地区找到这样的例子，如美索不达米亚、古印度、美洲东北部的林地、中美洲和中非。同意统治的实践对人类来说是自然的，并不是欧洲独有的。[1]

斯塔萨维奇认为，促进早期民主的主要因素有三个。第一个因素是这种类型的政府更可能出现在小规模的社会中，在这种环境中，社会成员可以定期参加议会和集会。第二个因素是统治者缺乏关于经济生产的信息，例如，种植模式会造成农业产量的不确定性和巨大变化。当统治者没有国家官僚机构的时候就无法掌握地方经济产量的信息。国家和社会之间的信息不对称促使统治者通过议会与地方社会精英分享权力，以帮助统治者获取地方经济生产的信息以决定征收哪种税。第三个因素涉及国家对社会的需求程度和社会在没有国家的情况下能做多少事情之间的平衡。当国家需要更多的收入和人力时，比如战争期间，统治者就给人民政治权利。如果民众有迁移到新地点的"退出选择"，社会的议价能力可能会进一步提高。

《民主的兴衰》一书中最有趣的观点之一是，国家的"衰弱"促进了早期民主的萌芽。这正是它们在欧洲出现的方式。在罗马帝国灭亡后的一千多年里，欧洲统治者没有能力评估地方经济的生产情况，这使得他们无法根据这些数据征税。与只有单一黄土高原的中国和拥有肥沃河谷的中东

---

[1] David Stasavage, *The Decline and Rise of Democracy*, Princeton: Princeton University Press, 2020, p. 44.

不同，欧洲的土壤沉积物要小得多，而且在地理上彼此分开。因此，欧洲的土壤分布倾向于分散而不是集中化的农业，这创造了一种分散的社会模式，并促使建立一个官僚机构变得困难。落后的国家官僚机构让欧洲统治者别无选择，只能通过谈判和征求该地区不断发展的城镇的同意来治理国家。尽管欧洲人没有发明这种治理方式，但他们确实在这一领域进行了创新，发展了一种明确的政治代表理论，从根本上重新定义了基于罗马法的术语。他们还通过将代议制扩大到大政体，通过谈判和同意实现治理概念的现代化。

对于为什么欧洲走民主道路，而中国和中东走的是不同的道路，传统的解释要么是注重儒家思想和伊斯兰教的文化观点，要么是功能主义观点，比如卡尔·魏特夫（Karl Wittfogel）的"水力专制"理论。[①] 然而，斯塔萨维奇认为，民主没有在中国和中东发展，因为这两个地方从一开始就建立了强大的国家。中国很早就建立了持久的官僚秩序。与西欧不同，黄土高原的地理条件有利于集约高产农业的早期发展。中国在生产和测量技术上的进步也促进了其官僚体制的发展。一旦拥有了中央集权的官僚机构，中国政府就可以在不依赖地方议会的情况下获取收入。斯塔萨维奇并不认为中国是个例外；相反，他认为中国追求的是一条完全不同的、非常稳定的政治发展道路。

在中东，早期民主是前伊斯兰阿拉伯的常态。民主实践在倭马亚和阿巴斯（Umayyad and Abbasid）的哈里发统治下消亡，但原因与宗教教义无关。这些哈里发国的统治者在鼎盛时期继承了萨珊帝国（Sasanian Empire）的国家官僚体制，这让他们可以寻求独裁。穆斯林统治者同样通过征服从埃及继承了强大的官僚制度。地理因素推动了这一趋势：埃及和美索不达米亚富饶的河谷促进了一个强大的中央集权国家的发展。

斯塔萨维奇的一个重要见解是政治发展的顺序非常重要：官僚体系既可以替代民主，也可以补充民主。这完全取决于事件的先后顺序。如果官僚体系先出现，就像中国那样，那么统治者就不需要民主了。如果民主先

---

① Karl August Wittfogel, *Oriental Despotism*, New Haven: Yale University Press, 1959.

出现，国民就会定期参加议会或集会，形成集体行动的习惯。即使在官僚机构发展起来之后，这样的行动也可能会限制统治者，就像在欧洲发生的那样。议会和官僚机构可以相互补充，因为官僚机构在某些任务中会有更强的技能。

尽管早期民主在世界许多角落兴起，但随着时间的推移，它在许多社会中消失了。随着社会规模的扩大，统治者获得了用于监控生产的新技术（如书写），以及人们发现很难迁移到新地区，这种情况就发生了。在一些坚持早期民主的社会中，一种新的政府形式演变成了现在所知的现代民主。

英国是早期民主向现代民主过渡的先驱者。这一转变的关键一步是集中决策。在中世纪的欧洲议会中，代表们不能自由支持或反对他们认为合适的政策；相反，他们的选民对他们能做什么和不能做什么给予了严格的指示。这种授权制度的动机是担心代表们会被中央政府抓住、拉拢或腐化。在13世纪和14世纪，英国君主确立了一种规范，即议会代表不应受此类授权的约束。1688年后，随着议会至高无上地位的确立，授权制度的终结导致了国家立法机构内部高度的凝聚力和能力。这使得议会在经济中发挥积极作用。在这个时期，英国还没有完成向现代民主的过渡；在大约两个半世纪的时间里，它没有建立普选制度。[①]

美国进一步发展了现代民主。两个因素推动着这种发展。第一，是最初的土地充裕和劳动力短缺的背景，这使得联邦政府开放了广泛的选举权，以解放白人男性。第二，美国宪法的制定者们努力消除早期民主的某些特征，扩大众议员与社会之间的距离。然而，由于劳动力短缺，替代策略是依靠强迫劳工，这些劳工很容易与欧洲人口区分开来，而且没有很好的退出选择。结果是非洲人被奴役。

这篇简短的评论当然不能公正地评价这本书中关于2000多年民主历史的广泛讨论。《民主的兴衰》是一本改变范式的书，它将塑造关于未来几十年国家建设、民主化和相对政治发展的辩论。

[①] 如果把英国的普选追溯到1918年，那时妇女获得了选举权。

（三）《狭窄的走廊》

人类的自由——不受国家或社会的强迫而做出自由选择——如何才能实现？霍布斯的解决方案是有一个利维坦。但利维坦是双面的：它防止暴力，提供政治秩序，但它也通过使公民噤声、监禁、致残，有时甚至杀戮来控制公民。

达龙·阿西莫格鲁和詹姆斯·A. 罗宾逊提供了一个新的答案。他们认为，为了自由的出现和繁荣，必须在国家和社会之间实现权力的平衡。一个强大的国家控制暴力、执行法律并提供公共服务，这对人民的生活至关重要，使他们有权做出和追求自己的选择。但是，需要一个强大的、动员起来的社会来控制和束缚强大的国家。在动员的社会中，人们参与政治，必要时进行抗议，如果不符合他们的利益，就投票让他们下台。

因此，国家和社会力量的变化产生了三种情景。在第一种情况下，国家比社会更强大：在如何使用其权力和能力方面，国家不给社会任何发言权。阿西莫格鲁和罗宾逊将这种情形称为"专制的利维坦"。在第二种情况下，社会比国家强大得多：传统的社会组织，如部落、族长或宗亲团体，利用传统创造了一个"习俗的笼子"，限制人们生活的许多方面。在这样的社会中，利维坦太弱了，无法打破这个习俗的笼子，人们被困在一套僵化的期望和不平等的社会关系中，阿西莫格鲁和罗宾逊称之为"缺席的利维坦"。

在专制国家和缺席国家之间，是一条通向自由的狭窄通道，在这条通道中，国家和社会相互平衡：两者都没有优势。阿西莫格鲁和罗宾逊称这种现象为"红皇后效应"（出自《爱丽丝梦游仙境》）。国家和社会不仅仅是竞争；它们还合作。这种合作提高了国家满足社会需求的能力，并激发了更大的社会动员来监督这种能力。这种国家—社会的竞争与合作造就了"戴镣铐的利维坦"。

是什么决定了一个国家要走哪条路？初始条件似乎很重要。在欧洲，罗马帝国灭亡后几个世纪的条件为"红皇后效应"奠定了基础。从6世纪到10世纪，墨洛温王朝和加洛林王朝继承了剪刀的两个刀刃：一是罗马官僚机构的蓝图,二是日耳曼部落的参与式社会规范。这一组合将欧洲国家置于走廊的入口。

相比之下,中国秦朝(公元前221—前206)早期建立的中央集权国家禁止民众参与政府,社会组织仍然薄弱。例如,所有的商人集团都起源于中国不同地区的"商会"。这些协会由来自特定区域或城镇的家庭团体组成,他们彼此不合作,对投资公共服务和组织没有兴趣。国家强,社会弱,使中国走上了专制的道路。

另一个极端是印度,在那里,习俗的牢笼一直很牢固。种姓制度的巩固,以及国家对严格的等级制度的屈从,使社会支离破碎,并导致它背叛自己。印度社会不是一个整体,它的内部冲突——以及由此产生的不平等——在这个国家的政治中扮演着核心角色。种姓制度造成的分裂和分类使社会无法组织起来监督国家。没有"红皇后效应"重塑社会身份的动力。因为政治参与是建立在种姓制度的基础上的,国家支持并依赖种姓制度的支持,种姓身份一再得到确认,对自由造成了可怕的后果。尽管印度自1950年以来一直是一个民主国家,并在20世纪90年代实现了经济"自由化",但种姓制度的主导地位以及各种限制、分裂和等级制度一直在持续,并造就了一个没有真正能力或兴趣帮助最贫穷公民的国家。

专制的利维坦和缺席的利维坦以各自不同的方式破坏人类的自由,而"纸老虎的利维坦"同时有以上两种状态最大的缺点。纸老虎的利维坦有国家的外观,能够在一些有限的领域和一些主要城市行使一些权力。但这种力量是空洞的;在大多数领域,它是不连贯和混乱的,在边远地区几乎完全没有。纸老虎的利维坦存在于阿根廷、哥伦比亚和其他几个拉丁美洲和非洲国家。

《狭窄的走廊》一书中最重要的见解之一是,国家与社会的平衡是一条走廊,而不是一扇门:实现自由是一个涉及持续的、日复一日的斗争的过程。一个国家如果走出走廊,就会陷入滑坡。德国魏玛共和国就是这种下滑的最好例子。阿西莫格鲁和罗宾逊认为,魏玛时期的德国政府和社会并没有支持国家与社会的合作,而是参与了一场"零和"竞赛,双方都为了生存而企图摧毁对方。作者认为,问题在于普鲁士的土地贵族。土地利益集团经常从零和的角度看待社会的加强和民主的开始。与工业家和专业人士不同，那些人凭借自己的专长、知识和技能，在经济和政治上都能在这条走廊里蓬勃发展，而土地所有者担心失去自己的土地。而相比于工业家和专业人士的工厂，土地更容易被夺走。土地所有者也担心，由于民主政治的结果，政治重心从他们身上转移，他们会被边缘化。所有这些都使他们对迅速发展的"戴镣铐的利维坦"持怀疑态度。这些态度不仅在关键时刻支持镇压而不是妥协，还为纳粹党等右翼边缘组织的崛起创造了有利环境。

达龙·阿西莫格鲁和詹姆斯·A. 罗宾逊的概念框架的一个吸引人的特点是，它可以与现有的理论结合在一起，没有太多的摩擦。许多关于国家建设和国家能力起源的社会科学文献强调结构性因素（例如，人口、地理、文化、战争威胁、作物类型和军事技术）。阿西莫格鲁和罗宾逊认为，这些结构性因素是否影响国家取决于之前的国家—社会关系。例如，当一个国家从事国家间竞争时，它可以加强其相对于社会的权力，并使国家更接近专制的利维坦。

《狭窄的走廊》是一部雄心勃勃的作品，阿西莫格鲁和罗宾逊带领读者经历了一段迷人的旅程，从蒂夫剧院的巫术到墨西哥玉米饼的发明。它更新了我们对民主从何而来以及民主如何能够（也应该）持续下去的理解。它提醒人们，这条走廊是狭窄的，需要保持警惕，以保持国家和社会之间的适当平衡。

（四）（这三本书的）贡献

从极其长远的角度来看，这三本书对我们理解国家做出了三个显著的贡献。首先，尽管自霍布斯和韦伯以来，国家一直是一个令人尊敬的概念，但学者们往往发现很难将其概念化为一个变量。部分原因是，国家有时是解释变量，有时是机制，通常是结果。转化和被转化的同时，使对国家的研究成为一个动态的过程。这变得越来越具有挑战性，因为社会科学领域已经更加重视因果推断。

这三本书的一个创新之处在于把国家发展作为一个动态过程来分析。

对于斯科特来说，在第一阶段，国家是一个结果变量：生态和气候因素决定了它的形成。一旦国家在第二阶段形成，它就开始改造社会。通过使社会更清晰和限制人口流动，国家接近了理性主义者收入最大化的角色。但是，随着社会的聚集，疾病开始扩散，第三阶段国家崩溃。

对斯塔萨维奇来说，第一阶段的国家实力是早期民主能否出现的重要决定因素。当国家相对于社会处于弱势时，国家必须发展议会来征求信息和支持。一个同意被治理的社会可以通过向它提供信息、收入和人口，使国家随着时间的推移变得更强大。这个阶段的状态就是结果。那么关键的一步就是国家的权力集中化。例如，当英国废除了代表必须受授权约束的要求时，这种情况就发生了。这一变化促进了更集中的决策形式，这是现代民主的一个基本特征。

在阿西莫格鲁和罗宾逊看来，初始条件下国家与社会的权力平衡是政治发展的动力。这两个角色正在相互转变。一个强大的国家可以打破习俗的牢笼；一个参与性强的社会反过来可以通过对国家自由裁量权的审查和委托国家官员汲取资源来加强国家。因此，国家和社会是在等式中经常互换的两个变量。

其次，这三本书对社会权力的构成比以前的研究更明确。对斯塔萨维奇来说，知识就是力量：当社会知道的比国家多时，社会就是强大的。对阿西莫格鲁和罗宾逊来说，当人们可以采取集体行动反对国家时，社会就是强大的。弄清楚社会权力意味着什么，对于研究国家与社会的互动至关重要。虽然社会科学在衡量"国家能力"方面取得了重大进展，但我们还没有开发出任何可靠的衡量"社会能力"的方法。无论是基于信息还是集体行动，准确地定位社会权力的所在，有助于发展可观察的含义和可检验的假设。

最后，这些新的学术进展也揭示了制度的来源。理性选择论者经常从效率的角度来解释制度变迁。根据这种逻辑，理性的行为者创建制度是为了开发潜在的效率收益。但是，尽管几乎所有地方都有这种需要，但只有少数地方出现了制度创新。例如，光荣革命时期签订的特定类型的宪法协议，只发生在英格兰。

国家—社会视角提供了一个更有说服力的答案。斯塔萨维奇、阿西莫格鲁和罗宾逊都认为，当国家迫切需要社会的某些东西（信息、收入或人口）时，制度就会出现。早期民主（用斯塔萨维奇的话说）或包容性制度（用阿西莫格鲁和罗宾逊的话说）是在社会享有与国家讨价还价的权力时产生的。这种制度主义的内在观点为比较政治学学者提供了一个很好的工具，以研究为什么国家—社会关系常常变化，而制度变化很少。

三、社会中的国家2.0

关于国家与社会关系的两个重要问题仍然存在。首先，这三本书都将初始条件，特别是国家形成过程中相对于社会的国家力量，作为解释一个国家后来政治发展的重要变量。然而，这种对起源的关注使它们的框架无法充分解释一国一旦走上某一轨道后的变化。例如，非洲、中国、中东和中美洲的许多国家一开始都是中央集权的帝国或王国，但在发展过程中经历了起起落落，在前现代时代解体，而后在现代成为不同类型的民族国家。是什么原因导致它们具有相似的初始条件却有不同的路径？如何解释这些国家政治发展中的重要转折点，比如国家崩溃？

其次，这些最近出版的书很像以前的研究，倾向于把国家和社会视为独立和竞争的两个实体。然而，在大多数前现代社会，以及今天的发展中国家，国家精英都嵌入复杂的社会关系中。传统社会群体（如部落、宗族和民族群体）产出了国家的精英阶层，也定义了这些精英阶层的身份和目标。因此，通过精英社会关系建立国家与社会的联系，是理解国家与社会关系的一个重要方面。不同社会结构中的精英对国家实力理想水平的偏好是如何变化的？什么样的精英社会结构有助于统治者的分化和征服，又是什么样的精英社会结构制约着统治者的权力？国家精英与社会联系的不同方式如何塑造国家与社会的关系？要回答这些问题，就需要审视国家和社会，而不是将它们作为独立的、单一的行为体，而是将它们作为相互转化的实体，在这些实体中，国家精英与社会力量联系在一起。

我的"社会中的国家2.0"框架代表了解决这些问题的初步努力。这个框架是一个将国家与社会的联系放在中心地位的中观理论。① 它结合了国家—社会学者的见解,强调两个行动者之间的互动。它借用了多元主义者的概念,即社会由相互竞争的群体组成。它也建立在理性选择方法的以行动者为中心的微观基础之上。

图 1 描述了三种国家—社会联系的理想型。在每个图中,处在中心的点代表国家精英(如中央政府官员);外围点代表处在不同地方的社会群体,如部落、宗族或民族群体。连线表示社会关系,可以采取多种形式,如(团体)会员关系、社会关系、家庭关系或选举关系。国家精英是他们所联系的社会群体的代理人;他们的目标是影响政府政策,以最低成本为其群体提供最好的服务。

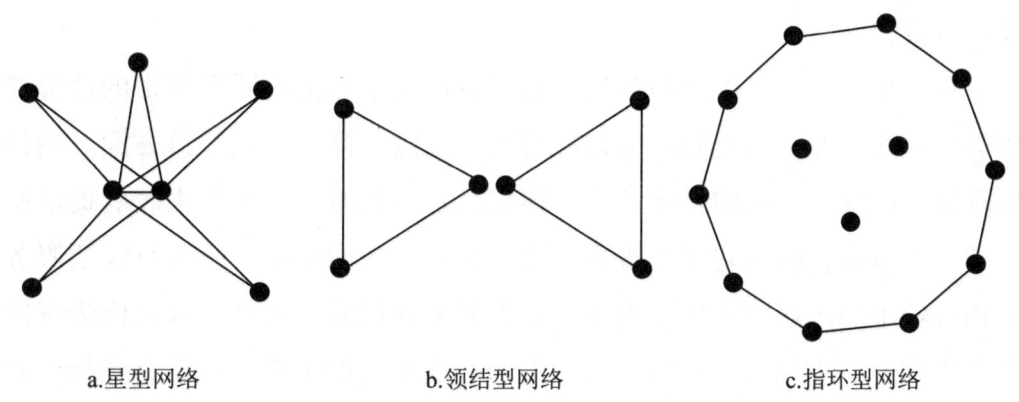

a.星型网络　　　　　b.领结型网络　　　　　c.指环型网络

图 1　三种精英社会地貌的理想类型

在星型网络(图 a)中,两个中心点(国家精英)直接连接位于不同区域的每个外围点(社会群体)。在领结型网络(图 b)中,每个中心点都连接到一组不同的外围点,这些外围点与它们的直接邻居相连,但不与其他中心点相连。在指环型网络(图 c)中,每个外围点都与相邻点相连,但没有一个点与中心点相连。

我把这些不同形式的网络称为精英社会地貌(elite social terrain)。精英社会地貌有一个垂直维度,描述国家精英与地方社会群体的联系,以及

---

① 研究国家与社会关系的开创性工作,参见 Peter B. Evans, *Embedded Autonomy*, Princeton: Princeton University Press, 2012; Steven Levitsky and Lucan A. Way, *Competitive Authoritarianism*, New York: Cambridge University Press, 2010。

一个水平维度，描述国家精英之间的联系。精英社会地貌的三种理想型产生了国家—社会关系的三种稳定均衡。在每个均衡中，精英社会地貌决定了精英对国家力量的理想水平和国家如何组织的偏好。

（一）国家力量（State Strength）

我的"社会中的国家2.0"框架提供了关于精英对国家能力理想水平偏好的微观视角。国家精英可以利用各种治理结构为其联系的社会群体提供服务。不同治理结构中主要包括公共秩序机构——国家和私人秩序机构——宗族、部落或族群。这些结构提供保护和正义等服务，包括防范外部和内部暴力、防范自然灾害、解决争端的正义以及保护人民免受风险的社会政策。

在星型网络中，国家精英最有动力利用国家为他们联系紧密的社会群体提供这些服务。精英阶层的选择有两个原因。第一个是经济方面。当精英阶层与地理上分散的多个社会群体联系在一起时，依靠中央政府提供服务的效率更高，因为它享有规模经济。在领结型网络中，精英只需要服务于相对较小的区域内的少数群体，私人服务提供效率更高。这是因为资助私人机构为一小部分地区提供服务的边际成本，低于精英阶层为支持中央政府而必须支付的税收。

指环型网络代表了一种极端的情况，即国家精英与任何社会群体都没有联系；他们已经失去了对社会的控制，不能调动必要的社会资源来加强国家。因此，他们选择允许社会群体通过自己的部落、宗族或族群提供服务。

第二个考虑因素是社会方面。在星型网络中，社会分裂是横切的（cross-cutting）。[①] 集中在某一地区的部落、宗族、族群往往只关心自己的地方利益，而不关心国家利益。然而，如果国家精英能够将地理上分散的多个社会群体连接起来，那么这个社会网络就可以跨越地区鸿沟。这些横切的社会分野激励国家精英聚集多个地方和团体的利益，并将其凝

---

① Seymour Martin Lipset and Stein Rokkan, *Party Systems and Voter Alignments*, New York: Free Press, 1967.

聚到国家一级。因此，星型网络超越了地方利益，培育了一个广泛的国家构建联盟。

然而，在领结型网络中，每个国家精英只代表一小部分地区。在这种情况下，社交网络加剧了现有的区域分裂。于是，中央政府就成了这些精英争夺国家资源、为地方利益服务的舞台。指环型网络是一个极端的例子，国家精英不重视区域分裂，无法将不同的群体聚集在一起。

总之，描绘国家精英如何联系社会群体的精英社会地貌的垂直维度决定了精英对国家能力理想水平的偏好。当一个国家从星型网络向指环型网络转变时，他们加强中央政府的动机就会减弱。

（二）国家形式

该框架还可以为描述国家如何组织两种关系提供一些见解。这些关系是：（1）统治者与统治精英之间的关系；（2）国家与社会之间的关系。

在统治者与统治精英的关系中，星型网络代表了一种团结一致的精英，这种精英可以通过两种方式约束统治者。首先，精英阶层被嵌入一个中央集权的金字塔状结构中，在这个结构中，他们可以利用自己的横向关系来动员跨地区的广泛社会力量。其次，星型网络中的精英之间的相互联系使他们成为一个团结的群体，这有助于他们在决定反抗统治者时克服集体行动和协调问题。在这种情况下，统治者更有可能与精英分享权力。

在领结型网络中，国家精英可以动员一些（以地区为基础的）社会群体。统治者更容易平息集中在某些地域的挑战。此外，精英阶层之间缺乏密集的网络，造成了社会学家罗纳德·伯特所说的"结构漏洞"，使统治者得以进行分化和征服。[1] 在这种情况下，统治者更有可能建立绝对统治，以支配精英阶层。

指环型网络中国家精英的议价能力是最弱的，因为他们无法在社会中找到同盟，也无法相互协调反对统治者。因此，统治者的专制权力在这种情况下达到了顶峰。

---

[1] Ronald S. Burt, *Structural Holes*, Cambridge: Harvard University Press, 1992.

在国家与社会的关系中，星型网络代表着国家的直接统治。统治者收容了地方团体的代表，以收集有关地方社会和经济的信息。有了金字塔形的社会网络，统治者可以依靠国家精英为国家收集收入，并动员人民。在这种情况下，国家通常在启动和资助公共产品提供方面发挥主导作用，其中最重要的是包括防御、司法和公共工程。

领结型网络代表着国家与社会的合作关系。代表地方利益的国家精英往往会争夺国家资源，以引向自己的家乡。他们更愿意分配国家资源，把提供公共产品的工作外包给自己的社会群体。有联系的社会群体可以从这些项目中寻求租金，并提高他们在当地社群中的地位。其结果往往是国家和社会之间的伙伴关系，其中国家将其部分职能，如地方防御和公共工程委托给社会。在这种情况下，社会在资源和合法性方面仍将依赖国家，但将享有相当大的自治权。

指环型网络是历史学家杜赞奇（Prasenjit Duara）所说的"国家内卷"的一个例子。[1] 在这种情况下，国家依赖社会来执行其许多功能，但却失去了对社会的控制。随着国家进一步内卷，社会群体取代国家成为提供公共产品的领导者，并威胁到国家对暴力的垄断。

（三）三种稳态均衡

我认为，精英社会网络的三种理想型都创造了相应的稳态均衡。对于每一种网络类型，两组参与者——统治者和国家精英——都发现，在没有外部冲击的情况下，维持当前的稳定状态符合他们的最佳利益。

统治者面临着国家权力和个人权力之间的权衡。统治者追求的是国家权力的最大化，而实现这一目标的最佳途径是推动建立一个星型网络。然而，统治者也寻求个人权力和生存的最大化，如果精英们像领结型或指环型网络那样支离破碎，统治者的个人独裁就更容易实现。因此，统治者以国家权力换取个人权力。一个团结一致的精英结构有助于统治者巩固国家，但也会威胁到他们的个人权力。分散的精英结构削弱了国家，但必须

---

[1] Prasenjit Duara, *Culture, Power, and the State*, Palo Alto: Stanford University Press, 1988, p. 74.

克服集体行动的难题才能反抗统治者。因此，分散的精英结构削弱了国家能力，却助长了专制权力。

在每种类型的网络中，精英的目标是有效率地为其社会群体提供服务。星型网络中的精英们的主导策略是动员社会来强化国家，比如贡献金钱和人力资源。如果精英阶层以这种方式联系在一起，一个强大的中央政府可以提供有效的全国覆盖，以保护他们的社会群体。然而，在领结型网络中，精英们更喜欢将国家职能委托给他们的社会群体，这些群体就可以以比向国家政府纳税低得多的价格提供自己的私人服务。但领结型网络中的社会仍然对保持国家的低水平存在感兴趣。一个具有中等水平能力的国家可以帮助保护社会免受外部敌人或大规模自然灾害等生存威胁。在指环型网络中，社会群体独立于国家。社会群体宁愿为自己保留资源，而不是贡献资源来维持国家的生存。这种平衡状态是最小的，处于崩溃的边缘。表1总结了国家力量和形态的含义。

星型网络创造了一种平衡，我称之为"寡头政治下的国家强化"。在这种均衡中，统治者和国家精英共同控制国家，形成了统治者在平等地位中处于首位的寡头政治。统治者无法获得绝对权力，因为精英阶层可以威胁发动叛乱。在这种均衡中，精英们更喜欢一个强大的政府，因为他们希望利用其规模经济优势为各自的社会群体提供服务。

这种平衡近似于唐朝（618—907）时期的中世纪中国和诺曼征服（1066）之后的英国。在唐朝，中国由门阀贵族统治。这种贵族制是由几百个贵族宗族组成的半世袭制度。这些门阀家族形成了一个紧密的婚姻网络，连接着帝国的各个角落。唐代贵族家庭之间形成的社会地貌就像一个星型网络：一个连贯的中心连接到外围。在英国，在诺曼征服期间，一群由（假想的）亲属关系联系起来的诺曼贵族征服了英格兰，并形成了一个团结一致的精英阶层。虽然这些精英有分歧，但他们都是保护中央权力的，因为他们拥有全国各地的土地。他们对国王的支持是英国政治和经济成功的关键决定因素。[1]

---

[1] Robert H. Bates, *The Development Dilemma*, Princeton: Princeton University Press, 2017.

表1　国家—社会关系的三种均衡及实例

网络	均衡	国家力量	国家形式		案例
			统治者 vs 精英	国家 vs 社会	
星型	寡头政治下的国家强化	高	在平等地位中处于首位	直接统治	中世纪的中国；诺曼征服后的英国
领结型	伙伴关系下的国家维持	中	占主导地位的	伙伴关系	鸦片战争前的中国；中世纪的法国；殖民统治下的撒哈拉以南非洲和拉丁美洲；古典时期的伊斯兰世界；以及奥斯曼帝国
指环型	军阀统治下的国家弱化	低	占主导地位的	国家内卷	鸦片战争后的中国；前殖民时代的撒哈拉以南非洲和后殖民时代的中东部分地区

我把这种领结型网络平衡称为"伙伴关系下的国家维持"。在这种均衡中，统治者使用分而治之的策略来控制分散的国家精英，并在这个群体中建立绝对的权力。精英阶层之所以不选择威胁统治者的权力，是因为这种集体行动和协调的成本太高；他们更喜欢一个适度强大的国家，能够保护他们的社会群体免受生存威胁。但他们不希望国家强大到足以从社会中汲取所有资源，因为这将破坏他们的社会群体建立私人秩序机构的努力。统治者接受这种适度的国家权力，因为进一步加强国家需要更团结的精英，这将威胁到统治者的个人权力和生存。国家将部分职能外包给社会团体，社会团体与国家合作提供公共产品。

这种均衡最好地描绘了鸦片战争前的中国（10世纪至19世纪中期），中世纪的法国（10世纪至15世纪中期），殖民统治下的撒哈拉以南非洲和拉丁美洲（18世纪至20世纪早期），古典时期的伊斯兰世界（7世纪至12世纪），以及奥斯曼帝国（14世纪至20世纪初）。在这些情况下，一个中央国家聚集了不同的社会群体，并依靠它们来统治。这些社会群体包括宗族组织（在古代中国）、封建领主（在法国）、地区精英（在拉丁美洲）、部落或民族群体（在撒哈拉以南非洲和中东）。例如，罗伯特·贝茨（Robert Bates）就认为，法国贵族是部落型的，而且以地方为导向；

每个人都依附于某个地方。① 米格尔·森特诺（Miguel Centeno）将殖民时代拉丁美洲的国家结构描述为这样一个体系："帝国的每个部分都与中心相连，但单独的区域之间没有联系。"② 同样，克里斯托弗·克拉珀姆（Christopher Clapham）注意到，在殖民统治下，非洲酋长被限制为"每个酋长国中特定家族的代表"，因此，"在酋长国中创造了一群当地主顾和他们自己的客户"。③

在指环型网络的均衡中我称之为"军阀统治下的国家弱化"，一个由专制领导人统治的国家，无力控制社会。因此，社会群体建立了私人秩序机构，以提供安全和正义。国家失去了对暴力的垄断，正处于崩溃的边缘。

这种均衡近似于鸦片战争后的帝国主义中国（19世纪中期至20世纪早期）、前殖民时代（19世纪前）的撒哈拉以南非洲和后殖民时代（20世纪中期）的中东部分地区。在中国，太平天国运动（1850—1864）期间，一个被削弱的中央政府失去了对暴力的垄断。依赖宗族组织的私人秩序机构从国家中独立出来，并越来越多地接管地方行政、税收和国防。在殖民前的非洲，如杰弗里·赫布斯特（Jeffrey Herbst）所言，"权力（相当现实地）被认为是一系列从核心向外辐射的同心圆"④。虽然非洲领导人能够控制核心区域，"但在政治核心之外，权力往往随着距离的增加而减少"⑤。在后殖民时代的利比亚，丽莎·安德森（Lisa Anderson）指出，意大利殖民者对前殖民统治的摧毁，最终导致内陆地区以血缘关系为主要组织原则的复兴。⑥

四、结论

50多年前，约翰·彼得·内特（John Peter Nettl）说："国家的概念

---

① Robert H. Bates, *The Development Dilemma*, Princeton: Princeton University Press, 2017, p. 47.
② Miguel Angel Centeno, *Blood and Debt*, University Park: Pennsylvania State University Press, 2002, p. 143.
③ Christopher S. Clapham, *Private Patronage and Public Power*, London: Burns & Oates, 1982, pp. 84 – 85.
④ Jeffrey Herbst, *States and Power in Africa*, Princeton: Princeton University Press, 2014, p. 45.
⑤ Jeffrey Herbst, *States and Power in Africa*, Princeton: Princeton University Press, 2014, p. 56.
⑥ Lisa Anderson, *The State and Social Transformation in Tunisia and Libya, 1830 – 1980*, Princeton: Princeton University Press, 2014, pp. 9 – 10.

在现在的社会科学中不太流行。"① 大约 20 年前,玛格丽特·列维 (Margaret Levi) 说:"在一段学术强调国家理论的时期之后,社会科学对国家的兴趣似乎已经让位于制度主义和社会资本。"②

时至今日,这些话仍在回响。然而,本文回顾的书籍表明,在考察人类长期政治发展时,国家是一个有用的概念。在短期内,制度是外生的,对分析有用,但在长期内,它们是内生的。正如斯科特、斯塔萨维奇、阿西莫格鲁和罗宾逊所表明的那样,我们今天认为理所当然的制度——议会、选举和普选——花了几个世纪才发展起来,而国家与社会的互动一直是这种政治发展背后的主要驱动力。他们的作品提供了一个全面的历史优势,为国家理论的新扩展提供了一个令人信服的基础。

然而,国家理论家仍然面临着理解国家发展的社会基础的挑战。未来的理论创新可能通过两个潜在的途径进行:将特定的社会结构和国家结果联系起来,或者模糊国家和社会之间的边界。我所提出的"社会中的国家 2.0"框架正是对此的初步尝试。它代表着探索国家与社会互动的第一步。正如我所展示的,这个框架可以阐明前现代社会中各种各样的案例。在现代,随着社会结构变得更加复杂,精英们连接社会的方式多样化(通过政治、经济和社会联系),需要更多的研究来绘制民主和专制国家的精英社会地貌。通过在多个时间点研究各种案例来继续这一努力,将获得巨大的回报。

---

① John P. Nettl, "The State as a Conceptual Variable", *World Politics*, Vol. 20, July 1968, pp. 559–592.
② Margaret Levi, "The State of the Study of the State", in Ira Katznelson and Helen Milner (eds.), *Political Science: The State of the Discipline*, Washington, D. C.: American Political Science Association, 2002, p. 33.

State-in-Society 2.0: Toward Fourth-Generation Theories of the State

Wang Yuhua

trans. by Liu Yifei

Editor's Note: The state is the most powerful political organization in the history of mankind, why did it emerge? Why are some states strong and others weak? Professor Yuhua Wang, the author of this paper, divides the theoretical research on the state in post-World War II social sciences into three generations: the social-centered tradition represented by pluralism, structural-functionalism and neo-Marxism; the state-centered tradition of "finding the state" that emerged in the 1980s; and the "state-in-society" tradition centered on scholars like Joel Migdale. The author argues that these post-World War II studies of state theory were limited to a relatively short period of time and a specific region. On this basis, the author reviews three works on state theory, James C. Scott's *Against the Grain: A Profound History of the Early State* (Yale University Press, 2017), David Stasavage's *The Rise and Fall of Democracy: A Global History from Antiquity to Today* (Princeton University Press, 2020), and Daron Acemoglu and James A. Robinson's *The Narrow Corridor: The Fate of the State, Society, and Freedom* (Penguin Press, 2019). An important innovation of these three books is to look at state development as a dynamic process. In order to deeply understand the relationship between state and society, it is necessary to consider state and society as mutually transforming entities, thus the author proposes a model of "State-in-Society 2.0" based on the analysis of elite structures in ancient China, which consists of three the ideal state – society nexus is a star-shaped network, a bow-tie network, and a finger-loop network. This paper provides a systematic and comprehensive overview of the literature on state theory, on the basis of which a theoretical orientation is given to the new breakthroughs in state research, and the proposed analytical framework of the "State-in-Society 2.0" is of great significance for our further understanding of the interaction between state and society.

Keywords: The State; State Formation; State Development; Democracy; State – Society Relations

国家研究

约稿函

《国家研究》（State Studies）是北京大学中国政治学研究中心主办的连续出版物，计划每年出版2辑。本刊秉持推动中国政治学基础研究的学术宗旨，聚焦与国家相关的政治学基础理论或前沿问题，鼓励理论创新，关注实证研究，着重刊登中外学者在国家研究领域的最新代表性学术论文。

本刊以发表理论与实证性研究论文为主，兼及研究评论、海外译稿、学术访谈、书评以及在"国家+论坛"等学术会议上宣读的论文等其他相关撰述，诚邀海内外学界同仁赐稿。

1. 所有稿件须为未在任何中文报刊、书籍或其他出版物发表的原创作品。已经发表在国际学术期刊上的英文论文，可由作者本人翻译成中文后投稿。研究性论文篇幅以2万字为宜；书评可在2000—5000字，学术访谈不超过1万字。

2. 稿件请勿一稿多投。若投稿后三个月仍未收到用稿通知，可自行处理稿件。

3. 凡在本刊发表的文章，著作权归北京大学中国政治学研究中心所有。北京大学中国政治学研究中心有权在其官方网站、微信公众号（PKURCCP）及其他学术媒体上刊发。

4. 请遵守学术规范，如涉及剽窃及其他问题，文责自负。

5. 来稿请以电子版（word 文档）发到编辑部邮箱，邮箱地址：guchao1986@pku.edu.cn。

图书在版编目（CIP）数据

国家研究 . 2022 年 . 第 1 辑 / 俞可平主编 . — 北京：北京出版社，2022.12
ISBN 978-7-200-17529-5

Ⅰ. ①国… Ⅱ. ①俞… Ⅲ. ①帝国—文集 Ⅳ. ① D033-53

中国版本图书馆 CIP 数据核字（2022）第 216988 号

总　策　划：高立志　　　　责任编辑：侯天保
责任印制：燕雨萌　　　　封面设计：田　晗
责任营销：猫　娘

国家研究

2022 年第 1 辑
GUOJIA YANJIU
俞可平　主编

出　　版	北京出版集团	
	北京出版社	
地　　址	北京北三环中路 6 号	
邮　　编	100120	
网　　址	www.bph.com.cn	
发　　行	北京伦洋图书出版有限公司	
印　　刷	北京华联印刷有限公司	
经　　销	新华书店	
开　　本	787 毫米 ×1092 毫米　1/16	
印　　张	16	
字　　数	220 千字	
版　　次	2022 年 12 月第 1 版	
印　　次	2022 年 12 月第 1 次印刷	
书　　号	ISBN 978-7-200-17529-5	
定　　价	90.00 元	

如有印装质量问题，由本社负责调换
质量监督电话　010-58572393